# LA MILLA ROMÁNICA

## UN RECORRIDO POR LA CIUDAD DE ZAMORA

Miguel Ángel Hernández Fuentes

Luis Pablo Ríos Hilario

ZAMORA, 2025

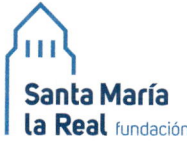

Santa María
la Real fundación

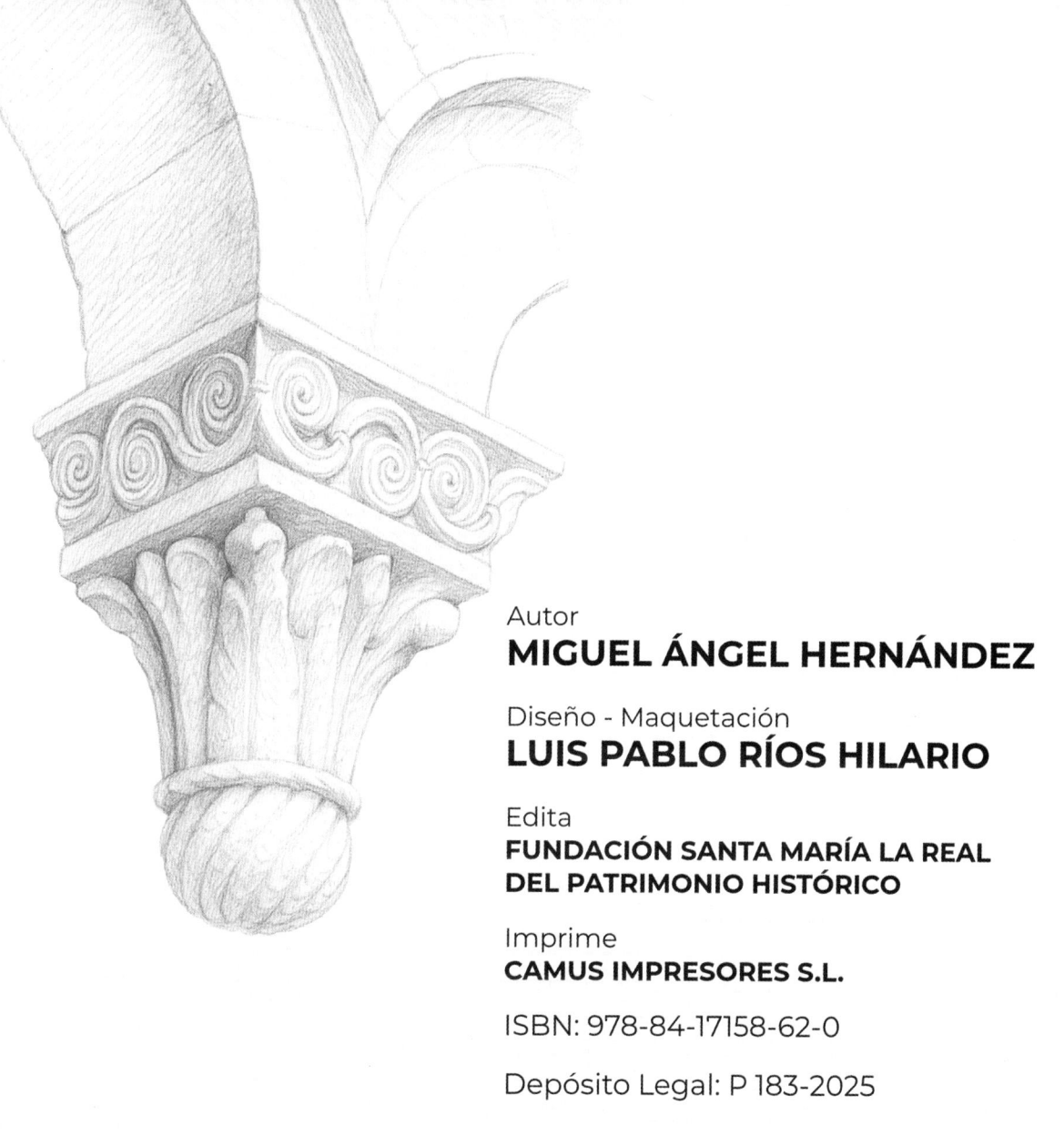

Autor
**MIGUEL ÁNGEL HERNÁNDEZ**

Diseño - Maquetación
**LUIS PABLO RÍOS HILARIO**

Edita
**FUNDACIÓN SANTA MARÍA LA REAL
DEL PATRIMONIO HISTÓRICO**

Imprime
**CAMUS IMPRESORES S.L.**

ISBN: 978-84-17158-62-0

Depósito Legal: P 183-2025

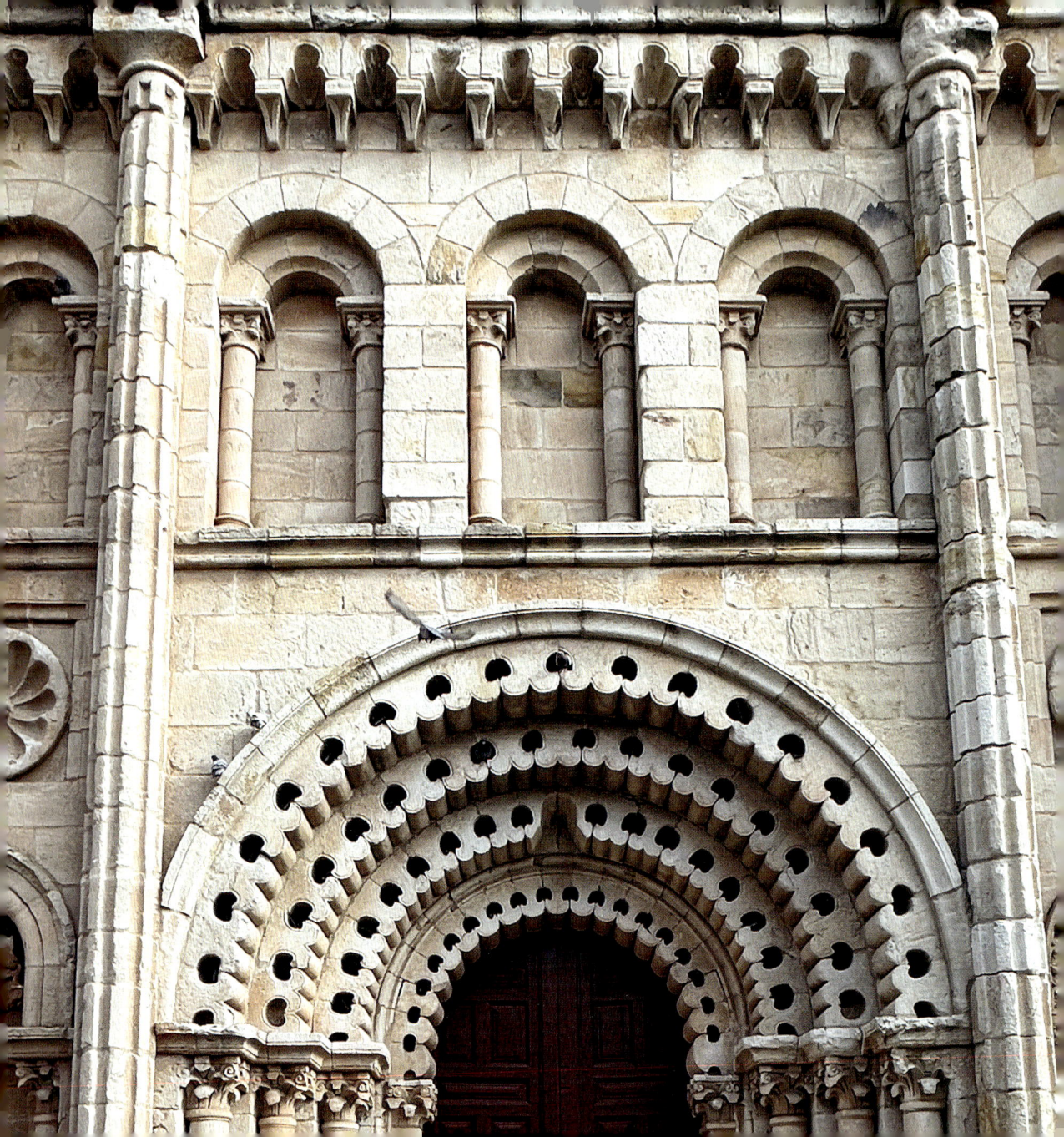

# Índice

Presentación 9

La Milla romana 10

La medida: el miliario 11

## EL ARTE ROMÁNICO 13

Primer estilo internacional 14
Cronología 15
La expansión del nuevo estilo 29
Características del arte románico 36

## EL ARTE ROMÁNICO EN ZAMORA 47

El marco previo: Zamora en el siglo X 48
1. Primera etapa (siglos XI-XII) 51
2. Segunda etapa (siglos XII-XIII) 56
Características del románico zamorano 70

## UN RECORRIDO URBANO CON OCHO PARADAS 81

1. Santiago del Burgo 84
2. San Vicente Mártir 92
3. San Juan Bautista 100
4. Santa María la Nueva 108
5. San Cipriano 116
6. La Magdalena 124
7. San Pedro y San Ildefonso 132
8. La Catedral 138

## OTRAS RUTAS DEL ROMÁNICO 151

1. La fortaleza medieval 153
2. Los arrabales 161
3. La ciudad comercial 173
4. La Puebla del Valle 185
5. Al otro lado del Duero 193
Las rutas 201

## Bibliografía 202

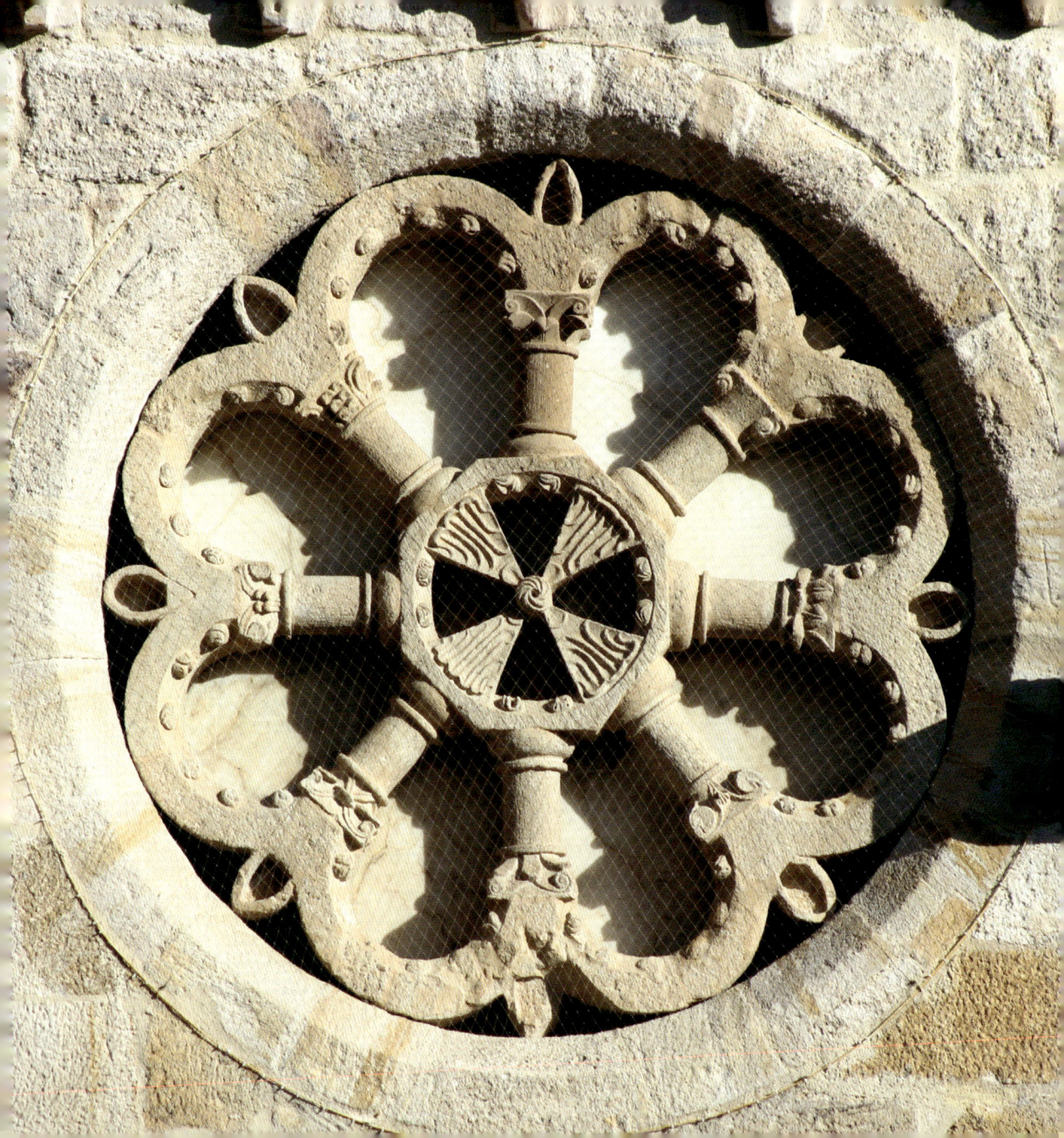

# Presentación

Después de mil años formando parte del paisaje urbano o rural, **el arte románico** sigue suscitando un gran atractivo en amplias capas de la población. No es un estilo artístico diseñado para la escenografía o el simple lucimiento. Sus iglesias trasmiten **la espiritualidad más genuina** y están cargadas de un simbolismo que sumerge al visitante en otra dimensión.

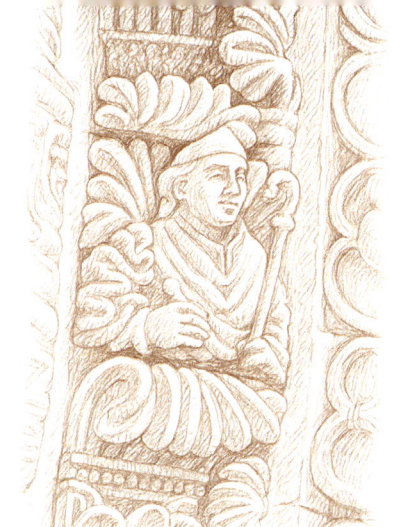

Esta guía pretende ayudarte a **descifrar este arte** surgido en los albores del segundo milenio, su **expansión por Europa** y su **arraigo en Zamora**. Una pequeña ciudad edificada a orillas del Duero que conserva tantos templos medievales en sus calles que se ha ganado el título de la **capital del románico**.

La primera parte de esta guía te ayudará a desentrañar **las claves del arte románico**, sus artífices y sus medios de expansión. En la segunda parte descubrirás las características que acompañan al **románico zamorano** y entenderás su cronología y desarrollo. En la tercera te invitamos a hacer un **recorrido por la Milla Románica** y conocer los templos que jalonan este itinerario cultural de mil seiscientos metros. La cuarta parte es una invitación a recorrer **otras rutas urbanas** para descubrir los vestigios medievales de la ciudad. Huellas del románico que se hacen presentes en sus templos, sus murallas, sus calles y sus restos materiales.

Aquí empieza *La Milla Románica*: **el recorrido cultural más apasionante** de Zamora que proyecta el nombre de esta ciudad a la esfera internacional. **¡Buen camino!**

Miguel Ángel Hernández Fuentes

# La milla romana

La **milla** era una antigua medida romana equivalente a **mil pasos** o zancadas. Es habitual que cuando no se tiene un metro a mano, muchos recurran a las zancadas para medir los metros que tiene un local. Por supuesto que se trata de una medida aproximada, pero sirve para **hacernos una idea** de las dimensiones de una habitación o de una huerta.

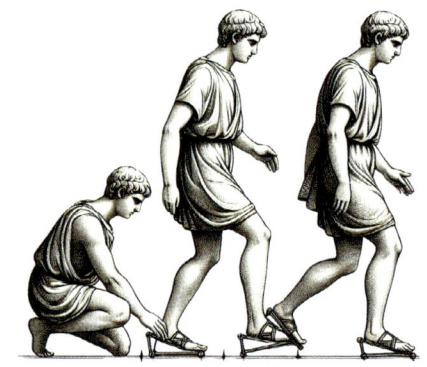

Paso romano

Lo mismo hacían los romanos: **utilizaban los pasos para medir las millas**. Sin embargo, a diferencia de lo que hacemos nosotros, el paso romano se medía con las dos zancadas. Consideraban que un paso terminaba después de apoyar los dos pies sucesivamente, de ahí que **la milla romana mida más de un kilómetro** y, como eran de menor estatura que hoy, calculamos que equivale a unos **mil seiscientos metros**.

Esta medida se mantiene hoy en el sistema métrico utilizado por los ingleses y los norteamericanos, de este modo, la milla anglosajona equivale a **1609 metros**, los mismos que mide esta milla románica que ahora comenzamos.

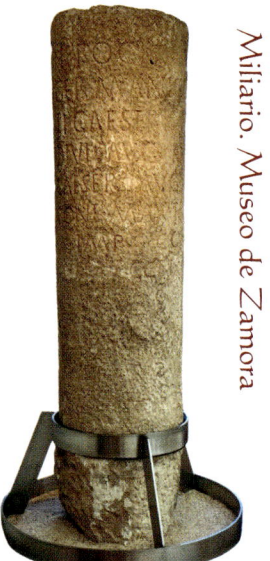

Miliario. Museo de Zamora

# La medida: el miliario

El miliario es una antigua **columna cilíndrica de piedra**, generalmente de granito, que medía entre dos y cuatro metros de altura y entre 50 y 80 centímetros de diámetro. Servía para medir distancias en las antiguas calzadas romanas, algo similar a los puntos kilométricos de nuestras carreteras con las que se marcan la longitud y el tipo de vía.

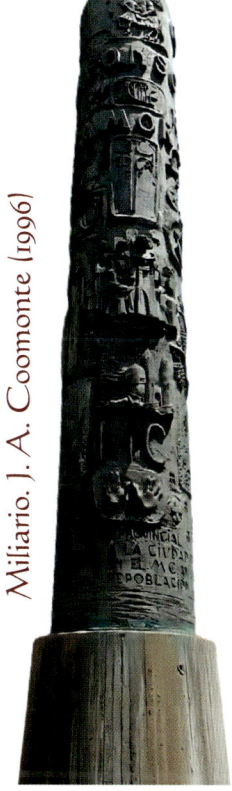

Miliario. J. A. Coomonte (1996)

En los miliarios figuraban algunos datos interesantes:

- El título completo del **emperador** que vivía en el momento de la construcción de la calzada.
- El **responsable** de las obras.
- La **distancia** hasta la localidad más importante.

En el Museo de Zamora se conserva un miliario traído desde **Milles de la Polvorosa**. Mide más de dos metros de altura y unos sesenta centímetros de diámetro, pero cuando estaba hincado en el suelo, una parte permanecía escondida y solo se veían 1,86 m.

En la plaza de la Marina también tenemos un miliario más moderno, obra de **José Luis Alonso Coomonte** que fue inaugurado en 1996 para conmemorar los **1100 años** de la reconquista y repoblación de la ciudad de Zamora en el 893.

Es una especie de hito cronológico que marca el paso de los siglos. No es por tanto un miliario para caminar, sino **un miliario para recordar**, y con su imagen comenzamos este recorrido por la milla románica de Zamora que mide **1609 metros**.

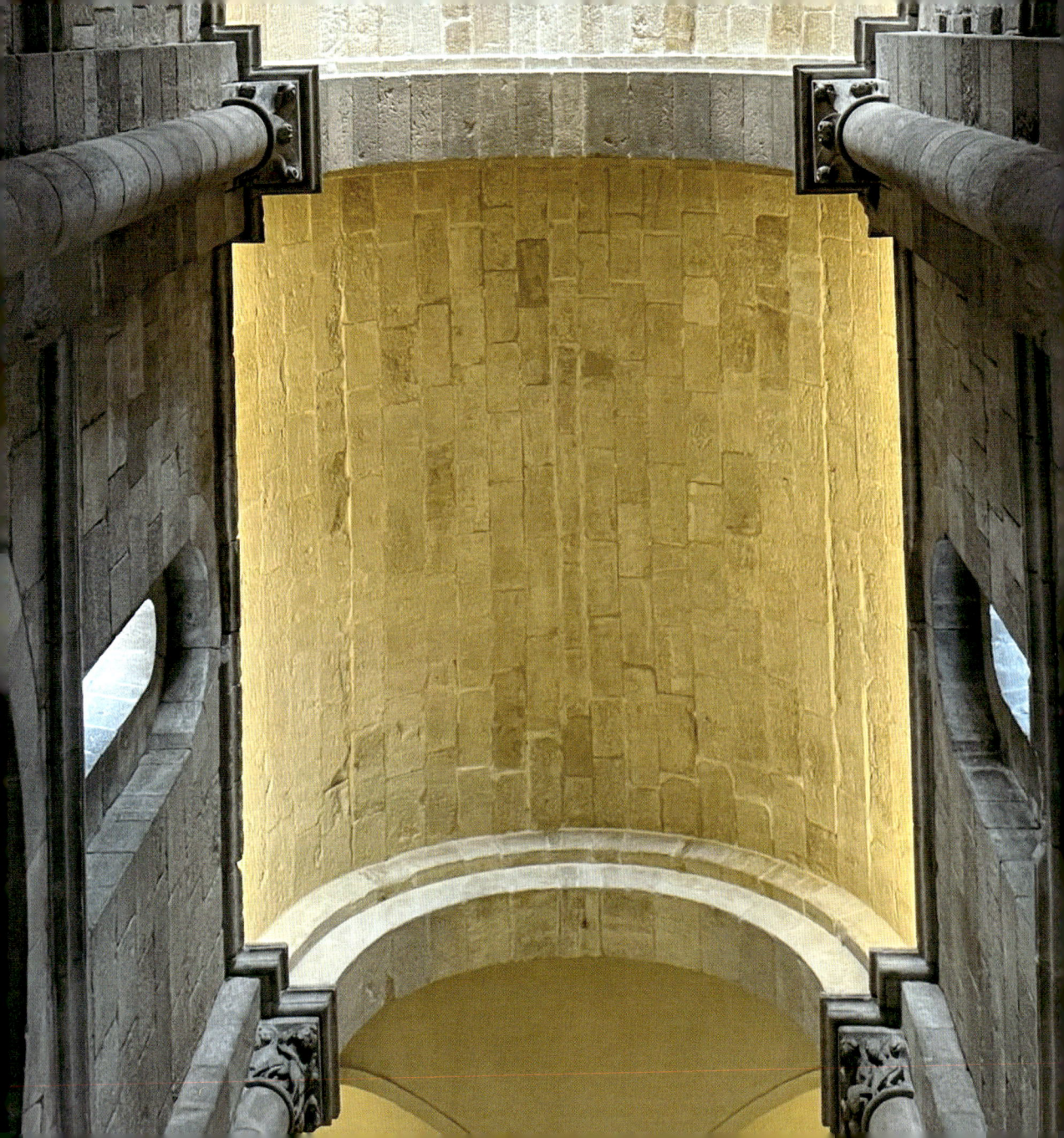

# El arte románico

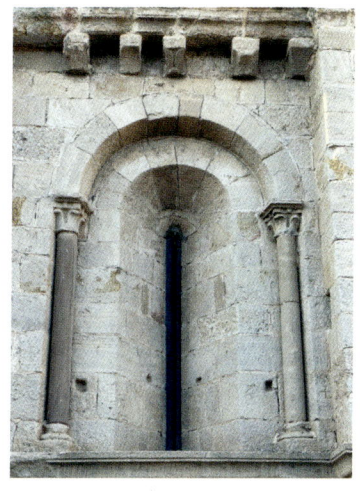

*Ventana del ábside de San Isidoro*

*Capitel del sepulcro de la Magdalena*

Nacido en el ocaso del **primer milenio**, cuando la población europea aguardaba con cierto temor de Dios y con una pizca de esperanza **la llegada del año mil**, el arte románico se extendió a lo largo del occidente cristiano entre los **siglos X** al **XIII**.

Europa vivía una etapa de expansión al reconstruir sobre **las cenizas del Imperio romano** una misma comunidad cultural que tenía en la fe cristiana su principal vínculo de cohesión.

En ese momento, un mismo estilo artístico recorría el continente europeo y, con sus diversas variantes regionales, llevaba las mismas técnicas constructivas a los edificios más importantes de **las ciudades** y de los **pueblos** y a las pequeñas ermitas que se levantaban en **altozanos** y **valles**.

Era el primer arte internacional del que nos disponemos a desentrañar **su sentido** y sus características más importantes, sus medios de **expansión** y su **cronología** en estas páginas que siguen.

# Primer estilo internacional

El románico fue el primer gran estilo **claramente cristiano** que hubo en Europa. Superó los límites y las fronteras de cada reino o condado y se extendió por todo el continente, desde finales del **siglo X** hasta mediados del **siglo XIII**.

Aunque toma algunos elementos constructivos de los estilos anteriores y dispone de peculiaridades propias de cada región, uno de los rasgos que definen al arte románico es su **capacidad para unificar el arte cristiano europeo** con unas características comunes a todos los países.

Entre una amplia dispersión política y cultural que definía el continente europeo, existía un elemento común que daba cohesión a todo el territorio más allá de sus fronteras: **la fe cristiana**. Esta vinculación del arte románico con el cristianismo ha hecho que el románico sea calificado como el primer estilo internacional.

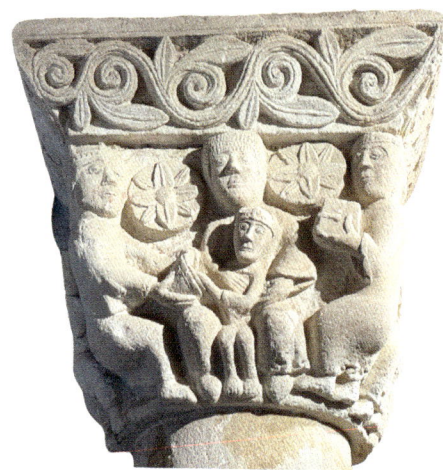

Pantocrátor. Iglesia de San Cipriano

Capitel de la Epifanía de Santo Tomé

# Arte para expresar la fe

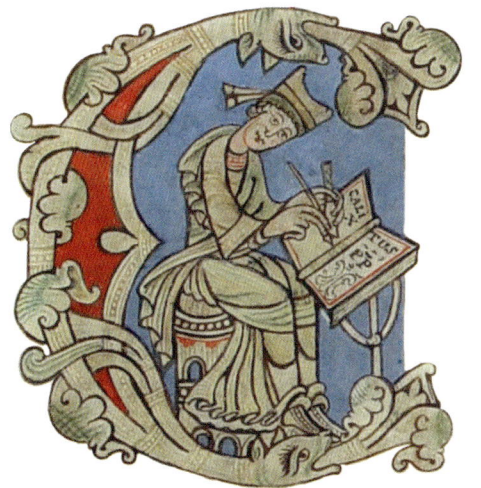

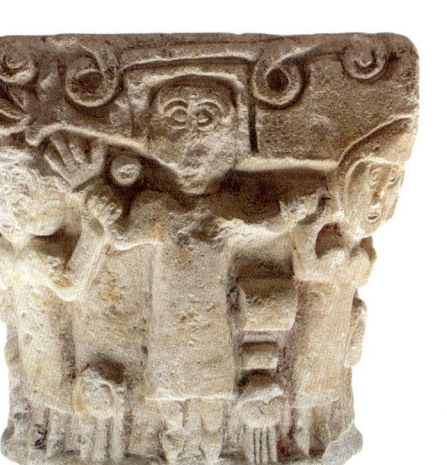

Letra capital del Codex Calixtinus    Moisés orando Santa María la Nueva

Los templos construidos durante este periodo son expresión de la fe de sus moradores, **una fe que supera las fronteras** y recorre toda Europa hermanando a los diversos pueblos cristianos.

Estos templos están **escasamente iluminados**, y no solo por las técnicas constructivas del momento que precisaban de sólidos muros para sostener los edificios. La exigua luz que penetra por las delgadas ventanas saeteras de las iglesias románicas contribuye a generar un ambiente íntimo que facilita **el recogimiento y la oración**.

Los capiteles y las portadas decorados con **motivos vegetales** o **geométricos** simbolizan el paraíso o la armonía de la creación y las **escenas bíblicas** o las **alegorías del pecado** que aparecen en muchos relieves sirven para instruir a los fieles en los rudimentos de la fe. Son auténticas Biblias labradas en piedra que plasman en la escultura o la pintura la riqueza de la fe.

15

# La Biblia como fuente de inspiración

La fe se expresa a lo largo de las múltiples **escenas bíblicas** que jalonan puertas y ventanas, decoran capiteles y recorren las arquivoltas de las portadas. Así ocurre en la iglesia de **Santa María la Nueva** en uno de cuyos capiteles podemos ver a Moisés orando entre Aarón y Jur, en las escenas navideñas que aparecen en los capiteles de **Santo Tomé** o en la representación de Adán y Eva de la iglesia de **Santiago el Viejo**.

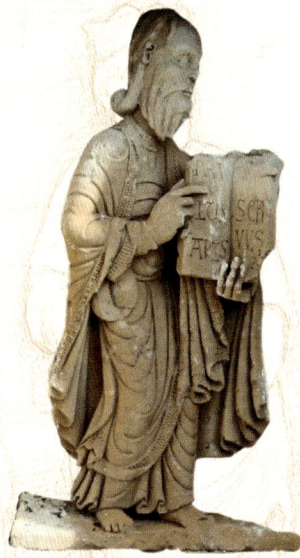

*Adán y Eva en Santiago el Viejo*

*San Pablo en la puerta del Obispo de la Catedral*

Son **escenas netamente cristianas** que llevan a la piedra los pasajes bíblicos que se leían en la liturgia. En otras ocasiones, estas representaciones no son narrativas sino **simbólicas** como la **bestia del Apocalipsis**, un gran dragón rojo con siete cabezas que aparece en el muro sur de **San Cipriano** (Ap 12, 3).

16

Una de las escenas más repetidas es la del **juicio final** que suele ocupar el tímpano de las **portadas románicas**. Cristo aparece sentado en su trono como juez universal, pero muestra las heridas de la pasión para expresar la **misericordia**. A ambos lados aparecen numerosos personajes tomados del libro del Apocalipsis como los **veinticuatro ancianos**, los **cuatro seres vivientes** o los símbolos de la pasión.

Sin embargo, esta escena no es habitual en el románico zamorano, pues los templos conservados en la ciudad **carecen de tímpano** y son muy pocos los que disponen de este elemento arquitectónico en la provincia. No obstante, el juicio universal es una referencia capital en la **escultura románica** de la que, en Zamora, podemos ver a los **veinticuatro ancianos del Apocalipsis** tocando sus instrumentos en la **Colegiata de Toro**.

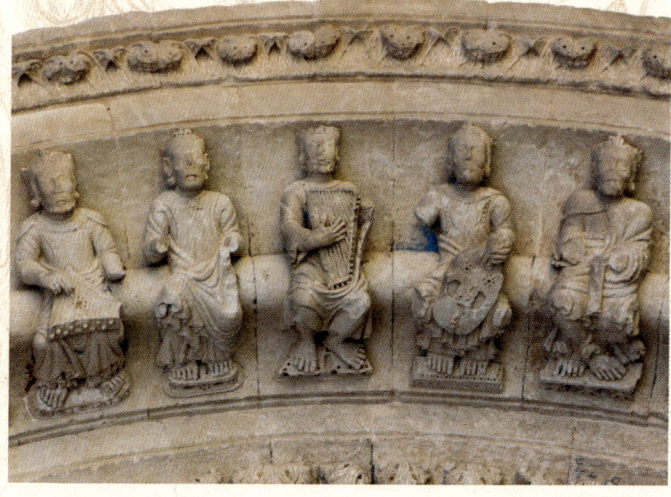

Detalle de la portada norte de la Colegiata de Toro

17

# Mitología y vida cotidiana

La fuente de inspiración no siempre procede del texto sagrado. En ocasiones, estos espacios están decorados con personajes venidos desde la **mitología clásica** o con seres monstruosos sacados de los **bestiarios medievales**. Sirenas, centauros o grifos llegan a los templos románicos para **simbolizar el pecado** o **suscitar la virtud**, pero también se representan aves, leones y otros animales como símbolo de **la fuerza** o de **la santidad**.

De la mitología clásica procede la **sirena** que aparece en la portada de **Santa María la Nueva** o en un capitel de **San Claudio de Olivares**. Se trata de un conocido ser fantástico con cabeza de mujer y cola de pez que se usaba para simbolizar la lujuria.

Otro ser mitológico muy conocido y representado es el **centauro** que aparece por partida doble en uno de los capiteles de **San Claudio de Olivares** como símbolo de la fuerza incontrolada y de la violencia sexual y, en **la Magdalena** y en **San Vicente**, podemos ver unas **arpías**, aves con cabeza de mujer que simbolizan la seducción.

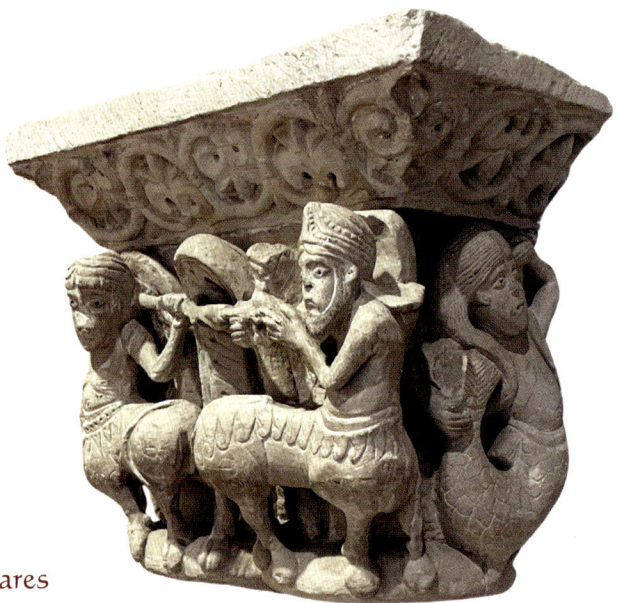

*Capitel de San Claudio de Olivares*

18

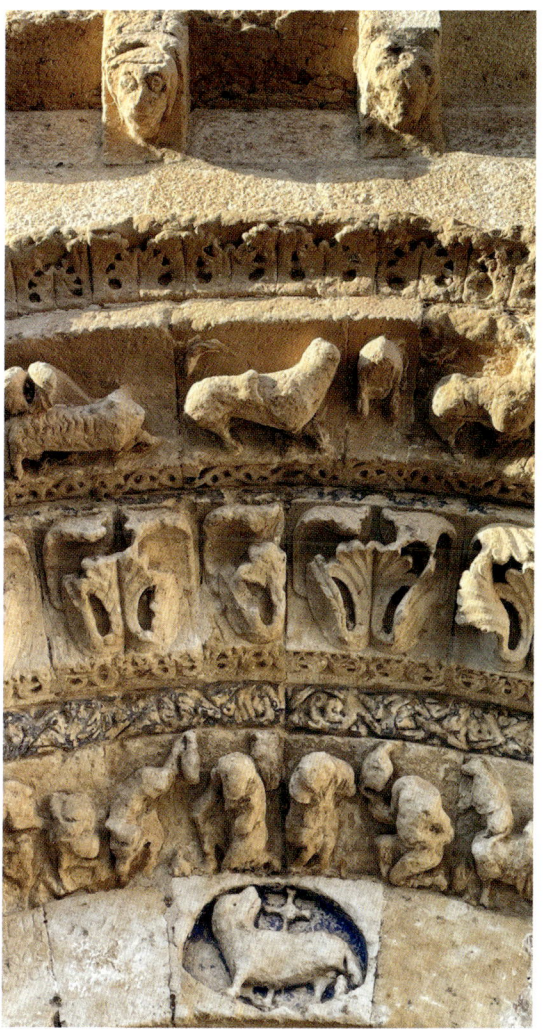

Detalle de la portada de San Claudio de Olivares

También proceden de la mitología los **grifos** de la portada de **la Magdalena** que, según San Isidoro, eran leones con alas y cabeza de águilas, cuya presencia en los templos los convierten en **guardianes del edificio** y **protectores de las almas** que caminan al más allá.

Además de los seres mitológicos, también aparecen escenas que reflejan el paso del tiempo, **mensarios**, como la representación de las diversas **labores agrícolas** o **artesanales**. Así ocurre en la portada de **San Claudio de Olivares** donde estos trabajos representan cada uno de los meses, presididos por el cordero del Apocalipsis que se alza como **Señor del tiempo** y **de la historia**.

# La cristiandad

Al comenzar el siglo XI, Europa no disponía de aquella unidad política que había caracterizado a la cuenca mediterránea durante el Imperio romano. Tras la invasión de los **pueblos bárbaros**, el viejo continente pasó a estar conformado por un **mosaico de reinos distintos**, unas veces hermanados y otras en franca disputa. Entre ellos fueron surgiendo el Reino de **los Francos**, las coronas **de León** y de **Castilla**, el **Condado de Borgoña** o el Sacro Imperio **Romano Germánico**, por citar tan solo algunos.

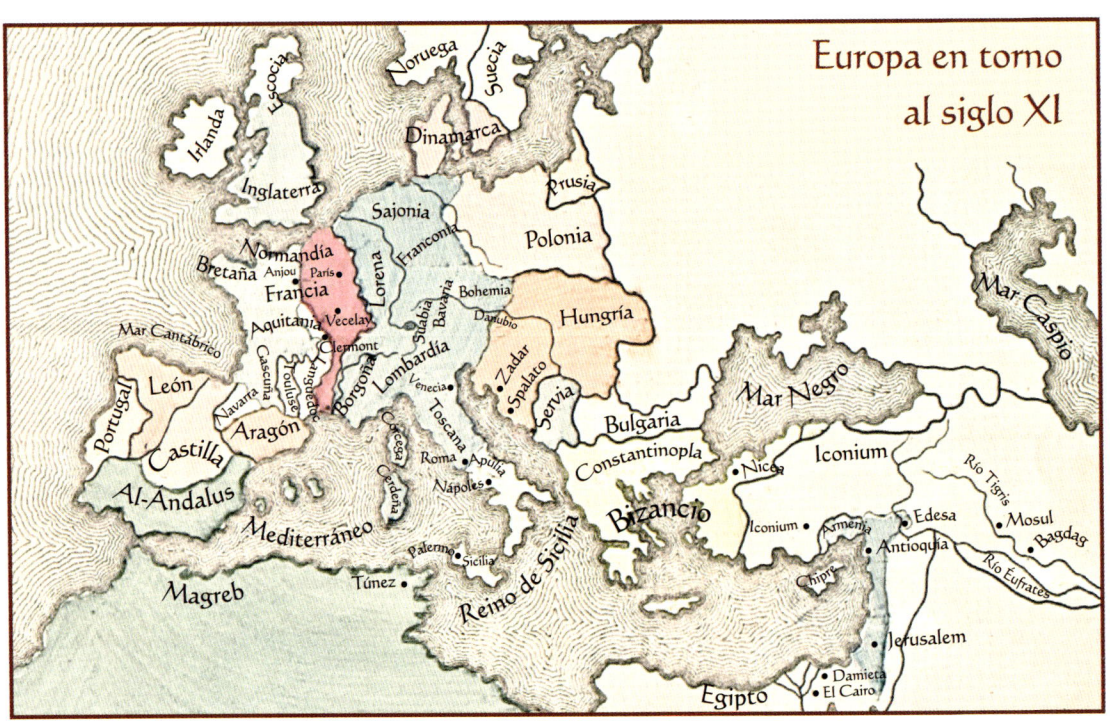

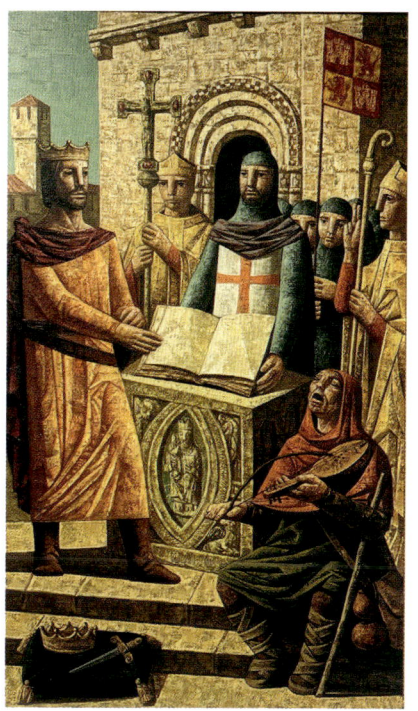

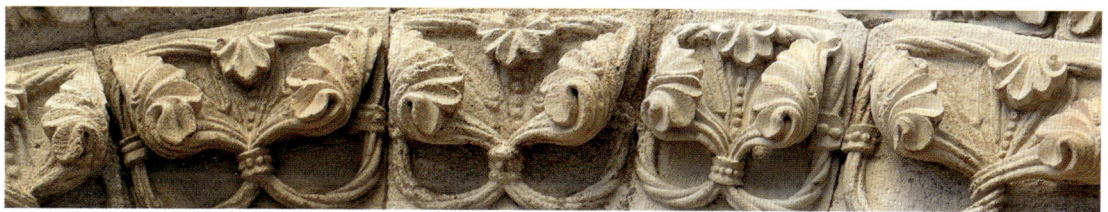

Todos ellos eran reinos cristianos y, aunque tenían distintos gobernantes y disponían de sus propias expresiones culturales, estaban unidos por una **misma fe** y formaban parte de una **única comunidad cristiana**. Esta unidad hizo que el arte románico **superara las fronteras** y se pusiera al servicio del evangelio que era el principal vínculo de cohesión entre los diversos pueblos europeos.

La pertenencia a esta misma Iglesia hizo que surgiera un nuevo concepto: **la cristiandad**, es decir, una pluralidad de naciones cohesionadas por el evangelio y hermanadas por la fe.

Unos vínculos que también fueron posibles gracias a la **superación de las herejías** que habían fragmentado la comunidad cristiana durante siglos, especialmente con el ocaso del arrianismo que, desde el siglo IV, se había convertido en una poderosa alternativa al catolicismo.

*Jura de Santa Gadea. Antonio Pedrero*

Detalle de la portada
de la Magdalena

# Un estilo **muy popular**

A diferencia de los estilos anteriores que fueron promovidos generalmente por la monarquía y estaban al servicio del poder civil o religioso, el arte románico también fue **un arte popular**.

Sus templos estaban al servicio de la monarquía, pero también de los monjes y de los aldeanos que vivían en el medio rural. Por eso, el románico aparece en los **principales núcleos urbanos** con templos más esbeltos, pero también en las **pequeñas aldeas** donde aún pervive en sencillas ermitas; se hace presente en las **catedrales** y los **monasterios** más importantes del momento y, con diversos matices, en una multitud de **iglesias rurales** diseminadas por los lugares más remotos.

*Iglesia de Santiago el Viejo o de los Caballeros*

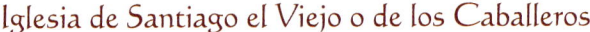

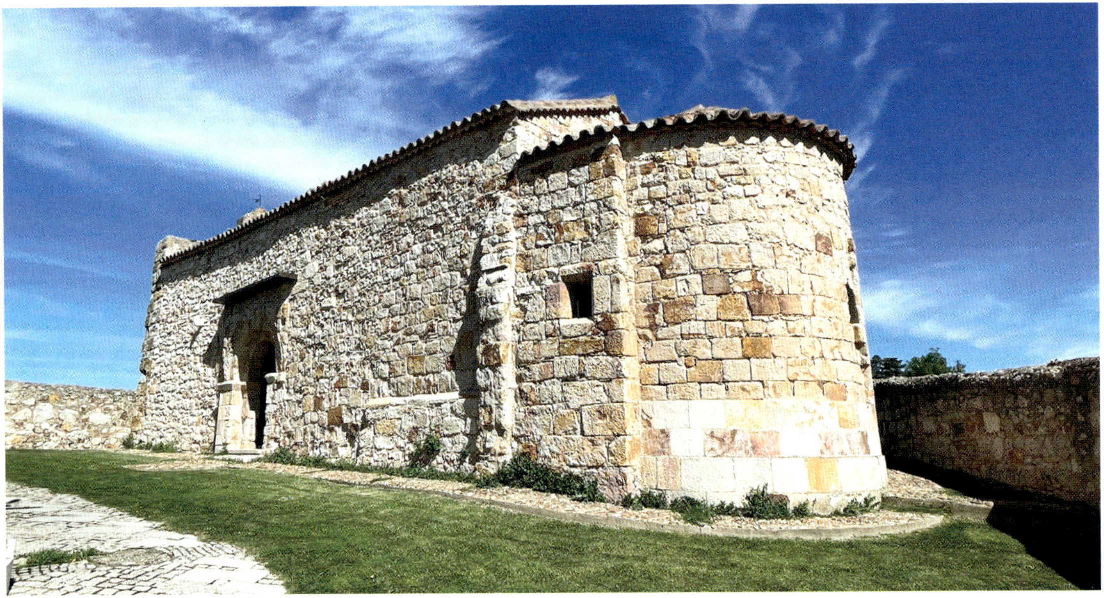

Por eso, en Zamora podemos disfrutar del arte románico en **la Catedral**, el principal templo de la diócesis, y, al mismo tiempo, en una ermita ubicada fuera del recinto urbano, entre las eras y los pastizales de los suburbios, como **Santiago el Viejo**, cuya superficie ni siquiera alcanza los ciento cincuenta metros cuadrados.

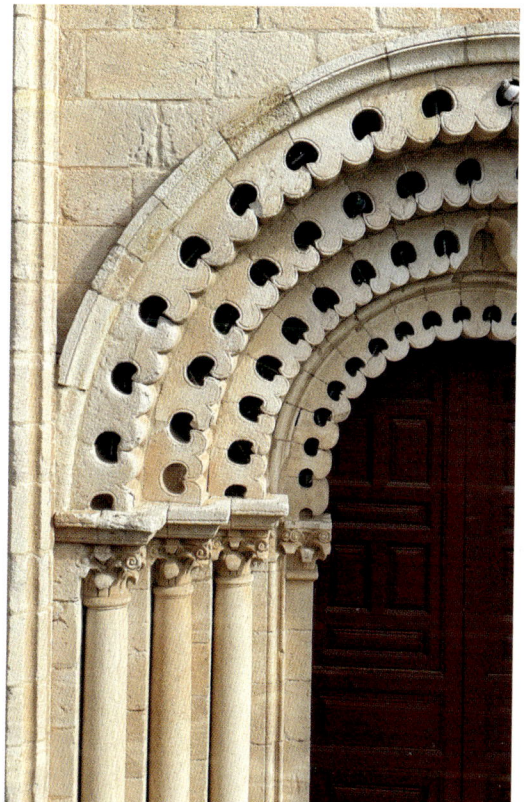

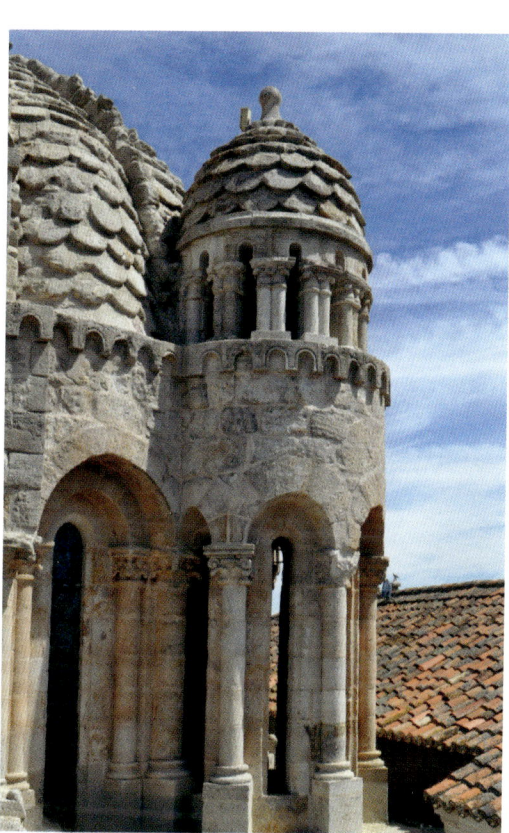

Detalles de la puerta del Obispo y de la cúpula de la Catedral

# Los orígenes: el prerrománico

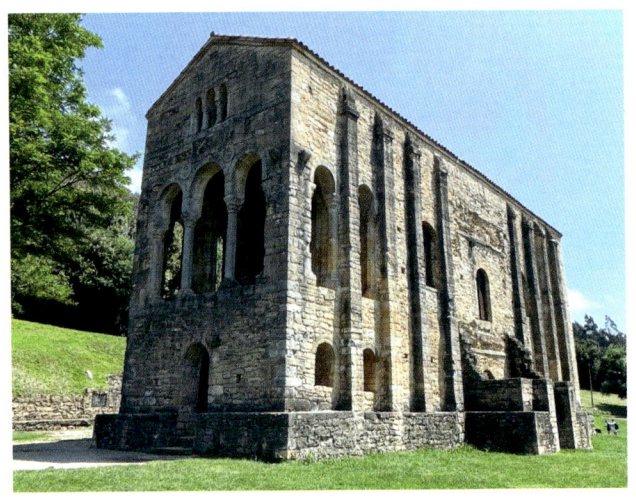

Santa María del Naranco

Sacrificio de Isaac. San Pedro de la Nave

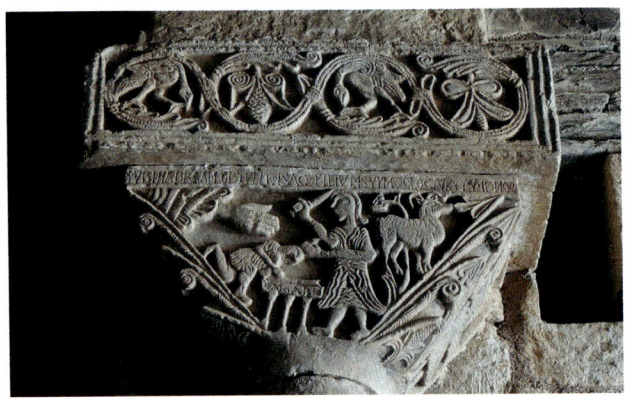

Como ocurre con cualquier movimiento artístico, el románico no apareció de repente. Es fruto de la evolución de diversos estilos anteriores que florecieron en Europa entre los siglos **VI** y **X**. Estos tenían un **carácter más local**, estaban impulsados por sus gobernantes y respondían a las peculiaridades propias de cada región.

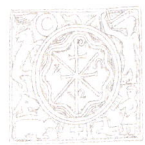

Entre estos estilos que engloba-mos bajo el concepto genérico de prerrománico, se incluyen el arte **visigodo**, el **asturiano** o el **mozárabe** que florecieron por diversas comarcas españolas y el **lombardo**, el **merovingio**, el **carolingio** o el **otoniano** que bro-taron en algunas regiones de Europa.

# El románico *pleno* (siglos XI-XII)

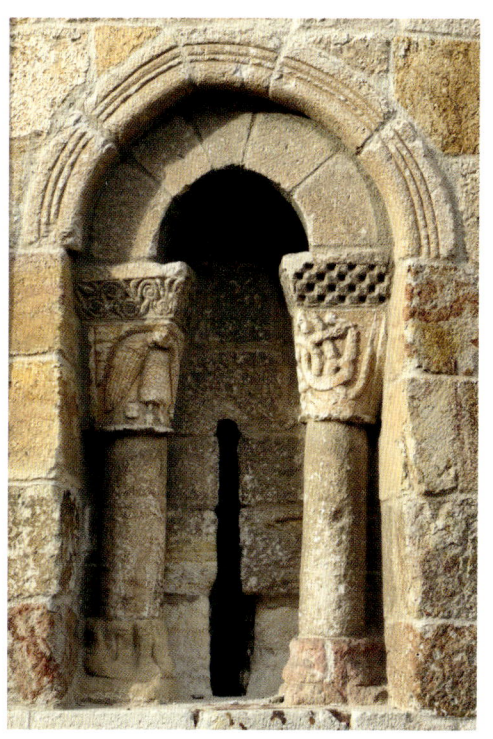

Ventana de Santa María la Nueva

A lo largo de los tres siglos en que documentamos las construcciones románicas, hubo una época de mayor apogeo denominada **románico pleno** que ocupa las décadas anteriores y posteriores al año 1100.

En este momento se construyeron en Zamora las primitivas iglesias de **Santo Tomé**, **San Cipriano** o **Santa María la Nueva**, que muestran sus detalles más arcaicos. También por estas fechas se inició **la Catedral** que es el templo más importante de la diócesis, cuya construcción supuso la llegada de nuevas formas arquitectónicas que apuntan al siguiente periodo.

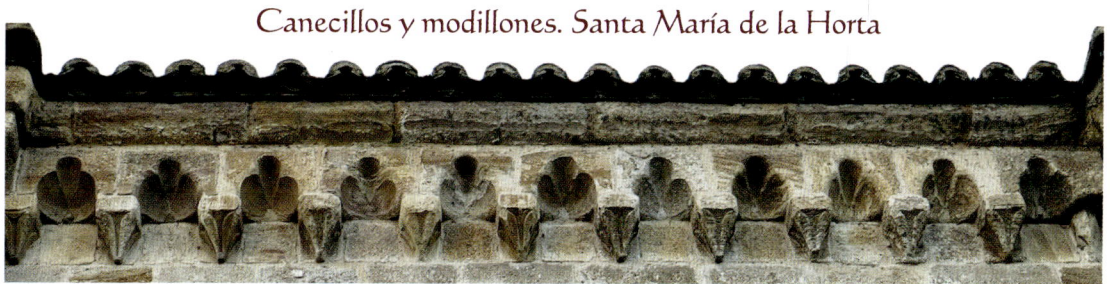

Canecillos y modillones. Santa María de la Horta

# El tardorrománico (siglos XII-XIII)

A principios del **siglo XIII**, cuando en Europa comenzaba a despuntar el arte gótico y las bóvedas ojivales sustituían a los arcos de medio punto, muchas comarcas seguían apegadas a los modelos constructivos del románico anterior. Fue una época de **convivencia entre ambos estilos**, románico y gótico, que ocupó la segunda mitad del siglo XII y primeras décadas del XIII y se denomina **tardorrománico**.

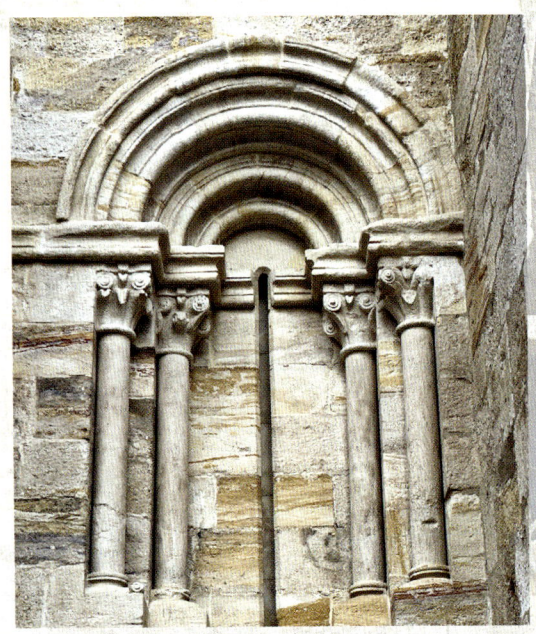

Ventana sur de San Juan Bautista

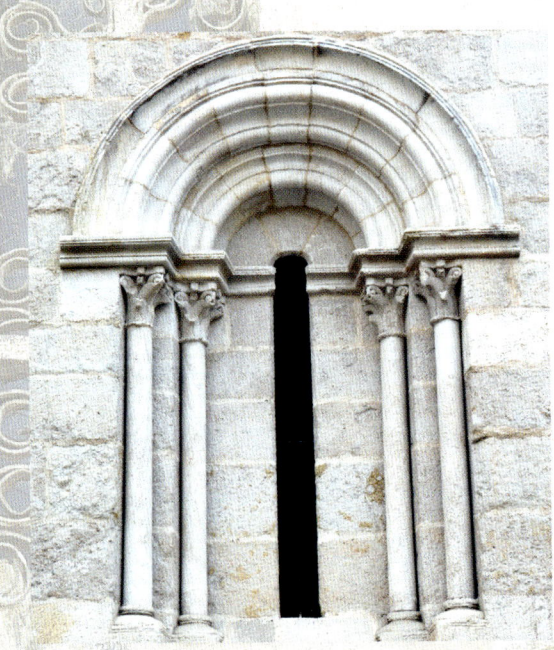

Ventana oriental de Santiago del Burgo

En Zamora este periodo coincidió con un momento de **intensa actividad constructiva** en la que se levantaron buena parte de los templos románicos más importantes que aún siguen en pie como **San Pedro apóstol** en la zona más antigua, **San Juan Bautista** junto a la nueva puerta de las murallas y **San Vicente Mártir**, **San Esteban protomártir** o **Santiago del Burgo** levantadas en los barrios que florecieron extramuros de la ciudad.

Era un momento en que la vitalidad comercial y la pujanza económica de sus artesanos hacían de Zamora un **centro de vital importancia**.

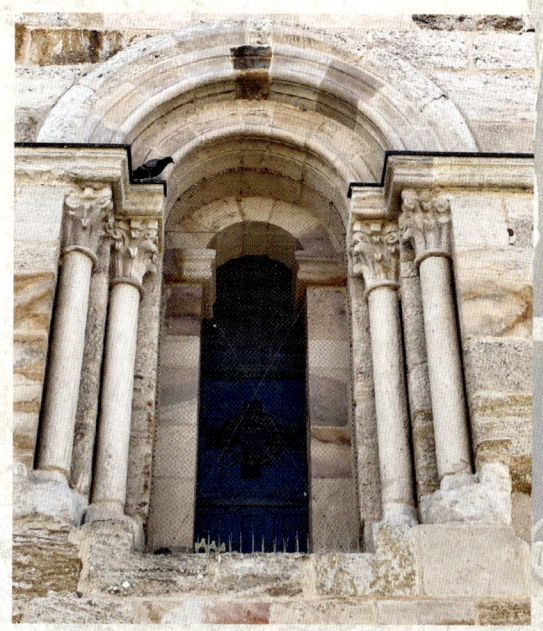

Ventana occidental de Santa María

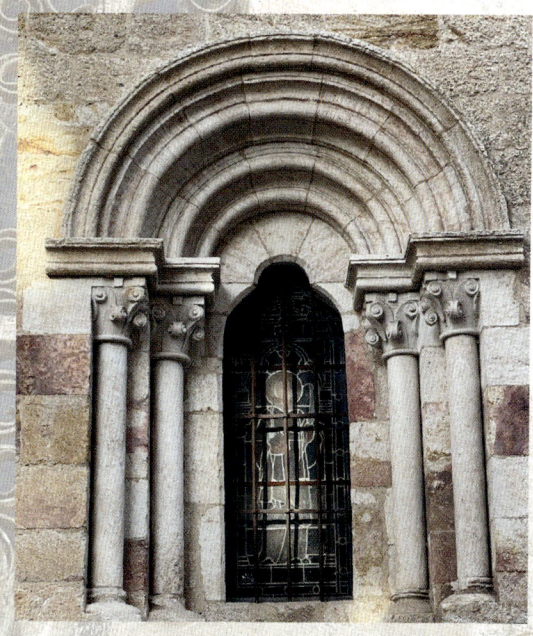

Ventana oriental de San Esteban

# Dos focos de irradiación

Aunque hubo una evolución paulatina de los diversos estilos preexistentes en cada región, los estudiosos afirman que las características comunes que definen al románico como un nuevo arte nacieron en dos zonas bien conocidas: la **Lombardía** al norte de Italia, y las regiones francesas de **Borgoña** y **Normandía**.

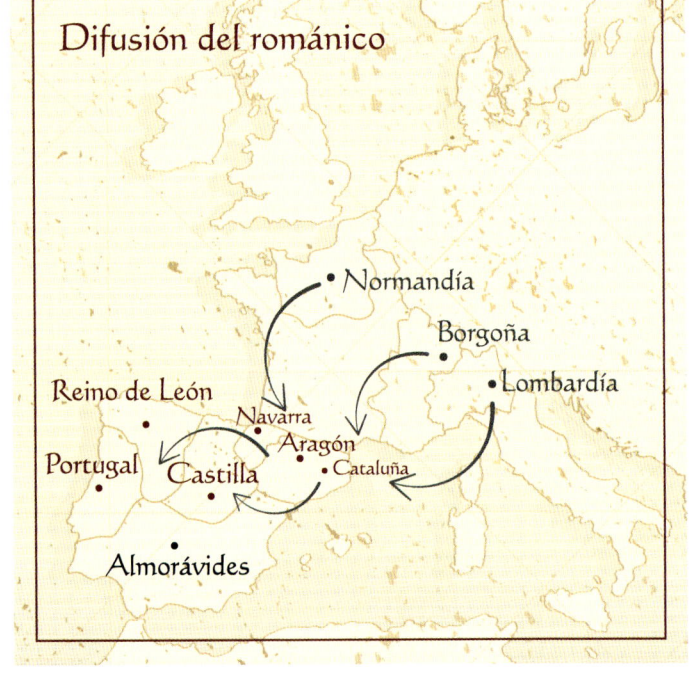

Desde estas comarcas el románico **se difundió** por toda Europa y fue penetrando progresivamente en los diversos reinos que configuraban la España medieval. Desde **finales del siglo X** se difundió por **Cataluña**, época en que se notó una mayor influencia del **románico italiano**. Después, durante la **segunda mitad del siglo XI**, estos nuevos modelos constructivos se extendieron por los **reinos de León** y **Castilla** durante unos años en que la **influencia francesa** fue más decisiva.

# La expansión del nuevo estilo

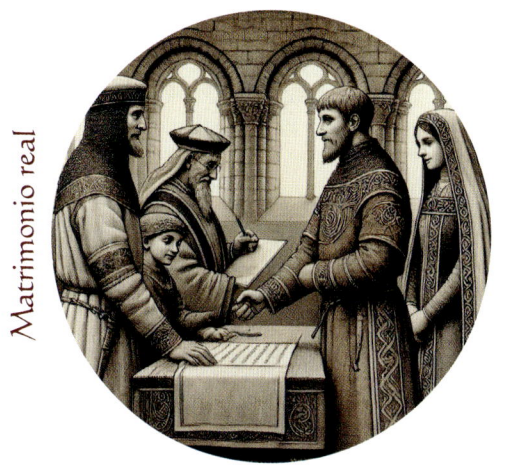

Matrimonio real

Para impulsar la **reconquista** y promover la **reforma gregoriana**, los reinos de León y Castilla mantuvieron estrechos vínculos con sus vecinos franceses. De este modo, a lo largo de los siglos XI y XII, diversos miembros de la monarquía y de la nobleza gala llegaron hasta la cuenca del Duero en virtud de las **alianzas matrimoniales** tejidas con los nobles y los monarcas hispanos.

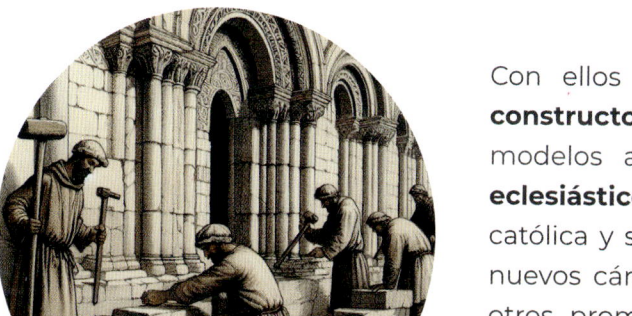

Canteros trabajando

Con ellos vinieron también numerosos **constructores** que difundieron los nuevos modelos arquitectónicos e importantes **eclesiásticos** que guiaron a la comunidad católica y se encargaron de implantar los nuevos cánones del **rito romano**. Unos y otros promovieron y difundieron el arte románico por los diversos reinos del occidente peninsular.

# 1. Constructores y mercaderes

El románico se difundió gracias a las cuadrillas de **canteros** y de **arquitectos** que llevaban consigo un estilo de construcción propio y que dejaban su impronta en aquellas comarcas por las que viajaban. Esto fue posible gracias al **crecimiento demográfico** y a la **prosperidad económica** que se vivía en Europa por aquellos siglos, a los intercambios comerciales y a la consolidación del cristianismo como la principal religión del continente.

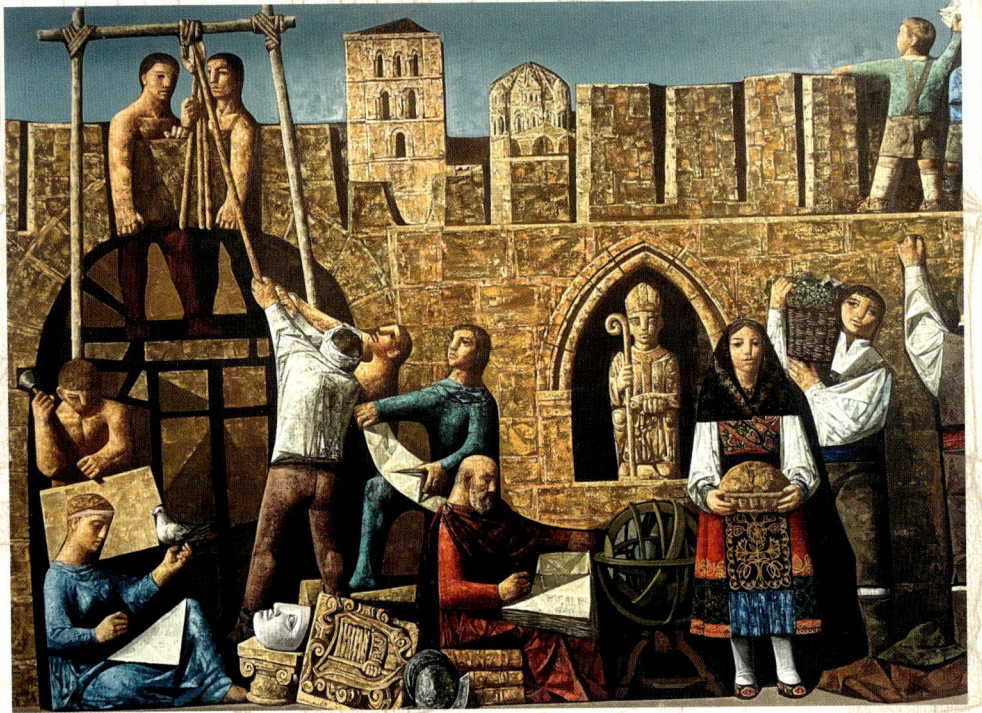

Mural Biblioteca Pública de Zamora. Antonio Pedrero

# 2. Matrimonios reales

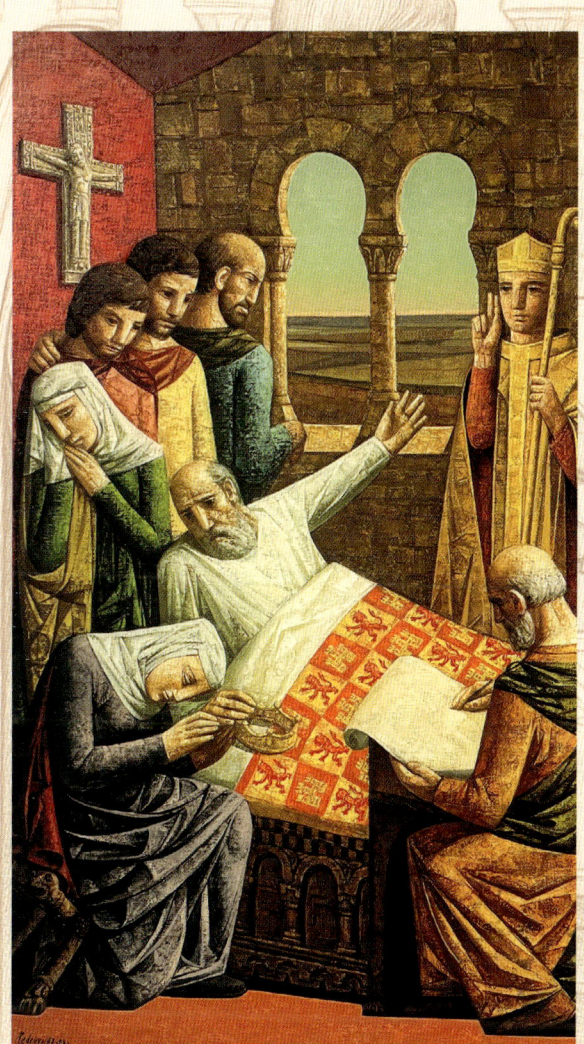

Fernando I en su lecho mortuorio rodeado de sus hijos. Antonio Pedrero

La unidad de la comunidad cristiana permitía el flujo de peregrinos y de viajeros entre los diversos reinos cristianos, pero también los matrimonios entre monarcas de diversos países. En Castilla y León, las bodas de **Alfonso VI (1072-1109)**, primero con **Inés de Poitiers**, hija del duque de Aquitania, y después con **Constanza de Borgoña**, sobrina del poderoso abad Hugo de Cluny, trajo los gustos franceses hasta las orillas del Duero.

Estas **alianzas matrimoniales** con nobles venidos desde Francia continuaron en la siguiente generación, cuando Alfonso VI concertó la boda de sus hijas **Elvira**, **Teresa** y **Urraca** con nobles oriundos de los condados de Borgoña y Tolosa, lo que incrementó la presencia de los francos en sus reinos.

# 3. La repoblación

Precisamente, la vecina ciudad de Salamanca fue repoblada por el esposo de la reina **Urraca de León**, don **Raimundo de Borgoña** a quien se le encomendó dirigir la repoblación de los territorios ubicados en tierras entre el Duero y la Cordillera Central. Este conde venido desde Francia fue nombrado tenente de Zamora, es decir, se encargaba de administrar justicia y recaudar impuestos en la ciudad que convirtió en una de sus plazas más fuertes.

Como signo de la vitalidad comercial que se vivía en Zamora y como expresión de la protección ejercida por el monarca, don Raimundo junto a su esposa la reina doña Urraca otorgaron un fuero a la **Puebla del Valle**, es decir, a las casas ubicadas extramuros de la ciudad, en el entorno de las iglesias de **la Horta** y **Santo Tomé**.

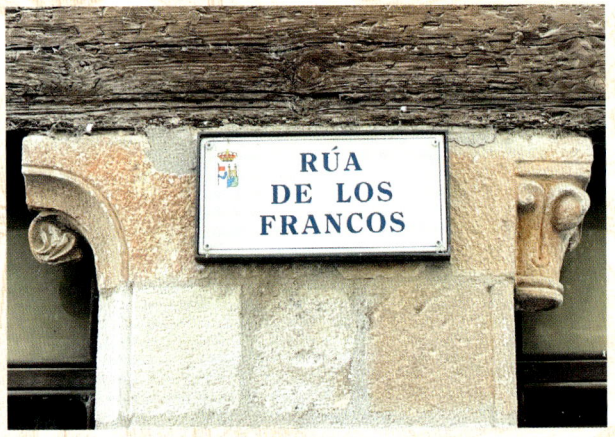

Capiteles románicos en la rúa de los Francos

Esta presencia francesa se notó también en la ciudad de Zamora a la que llegaron numerosos funcionarios procedentes del país vecino, quienes han dejado su huella en una de las calles más conocidas del casco antiguo como la **rúa de los Francos**.

# 4. La Reforma Gregoriana

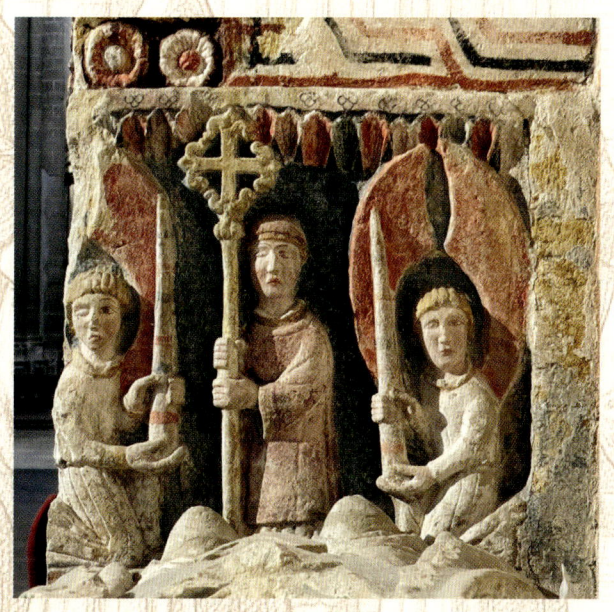

Pero lo que más contribuyó a la expansión del románico fue la Reforma Gregoriana, impulsada por el Papa desde Roma y establecida en los diversos reinos cristianos gracias al apoyo de los monarcas. Con esta Reforma se unificó la **disciplina de la Iglesia** y la celebración **litúrgica** dotando de una mayor cohesión al mundo católico y de un mayor control por parte de la sede de Roma.

Detalle de un sepulcro de
la Catedral de Zamora

Para la puesta en práctica de esta Reforma, el papa y los monarcas contaron con la colaboración de las órdenes monásticas, en especial de los **monjes de Cluny**, que vivieron una intensa fase de expansión por todo el continente.

En la península ibérica, el rey **Alfonso VI** fue uno de los máximos promotores de esta Reforma de la Iglesia en el territorio sometido a su jurisdicción. Para ello contó con el apoyo del monasterio de **Sahagún** en la provincia de León y de algunos obispos de origen francés que estuvieron al frente de buena parte de las sedes episcopales como **Jerónimo de Perigord**, obispo de Zamora y Salamanca, **Pedro de Bourgues**, obispo de Osma o **Pedro de Agen**, obispo de Palencia y de Segovia.

# 5. Peregrinos y viajeros

El trasiego de peregrinos y viajeros por los diversos territorios trajo consigo la **difusión de ideas** y **modelos culturales**. En este sentido, Zamora estaba en un enclave privilegiado al ubicarse en el itinerario de una antigua vía romana bautizada como la **Ruta de la Plata**, que durante estos años vertebraba el reino de León.

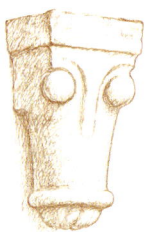

Además, el camino de Santiago, que estuvo impulsado notablemente durante estos siglos, especialmente tras la celebración del **primer año santo en 1126**, supuso la difusión del arte románico a través de toda esta vía de comunicación que ponía en contacto al extremo occidental de la Península con los movimientos artísticos y culturales de Europa.

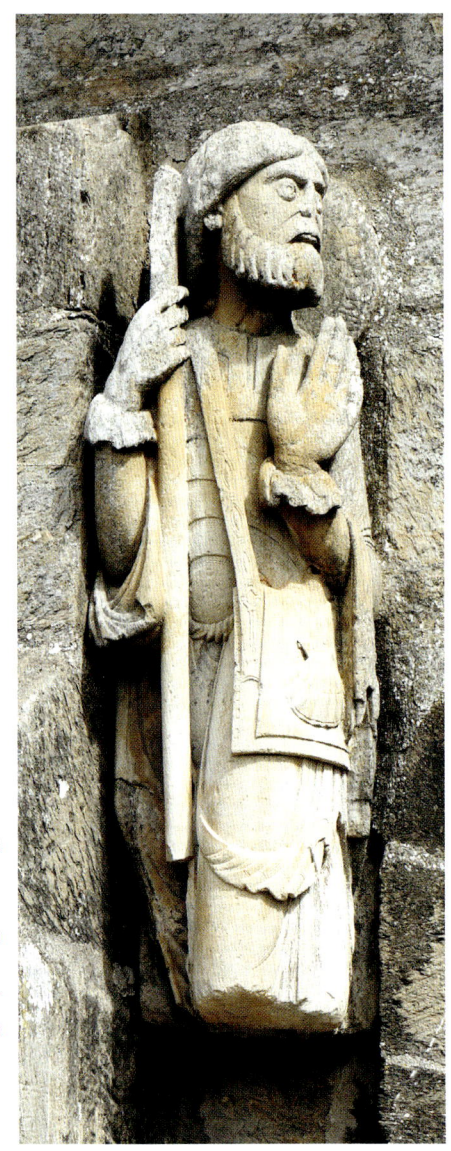

*Santiago peregrino. Iglesia de Santa Marta de Tera*

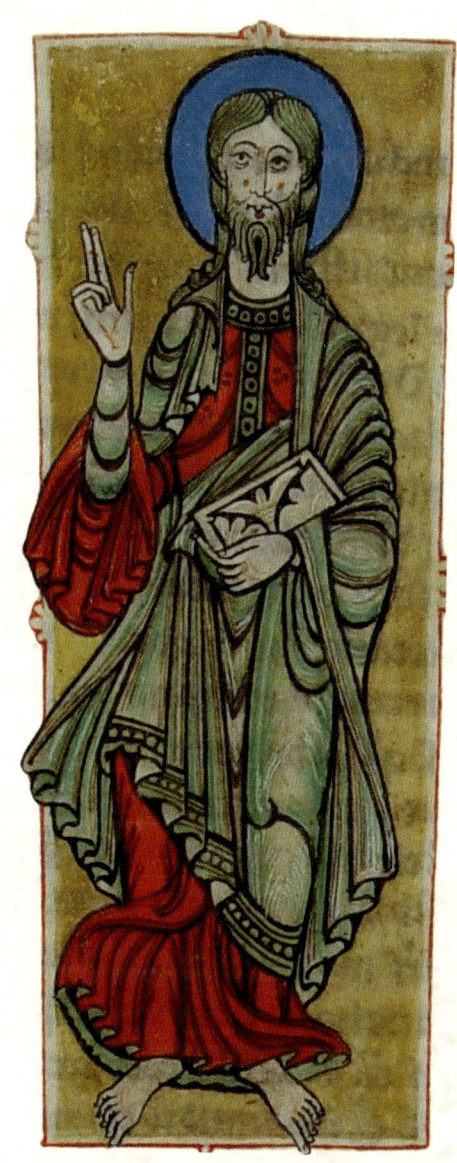

Aunque no constituía una etapa en el camino francés, Zamora estaba ubicada en el **camino que los mozárabes** venidos desde el sur debían recorrer con el propósito de venerar las reliquias del apóstol. En este sentido, es significativo que en la ciudad de Zamora se edificaran templos en honor de aquellos santos que, según el *Codex Calixtinus*, debían visitar en Francia los peregrinos que iban a Santiago: **la Magdalena**, **San Leonardo**, **San Martín**, **San Gil** o **San Frontis**.

Pero no solo hubo algunos peregrinos que pasaron por Zamora. También algunos zamoranos emprendieran su camino hasta **Santiago**, **Roma**, **Jerusalén** u otros lugares de la cristiandad. Ellos importarían hasta Zamora su experiencia de romeros y compartirían su vivencia espiritual ganada tras un viaje a tierras lejanas.

El apóstol Santiago. *Codex Calixtinus*

# Características del arte románico

Uno de los prototipos más difundidos de iglesia románica es el que dispone de una **planta basilical**, de tres naves, terminadas en tres ábsides según los modelos importados de Francia. Así ocurre en Zamora con la **Catedral**, aunque ha perdido sus ábsides románicos, con la iglesia de **San Pedro** que fue profundamente reformada en el siglo XV o con la de **Santiago del Burgo** que aún mantiene su estructura original.

Sin embargo este modelo no es el único. El templo puede disponer de **una única nave** como ocurre en Zamora con las iglesias de **la Magdalena** o de **Santa María de la Horta**, aunque a esta última se le añadió posteriormente una nave lateral.

En otros casos los templos tienen planta de cruz latina como la iglesia de **Santa Marta de Tera** en el norte de la provincia de Zamora o son de planta central. En este último caso debemos desplazarnos fuera de la provincia para visitar la iglesia **circular** de **San Marcos de Salamanca** o las ermitas de la **Vera Cruz** de **Segovia** o de **Eunate** en **Navarra** estas últimas de planta **poligonal**.

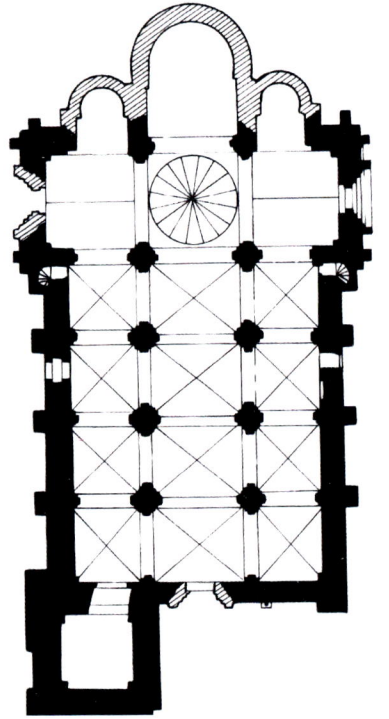

Planta basilical de la Catedral de Zamora
(Según Gómez Moreno)

# ✚ En dirección al oriente

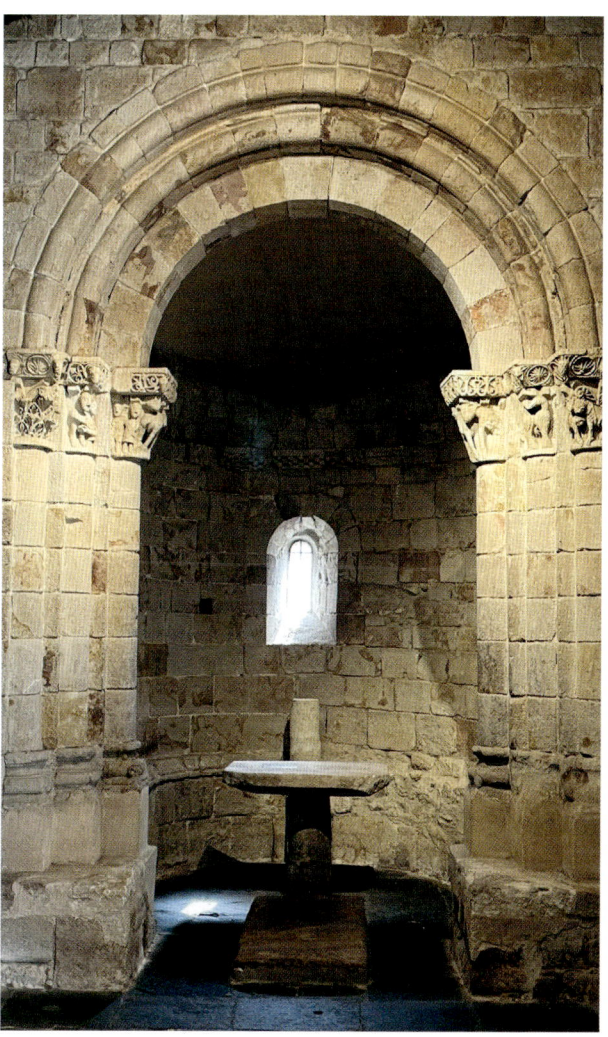

Interior del ábside de Santiago el Viejo

Los templos románicos se orientan **hacia el nacimiento del sol**. No es algo casual, tiene un **sentido teológico y práctico**.

Por la ventana ubicada en el centro del ábside penetra la **luz del amanecer**, momento en que nuestros antepasados celebraban la eucaristía.

Además, el sol que penetra por el estrecho ventanal románico e **ilumina el altar** a primera hora de la mañana simboliza a **Cristo**, **luz del mundo**.

Así lo denomina el anciano **Zacarías** en el cántico que la Iglesia reza todos los días al comenzar la jornada: *«Nos visitará el sol que nace de lo alto para iluminar a los que viven en tinieblas en sombras de muerte».*(Lc 1, 78-79).

# Elementos sustentantes

✚ Gruesos **muros** fabricados con piedra labrada, a veces en mampostería, con muy pocas ventanas y muy estrechas.

✚ **Pilares** a veces exentos, a veces embutidos en los muros, que frecuentemente son de sección cruciforme y aparecen reforzados por columnillas.

✚ **Ábsides semicirculares**, aunque en Zamora es muy habitual la existencia de **cabeceras planas**, que muestran la pervivencia de unos modelos propios de las construcciones anteriores.

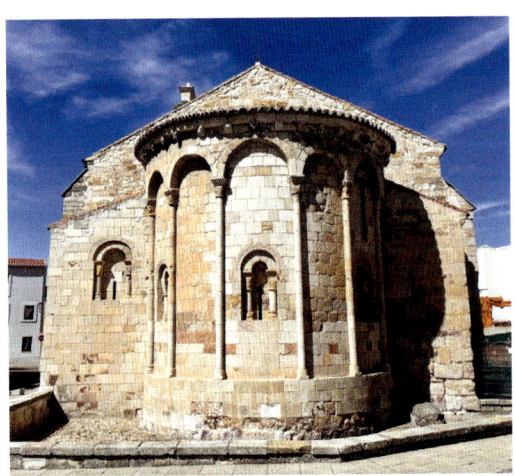

Ábside de Santa María

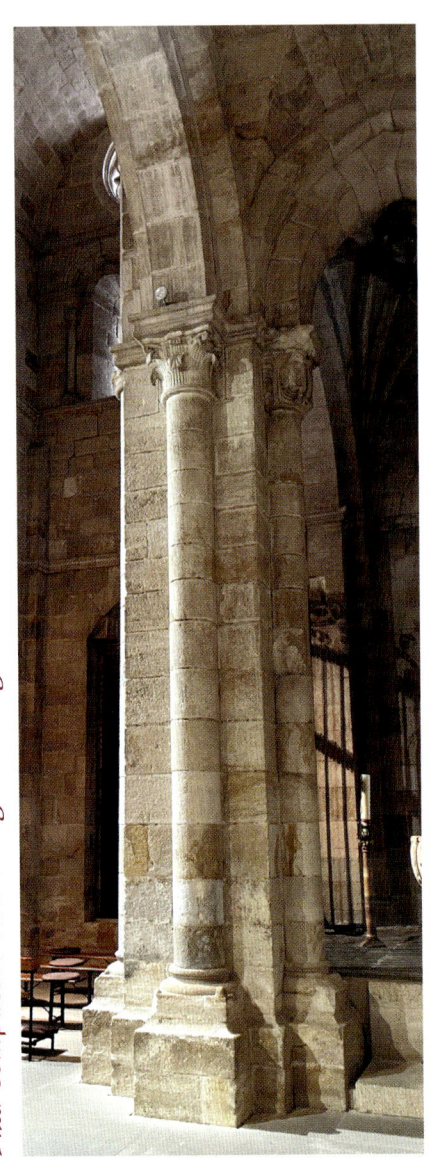

Pilar compuesto en Santiago del Burgo

# Elementos sustentados

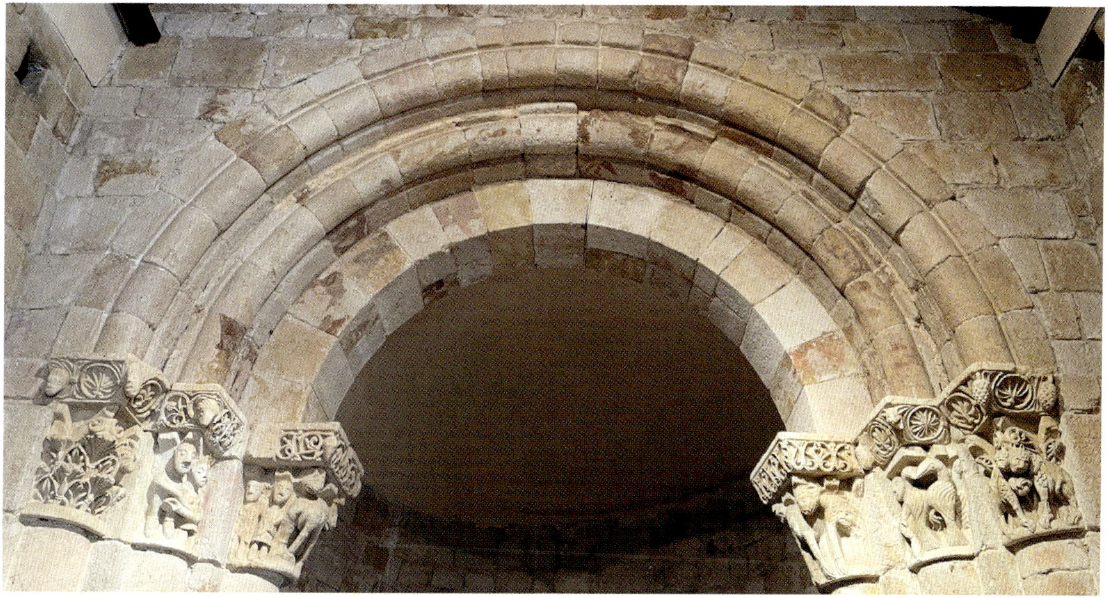

![Arco triunfal de Santiago el Viejo]

Bóveda de San Esteban

Arco triunfal de Santiago el Viejo

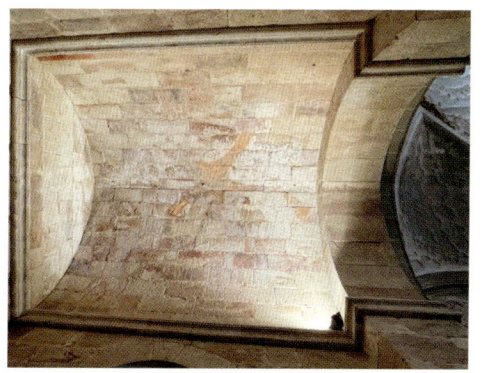

✚ Uso del **arco de medio punto** en puertas y ventanas, aunque desde finales del siglo XII, principalmente por influjo del Císter, estos arcos están ligeramente apuntados.

✚ Empleo de la **bóveda de cañón** o de arista en el interior. La primera suele emplearse para cubrir las naves centrales y la segunda para las laterales.

39

# Portadas de acceso

✚ Con el fin de salvar el **grosor de los muros**, los accesos a los templos se organizan en una sucesión de arcos superpuestos, denominados **arquivoltas** que dan origen a la típica **portada románica**.

✚ A veces estas portadas carecen de decoración y están formadas simplemente por un **arco doblado** al que en ocasiones, se le pueden añadir **columnillas en las jambas**. Solo una imposta acodillada rompe la austeridad y recorre la portada a la altura del arranque de los arcos.

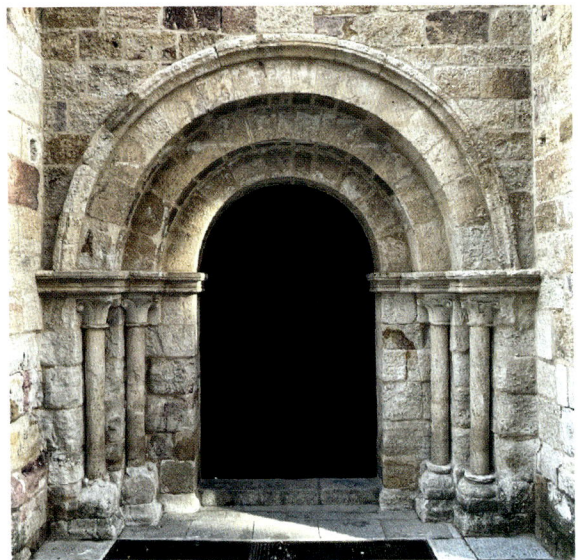

Portada norte de San Esteban

40

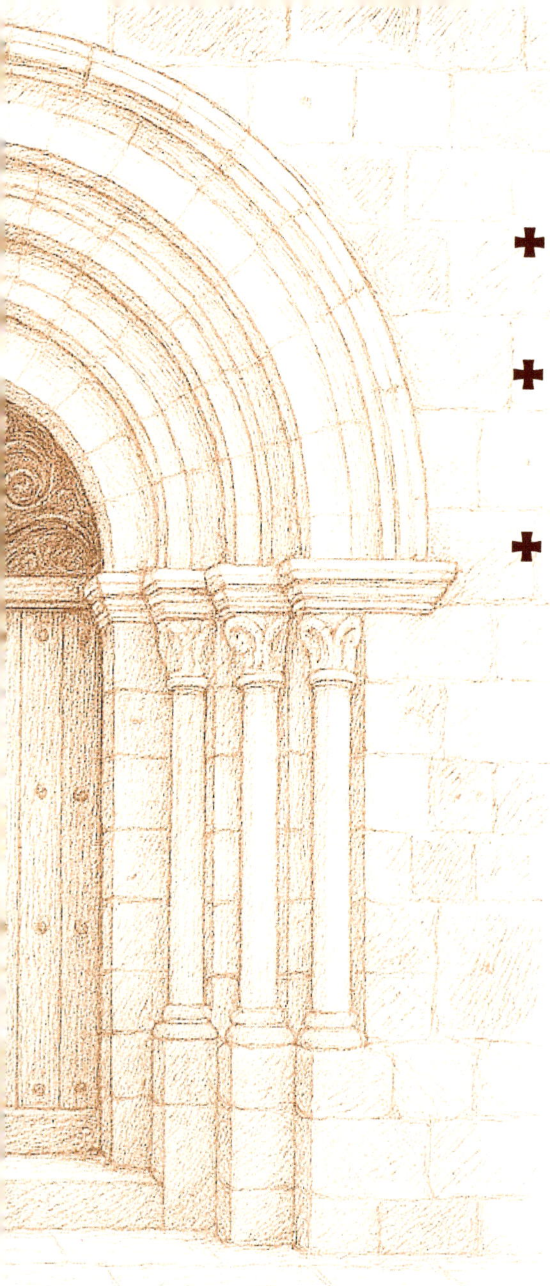

- **✚** En ocasiones las arquivoltas presentan **molduras aboceladas** a las que se le pueden añadir otras formas intermedias.

- **✚** También aparecen decoradas con otros motivos como **lóbulos** o **almohadillado** de origen oriental o presentan diversos detalles ornamentales.

- **✚** Las portadas más ricas están recubiertas por una exuberante **decoración geométrica**, **vegetal** o **figurativa**.

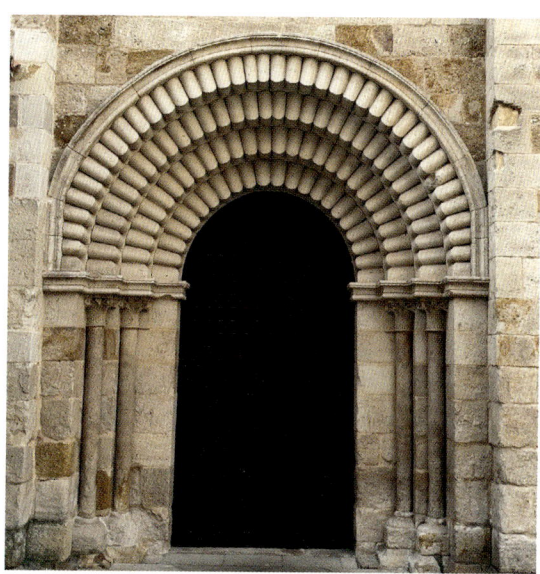

Portada norte de Santiago del Burgo

# Campanarios y atalayas

✚ La **torre** es uno de los elementos constructivos más sobresalientes de los templos románicos, aunque no todos llegaron a disponer de una. En ocasiones solo se construyó una **sencilla espadaña** que, en muchos templos zamoranos, es posterior al Medievo.

✚ Esta **atalaya** no solo servía para sostener las campanas, sino que, muchas veces tenía alguna **función defensiva** y de ello dan cuenta las almenas de la que algunos campanarios aún disponen de vestigios. Además eran un símbolo de la **presencia de Dios** en medio de la ciudad y de la **jurisdicción** ejercida por la Iglesia en la sociedad medieval.

✚ En las **cámaras bajas** de las torres unas estancias bien protegidas hicieron de **archivo**, de **cámara del tesoro** e incluso de **cárcel**, mientras que las **estancias superiores** horadas por ventanas servían para colocar las **campanas** y para **vigilar**.

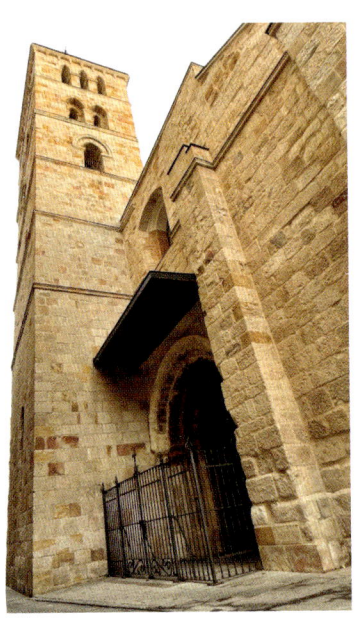

*Torre de San Vicente Mártir*

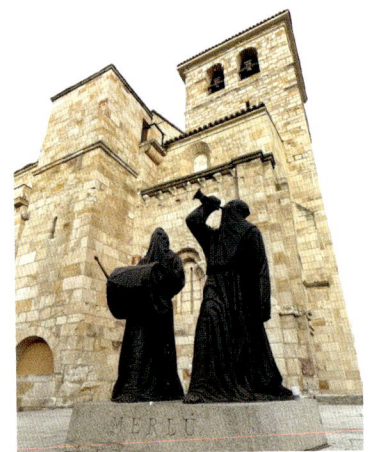

*Torre de San Juan*

# Ornamentación

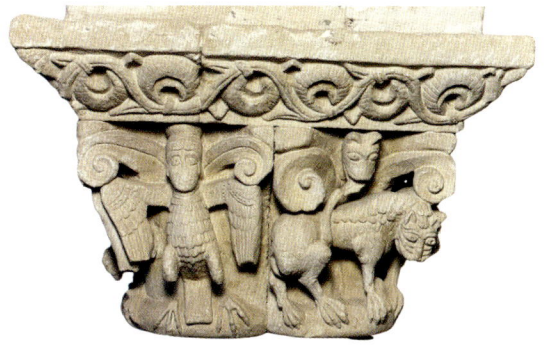

Capitel de San Claudio de Olivares

✚ Decoración **figurada** o **geométrica** en arquivoltas y capiteles.

✚ **Escultura** y **pintura** integrada en la arquitectura.

✚ **Impostas** que recorren el edificio articulando sus muros.

✚ **Canecillos** o **modillones** que, a modo de pequeñas **ménsulas**, sostienen el alero de los templos.

Pintura mural de Santa María la Nueva

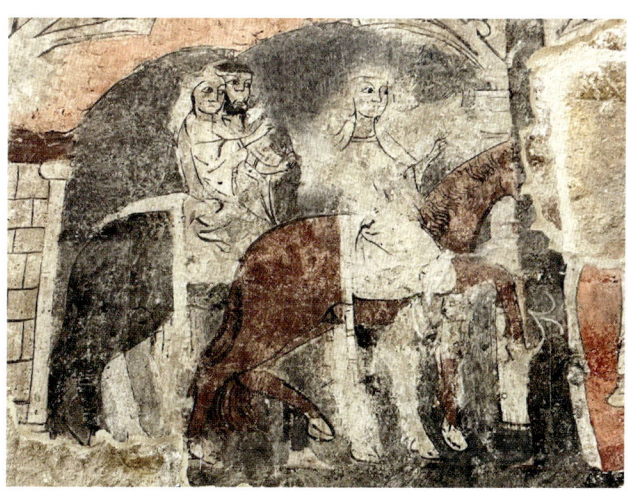

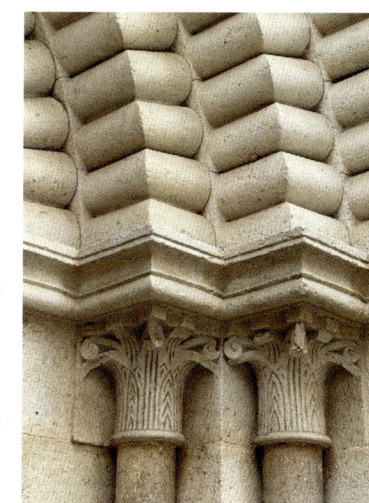

Santiago del Burgo. Detalle

# Ventanas y rosetones

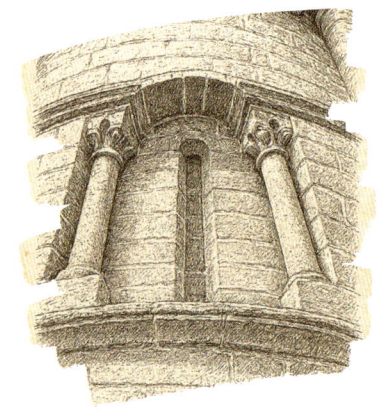

✚ Ventanas **abocinadas** y **estrechas**. Unas veces son simples ventanas saeteras, pero generalmente aparecen dobladas e incluso franqueadas por columnillas con capiteles que sostienen una arquería doble o sencilla.

✚ **Óculos** o **ventanas circulares** cerradas por una celosía de piedra denominada **rosetón**, que es muy habitual en el románico zamorano.

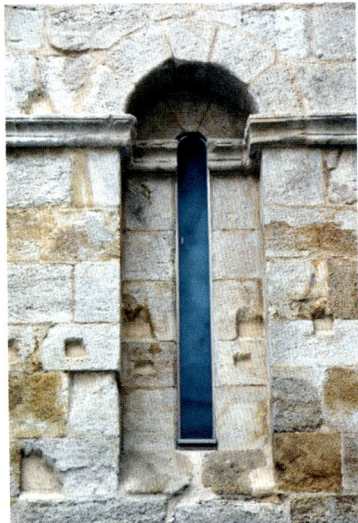
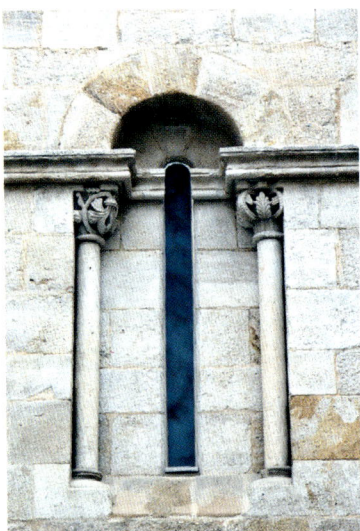
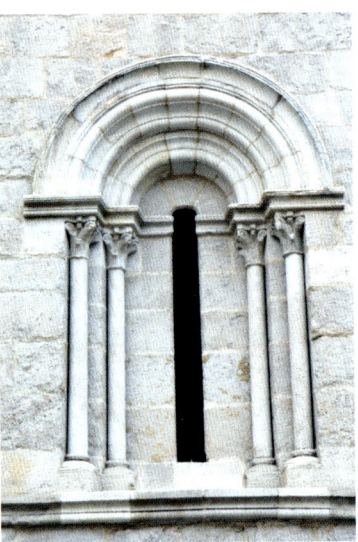

Tres tipos distintos de ventana románica en Santiago del Burgo

# Diferencias regionales

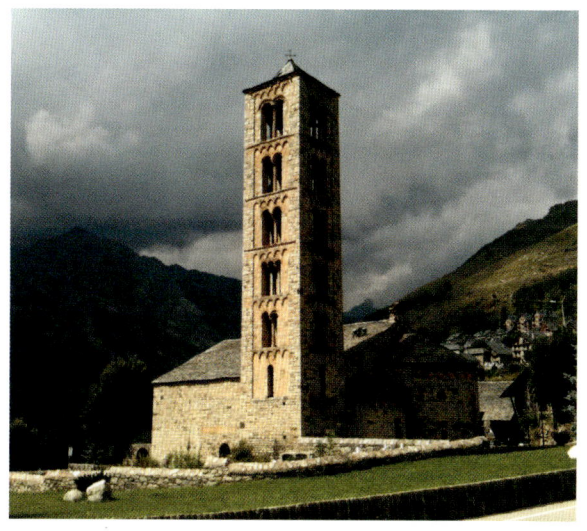

Iglesia de San Clemente de Tahull (Lérida)

Aunque dispone de **suficiente unidad y cohesión** en toda Europa, no todos los templos eran iguales. Existen diferencias regionales y algunas **peculiaridades locales** nacidas de la evolución interna de los estilos preexistentes en cada comarca. Por eso, podemos hablar de románico **catalán**, de románico **lombardo** e incluso de **románico zamorano**.

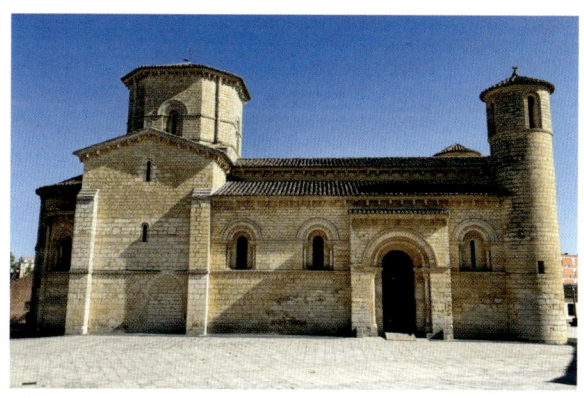

Iglesia de San Marín de Frómista (Palencia)

Sin embargo, en todos estos casos, lo sustantivo son los **elementos comunes** que nos permiten hablar de arte románico y lo adjetivo, las peculiaridades locales que lo califican de **catalán**, de **lombardo** o de **zamorano**. A este último dedicamos las páginas siguientes.

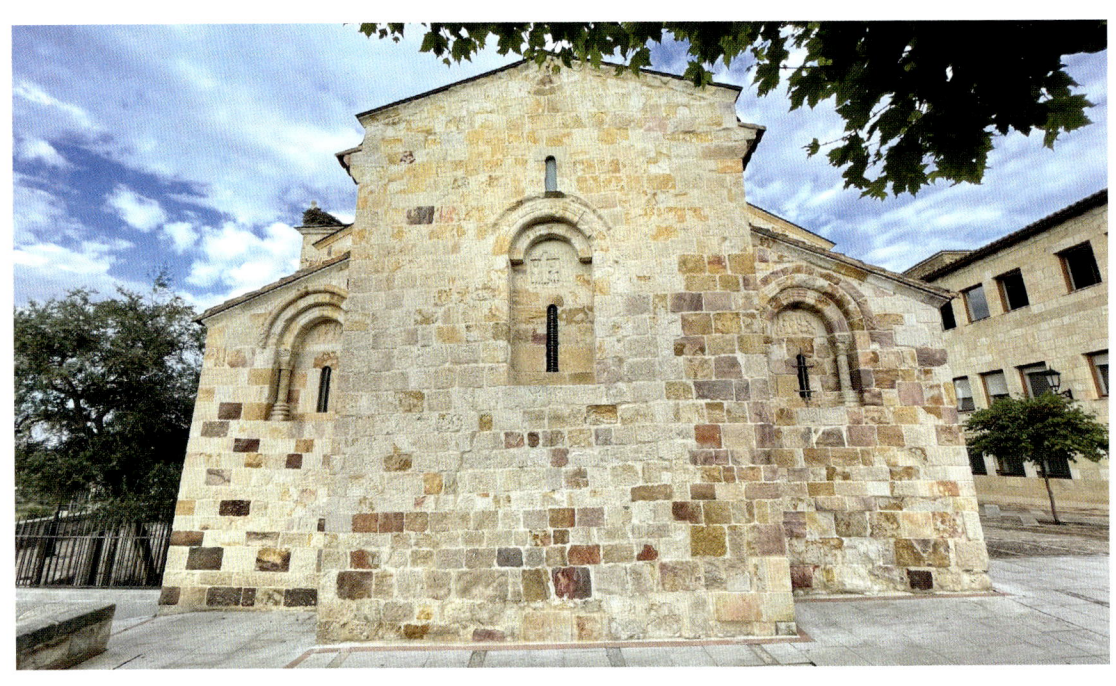

Cabecera de San Cipriano
con los ábsides planos que tanto caracterizan al románico zamorano

# El arte románico en Zamora

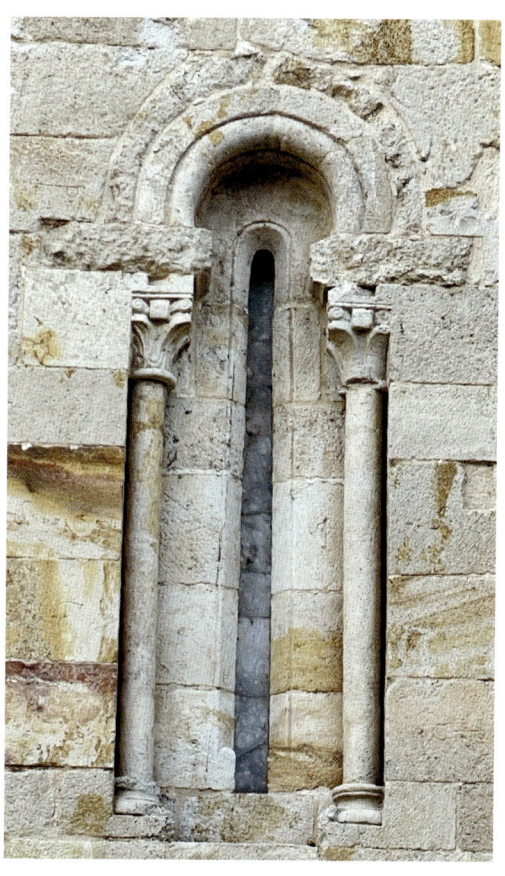

Ventana del muro sur de la Horta

La ubicación de Zamora en la zona más occidental del reino de León retrasó la llegada del arte románico e hizo que sus manifestaciones más importantes se daten **en torno al año 1200**. No obstante, disponemos de algunos edificios construidos ya en la primera mitad del siglo XII lo que nos invita a establecer dos etapas sucesivas.

La primera se extiende a lo largo de los reinados de **Fernando I** y **Alfonso VI** cuyos reinados ocuparon buena parte del siglo XI. La segunda coincide con el crecimiento demográfico que experimentó la ciudad de Zamora entre los siglos XII y XIII, cuando los reinos de León y de Castilla se separan y al frente de la monarquía leonesa se pusieron los reyes **Fernando II** y **Alfonso IX**.

Anteriormente existe una etapa más nebulosa que coincide con la creación de la diócesis de Zamora a comienzos del siglo X y su restauración durante la primera mitad del siglo XI. Más de cien años en los que podemos rastrear las **huellas del prerrománico** en la ciudad.

# El marco previo: Zamora en el siglo X

Tras más de un siglo de dominación musulmana, las tropas cristianas encabezadas por **Alfonso III el Magno** entraron en Zamora en el año 893 e hicieron de esta población una plaza fuerte que serviría para defender los territorios ubicados al norte del Duero. Según las crónicas musulmanas, el monarca reconstruyó la ciudad con la ayuda de algunos **arquitectos toledanos** y levantó una sólida muralla, que junto al río Duero hicieron de Zamora un auténtico bastión militar.

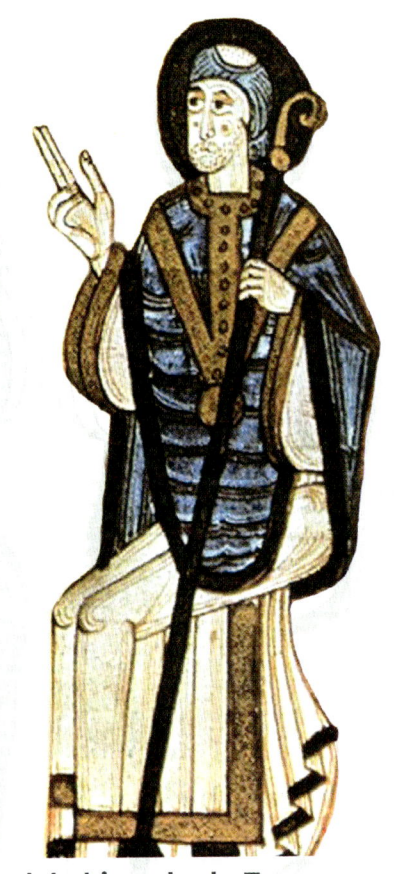

Además, Alfonso III trajo nuevos pobladores desde diversos puntos de la península ibérica, especialmente del **Al-Ándalus** donde vivían oprimidos por los musulmanes y otros procedentes de diversas regiones del **norte**. La presencia de unos y otros hizo de la ciudad un centro comercial y militar de primer orden.

Al mismo tiempo, el monarca promovió la **creación del obispado de Zamora** con el fin de dotar al espacio de una mayor estabilidad y atraer hasta sus calles al importante y necesario estamento eclesiástico. Esto convirtió a Zamora en una **ciudad con sede episcopal** que comenzó su andadura el **año 901** con la elección de su primer obispo: **San Atilano**.

# La primitiva sede episcopal

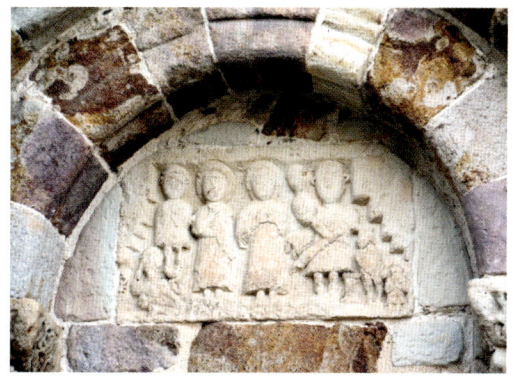

*Relieve de San Cipriano*

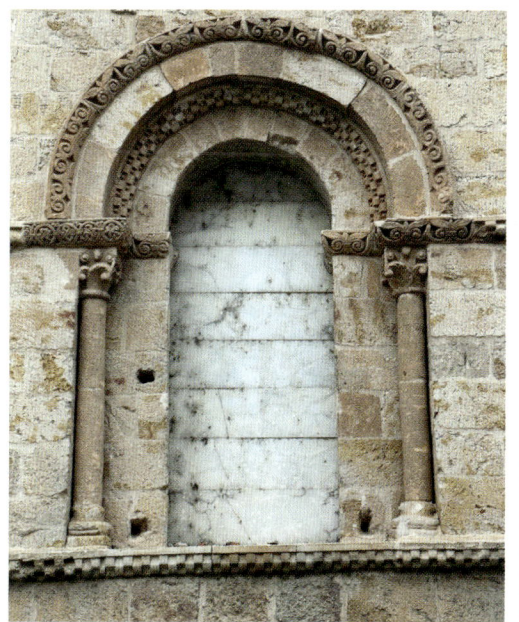

*Ventana oriental de Santo Tomé*

El nuevo prelado necesitaba de una **catedral** en la que establecer su sede y sus fieles requerían la construcción de algunas **parroquias** para celebrar su fe. Aunque los templos levantados por esas fechas se pierden entre las brumas de la historia, sabemos que en la parte más occidental de la ciudad se levantó una iglesia dedicada a **San Salvador** que terminaría por convertirse en Catedral.

Junto a ella, hubo otras parroquias de hondo sabor hispánico como las de **San Millán**, **Santa Colomba**, **Santa Eulalia**, **San Miguel** o **San Román** que reflejan las principales advocaciones de los mozárabes asentados en Zamora. Estas parroquias serían **templos prerrománicos** y, posiblemente, las cabeceras planas que caracterizaban la arquitectura mozárabe presente en aquellos vetustos edificios han contribuido a definir uno de los rasgos más característicos del románico zamorano.

# Una ciudad arrasada por Almanzor

La conquista de la ciudad por las tropas de **Almanzor** a finales del siglo X y la consiguiente desaparición de la diócesis no supuso la ruina total del cristianismo. En aquella ciudad ocupada por las huestes musulmanas mantuvieron su residencia y su actividad algunos habitantes que sostuvieron el culto católico y la economía urbana. Pero, la ubicación en el occidente peninsular y su falta de vitalidad tras las aceifas de Almanzor hicieron que **los nuevos aires del románico** no llegaran a Zamora hasta el siglo XI.

En esta centuria, la ciudad experimentó un **notable crecimiento** gracias a la actividad de un nuevo monarca, el rey **Fernando I**, que contribuyó notablemente a levantar la ciudad de Zamora de su postración. Con este monarca entramos de lleno en la primera etapa de **expansión del arte románico** por la ciudad de Zamora.

Detalle de la portada de la Magdalena

Capitel de San Cipriano

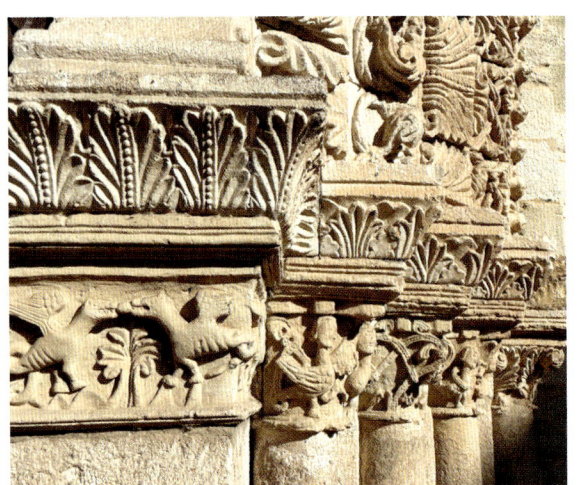

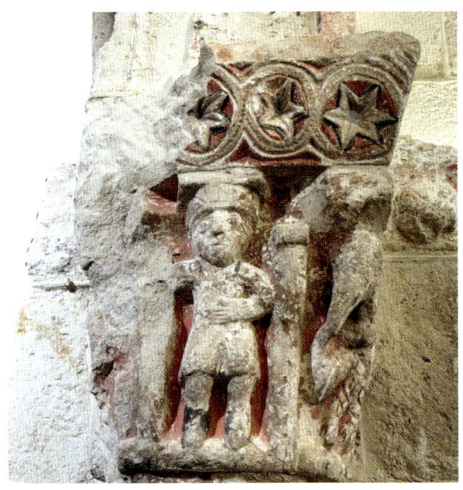

# 1. Primera etapa (siglos XI-XII)

Tras más de un siglo de decadencia, durante el reinado de **Fernando I** (1037-1065) y de **Alfonso VI** (1072-1109) la ciudad experimentó un notable impulso económico que trajo consigo la construcción de un nuevo recinto amurallado.

El primer monarca asumió el compromiso de **reedificar la ciudad** y convertirla en una plaza fuerte. El segundo hizo posible que sus vecinos gozaran de una mayor estabilidad al llevar la **frontera hasta la línea del Tajo**, muy lejos de los campos zamoranos. Eso le permitió conectar el valle del Duero con el resto del mundo cristiano europeo y facilitar la llegada de nuevos los aires venidos desde **Francia** y desde **Roma**.

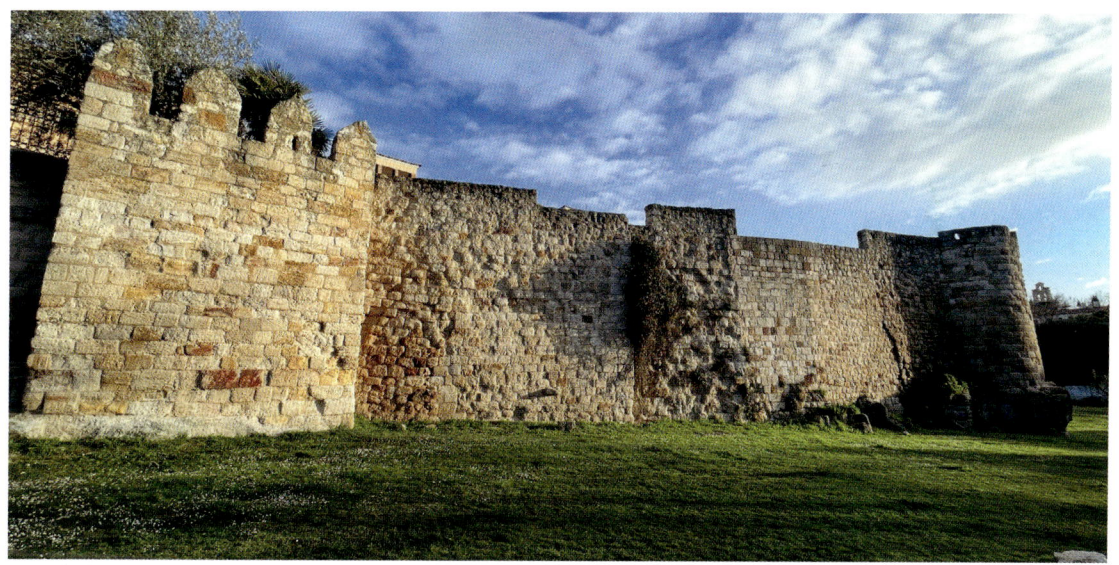

Murallas en el paseo de San Martín

# Franceses a orillas del Duero

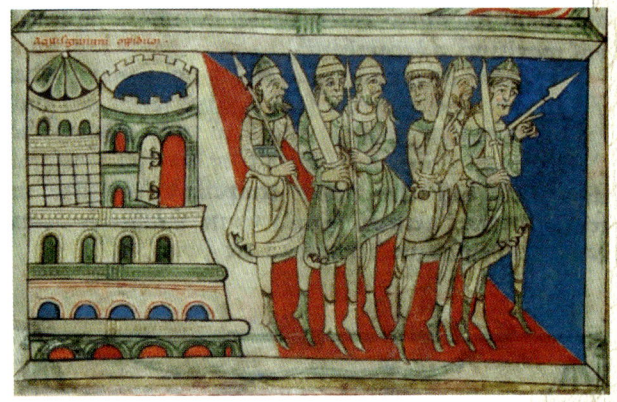

Codex Calixtinus

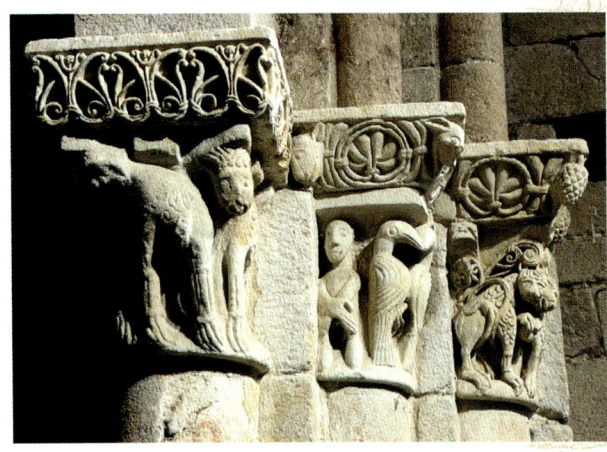

Capiteles de la iglesia de Santiago el Viejo

Buscando el abrigo y la protección que otorgaban sus muros, llegaron hasta de Zamora numerosos **pobladores franceses** que pusieron su residencia en las **viejas rúas de la ciudad** desde finales del siglo XI y, sobre todo, desde los primeros años del siglo XII.

El asentamiento en Zamora de estos moradores venidos de allende los Pirineos coincidió con la llegada del conde **Raimundo de Borgoña** que acudió al reino de León para afianzar los lazos de amistad entre la corona hispánica y los condados franceses. Estos últimos habían apoyado al rey **Alfonso VI** en sus campañas militares por lo que el monarca castellano-leonés quiso agradecer su ayuda mediante el matrimonio de Raimundo con su primogénita y heredera, la futura reina **doña Urraca**.

Este noble borgoñón se encargó de dirigir la repoblación de varias ciudades castellano-leonesas y tuvo un papel muy relevante en Zamora a donde llegaron numerosos habitantes procedentes de **Gascuña**, **Poitiers**, **Poitou**, **Perigord** o de la **Provenza** francesa, que se asentaron en la zona antigua de la ciudad, en torno a la **rúa de los Francos**, y en algunas colaciones del burgo como la de S**an Torcuato**.

Los nuevos moradores de origen francés eran **activos mercaderes** y hábiles **albañiles** que levantaron algunas parroquias y se implicaron en la construcción de la **Catedral de San Salvador**, un nuevo templo románico más esbelto que se levantó sobre otro más antiguo al que ya nos hemos referido.

Entre estos pobladores franceses, a comienzos del siglo XII llegaron el **obispo** y una serie de **funcionarios eclesiásticos** que conformaban la curia diocesana de una diócesis restaurada y constituyeron una élite social e intelectual.

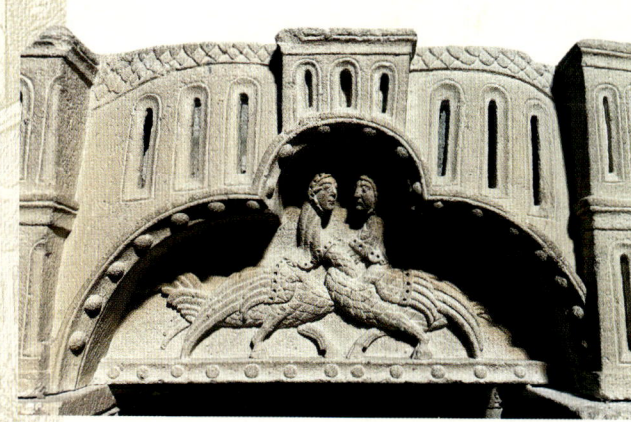

*Detalle del*
*sepulcro de la Magdalena*

# Los eclesiásticos

Los ataques de Almanzor habían provocado la desaparición de la sede episcopal zamorana durante todo el siglo XI, de cuyo último obispo, llamado **Salomón**, perdemos el rastro en el año 987. A lo largo de ciento treinta años, la vida cristiana estuvo sostenida por una **red de parroquias**, pero sin constituir un obispado.

Sin embargo, al llegar el siglo XII, con el avance de la reconquista y la necesaria organización del territorio, tuvo lugar la **restauración de la diócesis** que se hizo con una serie de obispos de origen francés. El primero fue **Jerónimo de Perigord** (1102-1120) que estuvo al frente de los obispados de Zamora y Salamanca simultáneamente.

A su muerte fue sucedido por otro prelado de su mismo origen, **Bernardo de Perigord** (1121-1149) que asumió el gobierno de la diócesis de Zamora separada ya de su vecina Salamanca y, por tanto, es conocido como el primer obispo *de los tiempos modernos*. La presencia de este prelado al frente de los católicos zamoranos fue decisiva también para promover la construcción de una serie de edificios que mostraban los nuevos aires del arte románico.

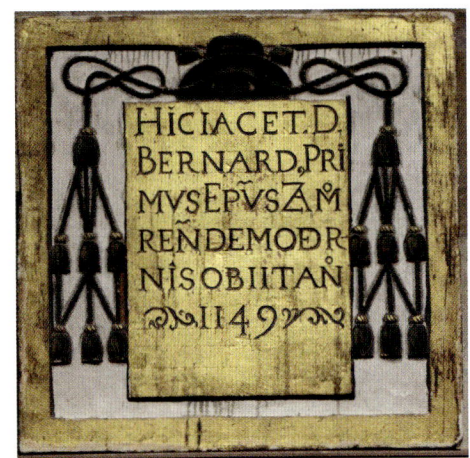

Sepulcro del obispo don Bernardo

Entre los eclesiásticos que llegaron no solo había obispos. Tenemos noticia de una serie de clérigos de origen francés que vivieron en Zamora como el abad **Aldovino de Perigord** que fundó la iglesia de **San Frontis** tal como se conmemora en una lápida conservada en el citado templo y falleció el año 1215.

# Pobladores llegados desde el norte peninsular

Junto a los pobladores franceses, también llegaron a Zamora algunos vecinos procedentes del norte peninsular, principalmente de **Asturias** y **León** o de **Galicia** y **Portugal**, que formaban parte de la comunidad mozárabe y posiblemente se encargaron de levantar las primitivas iglesias de **San Cipriano** y **Santa María la Nueva**, dos de los templos más antiguos de la ciudad, que experimentaron importantes reformas en años posteriores.

Más allá de las murallas, en un área inmediata al río se construyó la iglesia de **Santo Tomé** en la que originalmente hubo vida monástica y donde la reina **Urraca** quiso establecer la Catedral sin conseguir su propósito.

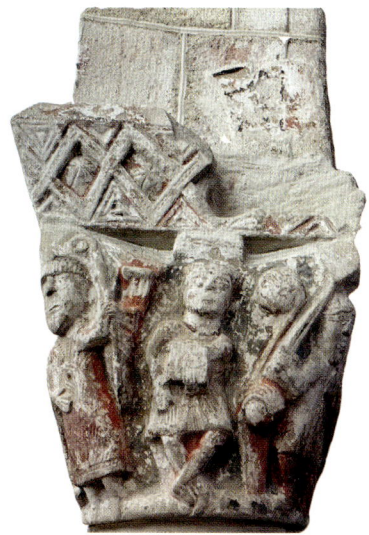

Capitel de San Cipriano

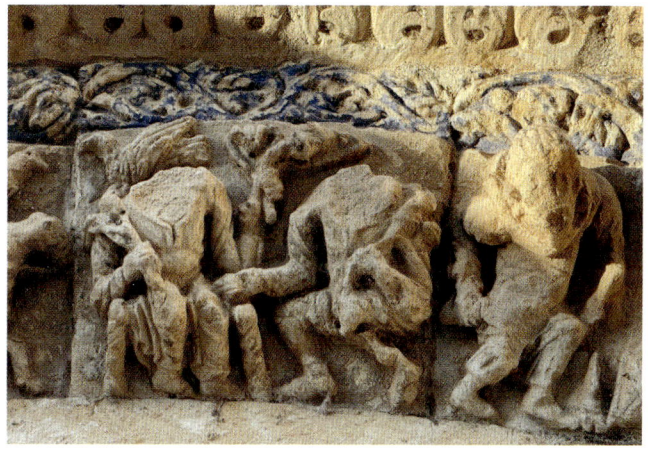

Detalle de la portada de San Claudio de Olivares

55

# 2. Segunda etapa (siglos XII-XIII)

La segunda etapa coincide con las monarquías de **Fernando II** (1157-1188) y de su hijo **Alfonso IX** (1188-1230), dos monarcas que estuvieron al frente del reino de León. Eran unos años difíciles en los que Zamora se convirtió en **tierra de frontera**, a medio camino entre la vecina Portugal que se había independizado el año 1139 y el reino de Castilla que se había desgajado de la corona de León tras la muerte del rey Alfonso VII.

Durante este periodo, la diócesis estuvo liderada por una serie de obispos con notable impulso constructor como **Esteban** (1150-1175), que consagró la Catedral o **Guillermo** (1175-1192) y **Martín** (1194-1212). Bajo el episcopado de estos dos últimos sabemos que estaban en obras la Magdalena, San Pedro, el Sepulcro, San Juan y Santiago, una actividad que hizo afirmar a su colega, el obispo de Tuy, que **no cesaban de edificar monasterios, iglesias y hospitales** en los que gastaron buena parte de sus rentas hasta dejarnos los mejores ejemplos del románico local.

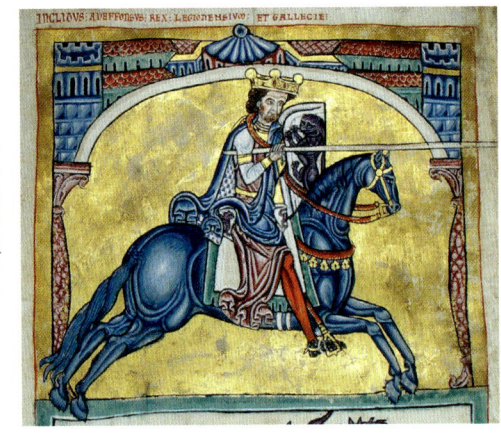

Alfonso IX

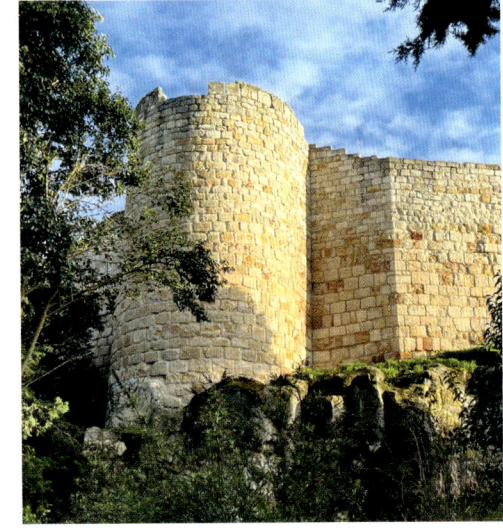

Torreón de San Martín

En este momento, la ciudad amplió notablemente su población, por lo que algunos de sus habitantes se vieron obligados a vivir **fuera de sus murallas**, ocupando las casas que iban edificándose en el **burgo** inmediato a la ciudad o en los **arrabales** ubicados en zonas más alejadas.

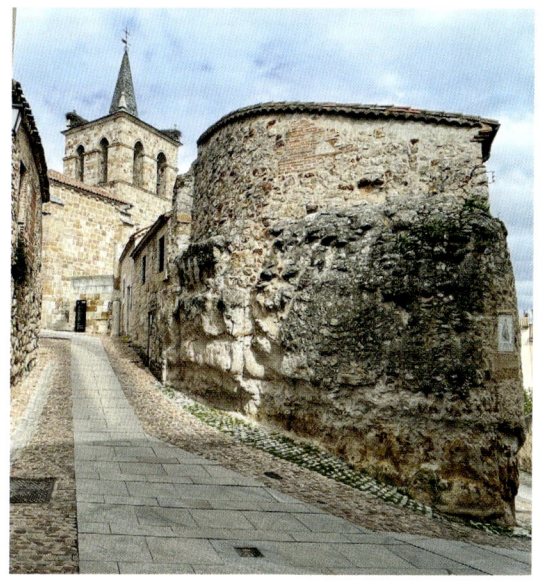

La intensa actividad económica vivida en estos nuevos espacios ha dejado su huella en el **callejero urbano** en el que descubrimos los oficios establecidos en rúas emblemáticas como los **Herreros**, **Carniceros**, **Alfamareros**, **Platería** o **Zapatería**. Con este impulso comercial, es normal que la población creciera hasta ocupar todos los barrios con sus arrabales y que sus habitantes se preocuparan por construir una parroquia acorde a la vitalidad de sus calles y negocios.

Cuesta de San Cipriano

Este incremento demográfico hizo que el monarca se viera obligado a **ampliar el recinto amurallado**, cuyas obras comenzaron, según algunos autores, en torno al año **1230** cuando el arte románico tocaba ya su fin, aunque también es posible que se iniciaran durante la centuria anterior. Las nuevas murallas llegaron hasta las actuales puertas de San Torcuato y de Santa Clara y configuraron un perímetro de unos cuatro kilómetros.

# La Catedral como referencia

Comenzada a mediados del siglo XII y bendecida en **1174**, la Catedral de Zamora supuso un hito en la **arquitectura medieval** del oeste peninsular e impactó notablemente en el resto de los **templos locales**.

Su **planta basilical de tres naves** con tres ábsides semicirculares seguía los modelos del románico francés y, aunque dispone de crucero, éste apenas se nota en la planta. Este diseño pudo servir como referencia para las reformas y ampliaciones que buena parte de las parroquias zamoranas experimentaron entre los siglos XII y XIII, en unas fechas inmediatas a la consagración catedralicia en que se vivía una auténtica fiebre constructiva en la ciudad.

Aunque con cabeceras planas, las iglesias de **San Juan** y de **Santiago del Burgo** también fueron concebidas con tres naves, las mismas que estuvieron en el proyecto inicial de **San Vicente** y **San Esteban**.

Sin embargo, en estos últimos casos, durante el proceso constructivo se abandonaron los diseños originales y se levantó un **espacio único con tres cabeceras**.

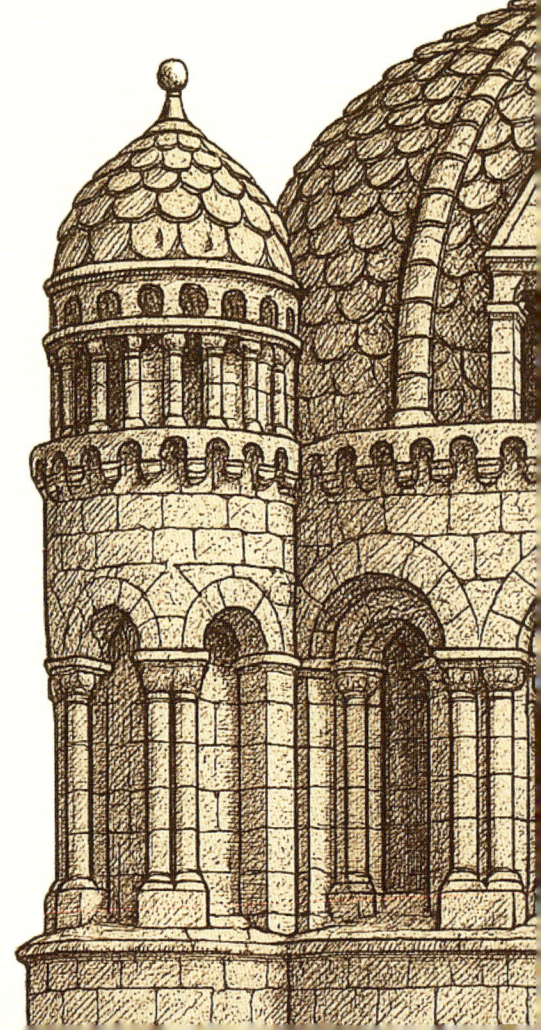

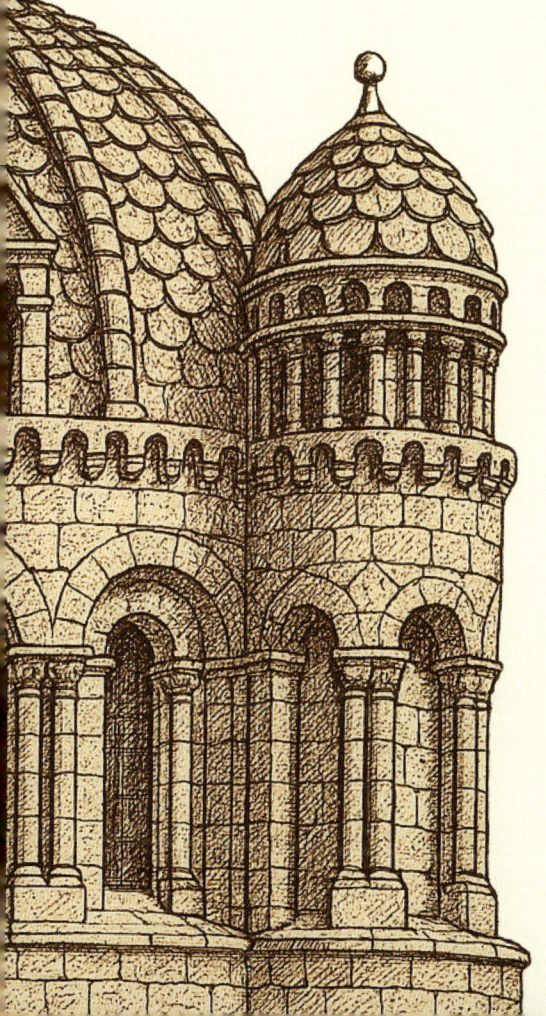

El modelo Catedralicio se reprodujo con más fidelidad en **San Martín de Castañeda** y en la **Colegiata de Toro** que guardan notables similitudes con la perla del Duero.

Aunque no sabemos con exactitud cómo era inicialmente la Catedral, pues las obras posteriores han enmascarado su diseño original, sus **ábsides** pudieron inspirar los de **San Ildefonso** y **la Magdalena** que guardan ciertas similitudes entre sí y, probablemente, en todos ellos, trabajó el maestro de obras francés **Giral Fruchel** que también puso su destreza como arquitecto al servicio del primer templo de la diócesis

El **cimborrio** sirvió de modelo a los que se construyeron en la **Colegiata de Toro** y en las catedrales de **Salamanca** y **Plasencia**, pero también pudo influir en la decoración escultórica de la Jerusalén celeste que aparece en el sepulcro de **la Magdalena** o en el león que franqueaba la portada de la iglesia de **San Leonardo**, hoy expuesto en el Museo de los Claustros de Nueva York.

Otra construcción que sigue el prototipo de la Catedral, aunque en menores proporciones, es la **torre de San Vicente** cuyos vanos se disponen de modo similar. No obstante, en este último caso las ventanas, como el resto de la torre, son más esbeltas y están ligeramente apuntadas.

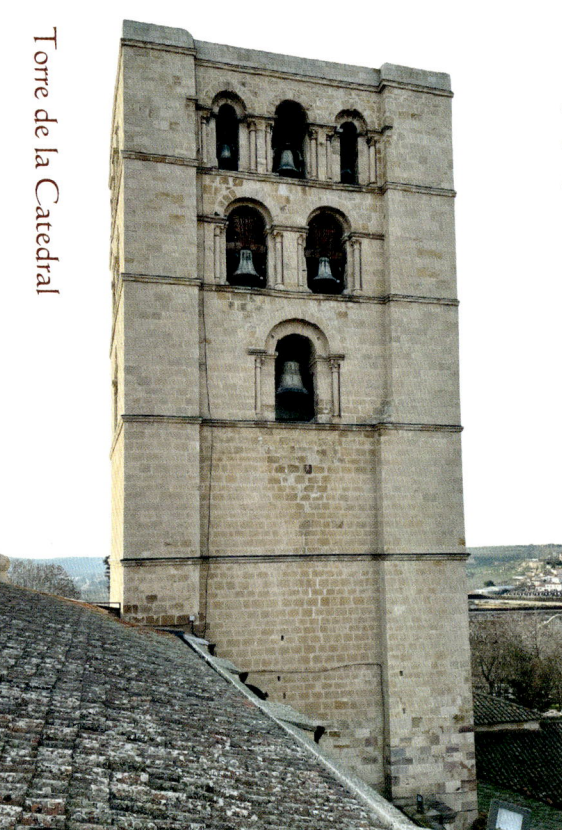

Torre de la Catedral

Además la Catedral difundió algunos elementos decorativos como la sucesión de **arquillos trilobulados** sostenidos por **canecillos piramidales** que aparecen en los **aleros** del templo y en la **puerta del Obispo**. Se trata de un motivo ornamental que recuerda los **mocárabes** de origen musulmán y se reproducen en la iglesia de **la Horta**, en la de San Juan del Mercado de **Benavente** o en la **Colegiata de Toro**.

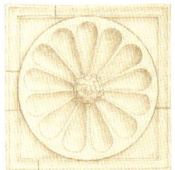

Los **lóbulos** que cubren las arquivoltas de la **puerta del Obispo** también aparecen en la portada occidental de **Santiago del Burgo** y en la meridional de **San Pedro** y, con mayor libertad, se copian en **la Horta**.

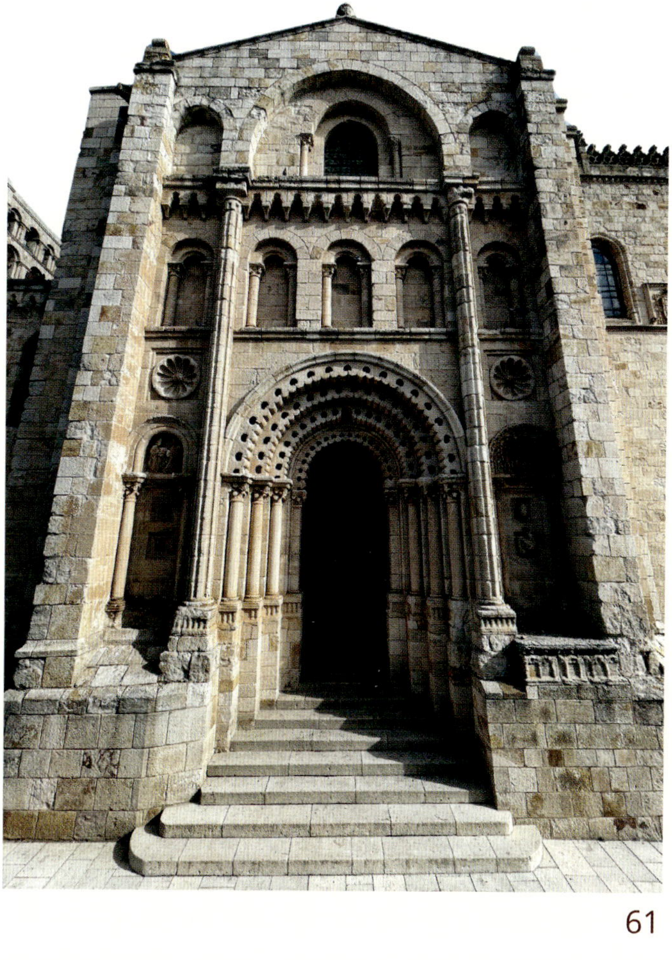

### Puerta del Obispo

Los sencillos **capiteles almenados** tan frecuentes en la Catedral se repiten en la iglesia de **San Isidoro** o la **Colegiata de Toro** y las **impostas** que recorren los muros interiores de la seo se convierten en **el friso más habitual del románico zamorano** compuesto por **listel**, **nacela** y **bocel**, como veremos más adelante.

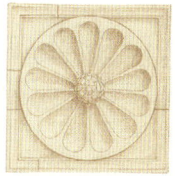

# La ciudad vieja

En el interior de la ciudad se reedificaron los antiguos templos, como el de **San Pedro** (hoy **San Ildefonso**) o se levantaron algunos de nueva planta, como los de **Santa María Magdalena** y **San Juan de Puerta Nueva.**

Esta zona de la ciudad debía ser un hervidero de gente con numerosas **parroquias** y **edificios palaciegos**, aunque el crecimiento urbano iba desplazando el centro vital hacia la **zona nueva**. No obstante las **clases acomodadas** estaban instaladas en esta zona integrada por el primer recinto amurallado, en los barrios inmediatos a la Catedral y a las parroquias de **San Ildefonso**, **San Martín** o **Santa María la Nueva**.

En este último templo se reunía el Capítulo de Hijosdalgo de Zamora y, por eso, la leyenda coloca esta parroquia en el epicentro de la revuelta social del **Motín de la Trucha**. Según este relato ambientado en el año 1158, en ella se encontraban reunidos todos los nobles para buscar una solución a la rebelión encabezada por el artesano **Benito el Pellitero**.

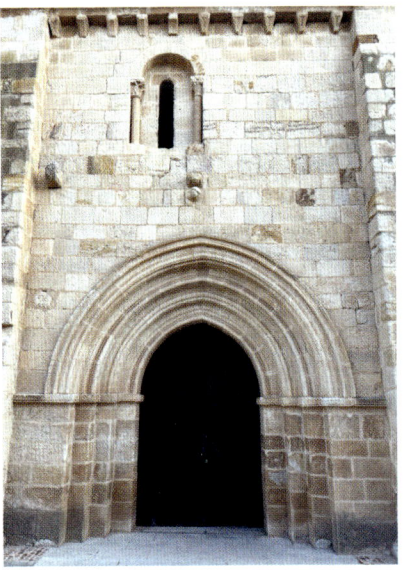

*Portada de San Isidoro*

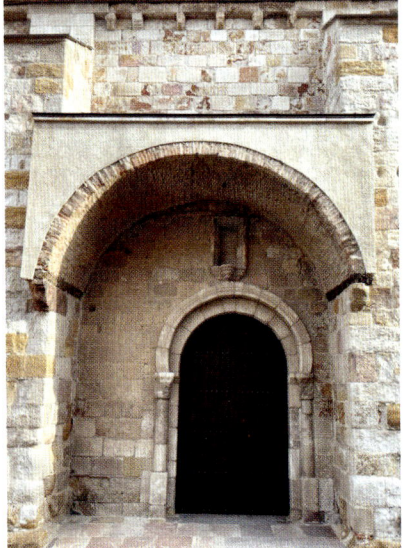

*Portada de Santa María la Nueva*

Precisamente, a lo largo del siglo XII se consolidó **la nobleza como un grupo social** que habitaba en esta zona, al mismo tiempo que los **artesanos** y **comerciantes** se instalaban en el burgo y en la puebla del Valle dos barrios que adquirían desde entonces una configuración más dinámica.

Esto hizo que al finalizar la Edad Media, la **plaza Mayor** pasara a convertirse en el centro geográfico de la ciudad, desplazando a la **plaza de San Martín** que lo había sido hasta la fecha. Sin embargo, la nobleza que vivía en la zona más cercana a esta última plaza no quería perder su influencia, ni alejarse de los centros de poder. Por eso, la ciudad hubo que esperar hasta finales del siglo XV para que la actual plaza mayor se convirtiera en la sede de los organismos que ostentaban el poder político a nivel local: el **Ayuntamiento** y la **Audiencia**.

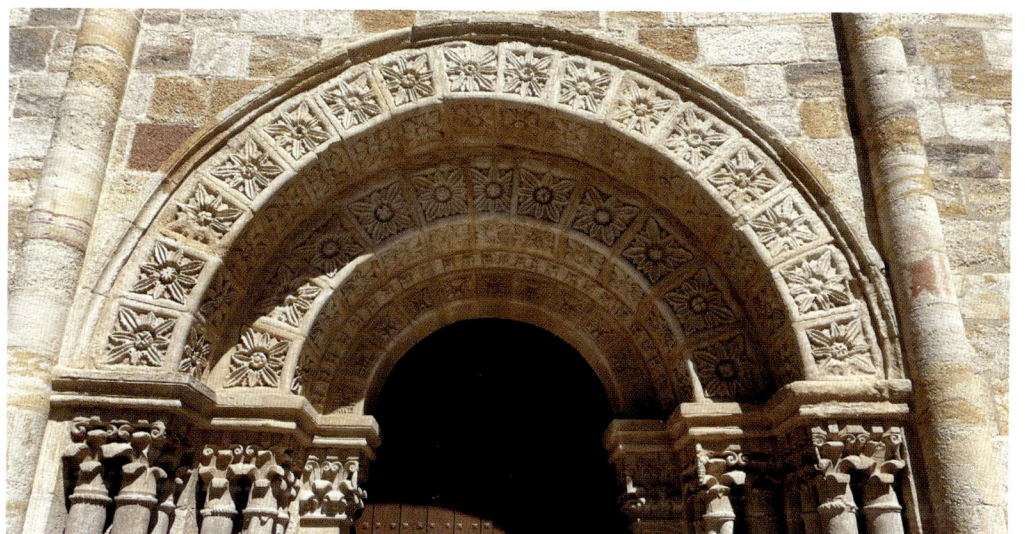

Portada sur de San Juan

# El Burgo

En la meseta ancha y plana que se extendía más allá de las murallas, desde las actuales plaza mayor, adonde llegaban los muros de la ciudad en el siglo XII, y la plaza de la Marina fue creciendo **el burgo** o **ciudad nueva**.

En este espacio articulado por las calles de San Andrés, Santa Clara y San Torcuato crecieron diversos barrios **alrededor de los nuevos templos** que servían para organizar la población en pequeños núcleos denominados **colaciones** y presididos por una **parroquia**.

Entre estas últimas contamos con las de **San Vicente Mártir**, **Santiago del Burgo**, **San Andrés apóstol**, **San Esteban** o **San Antolín** que aún se mantienen en pie o las colaciones de San Miguel del Burgo, San Torcuato, Santa Marina, San Sebastián, San Bartolomé, San Pablo, San Gil o San Salvador de la Vid que han desaparecido.

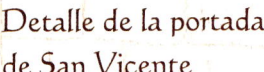

Detalle de la portada
de San Vicente

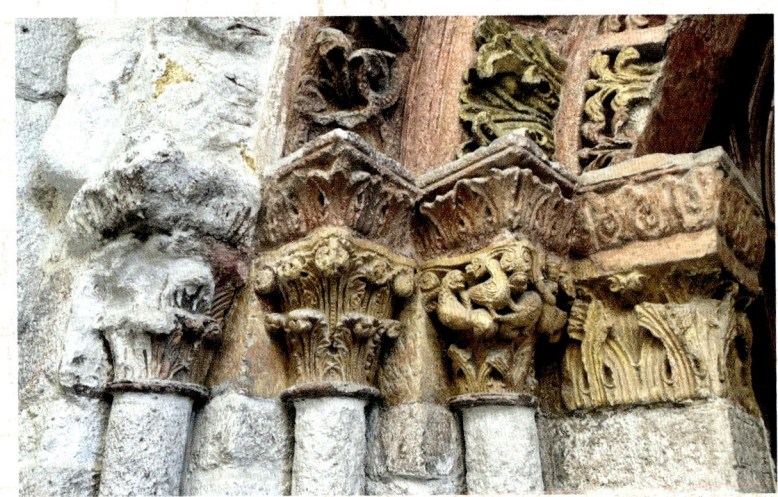

# Un nuevo recinto amurallado

Toda esta zona fue guarnecida por un nuevo recinto amurallado que se levantó a mediados del siglo XIII y que amplió notablemente las dimensiones de la ciudad cercada. Partía de la **costanilla de San Bartolomé** y ascendía por las actuales **rondas de la Feria** y **de San Torcuato** hasta llegar a la actual plaza de Alemania (entonces puerta de San Torcuato). Después recorría las avenidas de Alfonso IX y de Portugal, la bajada de San Pablo y enlazaba, por las inmediaciones de la calle Monforte, Seminario San Atilano y plaza de Santa Eulalia, con la plaza mayor.

Suponemos que la vitalidad de todo este barrio no estaba sin ningún tipo de protección previa, por lo que esta muralla, cuyas obras comenzaron en torno al año 1230, debía reemplazar a otra **anterior menos robusta**, que quizá era de tapial. Este dato se confirma con documentos fechados un siglo antes de su construcción al señalar que la parroquia de **San Torcuato** estaba *entre los dos muros* y, al ubicar una heredad junto a la **puerta de San Miguel** que corresponde al segundo recinto amurallado aún sin construir.

Fragmento de las murallas

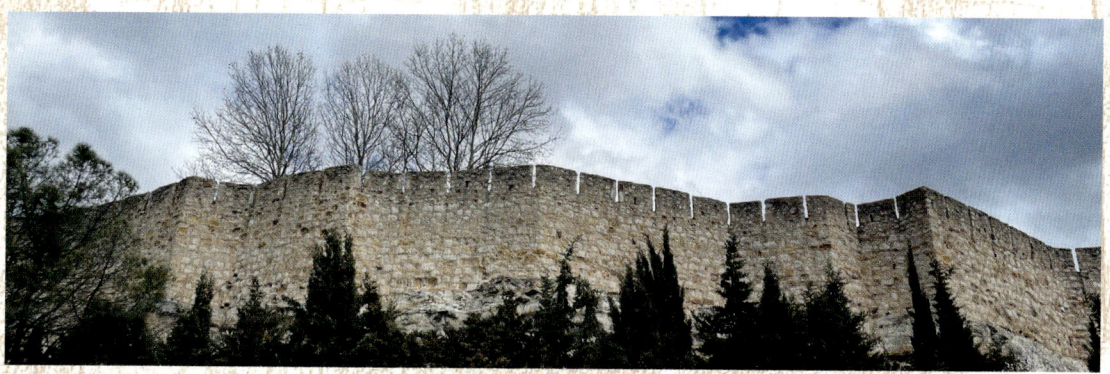

65

# La Puebla del Valle

Esta zona, la más baja de la ciudad, la más **inmediata al río Duero**, iba ganando un importante dinamismo artesanal y comercial gracias al establecimiento de un nutrido grupo de **mercaderes** y **operarios diversos** que impulsaron su actividad económica. Este incremento de la población y de los intercambios comerciales hicieron que **Raimundo de Borgoña** otorgara un **fuero** a estos barrios bajos en el año 1094 con el propósito de organizar la población y establecer una base jurídica a su actividad económica y social.

Además de sus prósperos negocios, la vida religiosa estaba articulada en torno a un nutrido grupo de parroquias como la de **San Julián del Mercado**, vinculada al gremio de los peleteros, junto a la que también se estableció el mercado de los bueyes. Sin embargo, este templo no ha llegado hasta nosotros, como tampoco la vecina de **San Simón**, ubicada junto al puente y docu-mentada a finales del siglo XII.

La vitalidad de esta zona hizo que sus habitantes y sus negocios fueran protegidos por una nueva **ampliación de la muralla**, conocida como el tercer recinto amurallado, que se construyó a lo largo del siglo XIV después de que el barrio sufriera una trágica **inundación** en la primera mitad del siglo XIII.

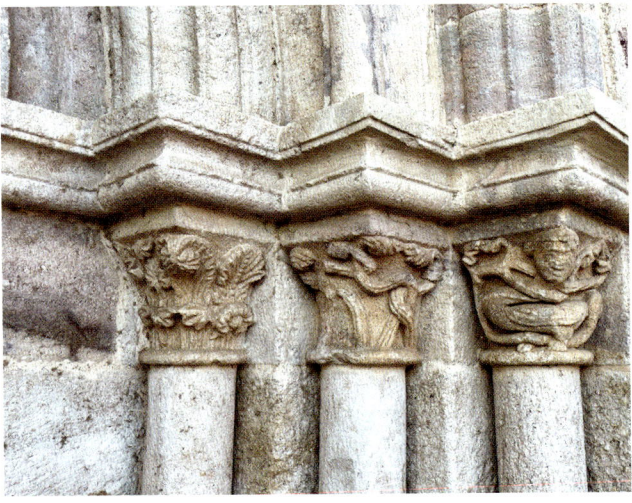

Detalle de la portada sur de la Horta

En este valle urbano, ya existían algunos templos antiguos como el de **Santo Tomé** del que tenemos noticias de su existencia en el año 1128 y que esta nueva etapa experimentó algunas reformas importantes.

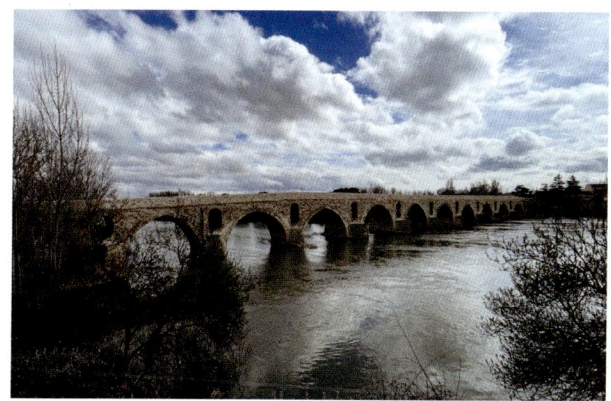

### Puente de piedra

Además, junto a los templos ya citados, en este periodo se levantaron otras parroquias como las de **Santa María de la Horta** (perteneciente a la orden de San Juan de Jerusalén), **San Leonardo** (hoy cerrado) o **Santa Lucía** (que alberga fondos del Museo de Zamora).

# Otro recinto amurallado

La vitalidad comercial de este barrio motivó la necesidad de atender a sus moradores y **proteger sus viviendas** y **negocios** con un nuevo recinto amurallado. Este se levantó en el **siglo XIV** y supuso la prolongación de la muralla anterior en un recorrido que partía desde la **puerta de San Pablo**, bajaba hasta la orilla del río que le servía de límite natural, y desde ahí discurría **paralela al Duero** hasta enlazar con las **peñas de Santa Marta**. Como ya ocurrió con la ampliación anterior, esta muralla hubo de edificarse sobre otro muro más endeble que posiblemente había sufrido el impacto de las riadas y hubo de quedar muy maltrecho en la inundación que asoló la ciudad en el siglo XIII.

# Los arrabales

La ciudad no se limitaba a un conjunto de casas guarnecidas por las murallas. Más allá de los muros había un conjunto de arrabales que nunca llegaron a estar protegidos en su interior por estar muy **distantes** y **dispersos**.

Estos arrabales eran pequeños núcleos de población con sus huertas, sus viñas y sus casas agrupadas en torno a un templo románico como el de **San Claudio de Olivares**, el del **Espíritu Santo**, el de **San Lázaro** o el de **Santa María de la Vega**, esta última documentada a mediados del siglo XII de la que hoy tan solo quedan restos.

La parroquia de **San Lázaro** ya existía al comenzar el siglo XIII aunque su fábrica fue **derribada en el siglo XX** para construir la iglesia actual y, como era habitual en los templos dedicados a este santo, existió un **lazareto** anejo en el que se acogía extramuros, lejos del trasiego ciudadano, a quienes padecían enfermedades infecciosas.

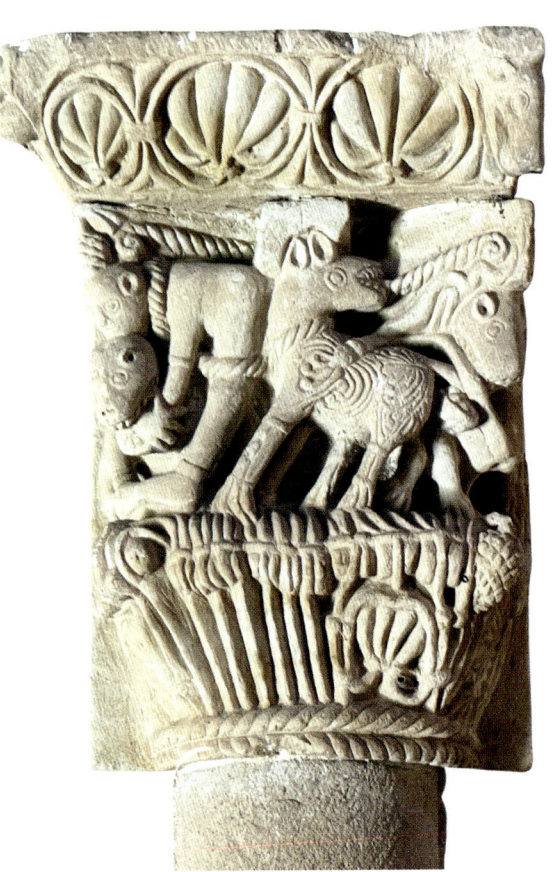

Capitel de Santiago el Viejo

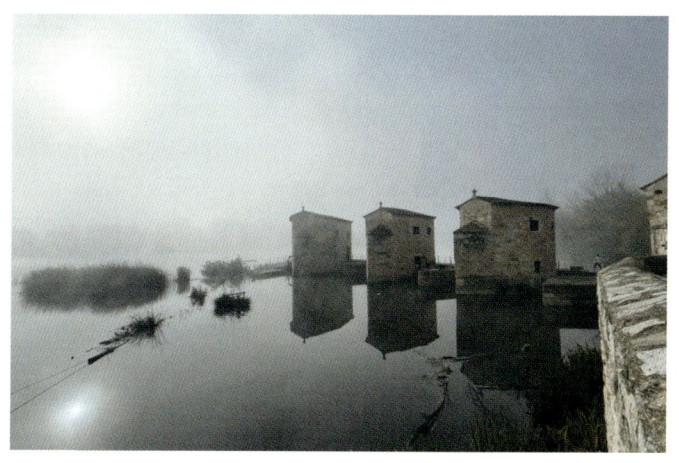

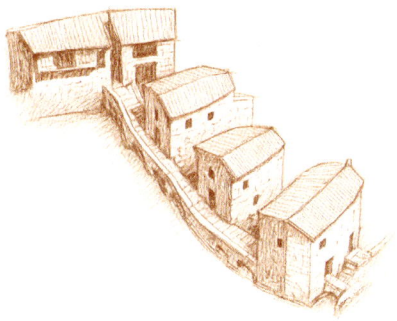

Aceñas de Olivares

También al otro lado del Duero surgieron algunas barriadas extramuros que aún conservan sus parroquias como la de **San Frontis** o la del **Santo Sepulcro**. Otras lo han perdido con el paso de los siglos como le sucedió a los barrios de Cabañales o de Pinilla.

Estos dos últimos, como le ocurrió al barrio de Olivares, nacieron vinculados a las **aceñas** o **molinos de agua** que se construyeron junto al río con el fin de aprovechar la fuerza motriz de la corriente fluvial y convertir la molienda en un importante recurso económico.

Aún se conservan algunas aceñas en las orillas del río con sus **azudas** o diques construidos para canalizar el empuje del agua hacia los molinos como las de **Pinilla**, **Cabañales** y **Olivares**, en el entorno de la ciudad, y las de **Gijón** y **Los Pisones** construidas aguas abajo que también disponen de un **cañal para la pesca**.

69

# Características del román ico zamorano

La mayor parte de los templos románicos de Zamora son tardíos. Fueron edificados entre los **siglos XII** y **XIII** cuando el arte gótico ya comenzaba a despuntar por Europa. De ahí que las iglesias zamoranas sean un ejemplo de coexistencia entre las fórmulas arcaicas y las novedades traídas desde Francia como los **arcos ligeramente apuntados** que aparecen profusamente en la **Catedral** o en el **arco triunfal** de **San Cipriano** o las **primitivas bóvedas de crucería** con las que se cubre la nave principal de la seo zamorana o la iglesia de **la Horta**.

También se notan estos nuevos aires europeos en múltiples portadas cuyas arquivoltas no guardan con exactitud las dimensiones del arco de medio punto, sino que aparecen ligeramente apuntadas como el acceso sur de **San Isidoro** o la portada norte de **Santa María la Nueva**.

En estos cambios influyó notablemente la predicación del abad **san Bernardo de Claraval** y la rápida expansión de la orden del Císter a lo largo del siglo XII. En clara reacción con los **cluniacenses**, estos monjes blancos traían un nuevo lenguaje constructivo a los templos que levantaban e influyeron notablemente en la arquitectura de su época.

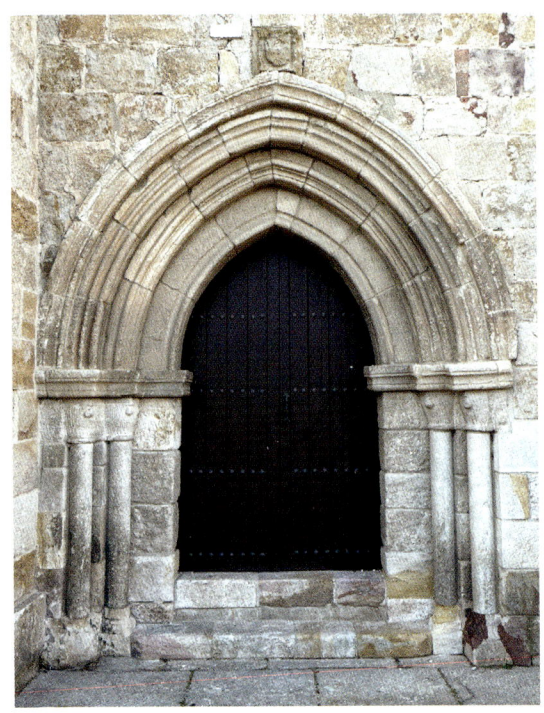

Portada norte de Santa María

Precisamente, esta reforma monástica impulsada por **Roberto de Molesmes** al finalizar el siglo XI había nacido en la **Borgoña francesa**, una región que mantuvo estrechos vínculos con el reino de León, lo que contribuyó a su difusión por el valle del Duero a lo largo de la siguiente centuria.

Uno de los templos en los que se percibe la influencia del arte cisterciense es la **Catedral** cuya importancia en la diócesis convirtió este templo en un modelo de referencia para el resto de iglesias. Aunque concebida fundamentalmente como un **templo románico de gusto francés**, la nave central se cubre con bóvedas de crucería que convierten a la seo zamorana en uno de los primeros edificios que las usaron en España.

Junto a estas novedades, la mayor parte de los templos zamoranos muestran una **pervivencia de las características locales** más arcaizantes que dotan al románico de sus señas de identidad más genuinas: los **ábsides planos**, la repetición de algunos **elementos decorativos**, los **rosetones** o la **influencia francesa**.

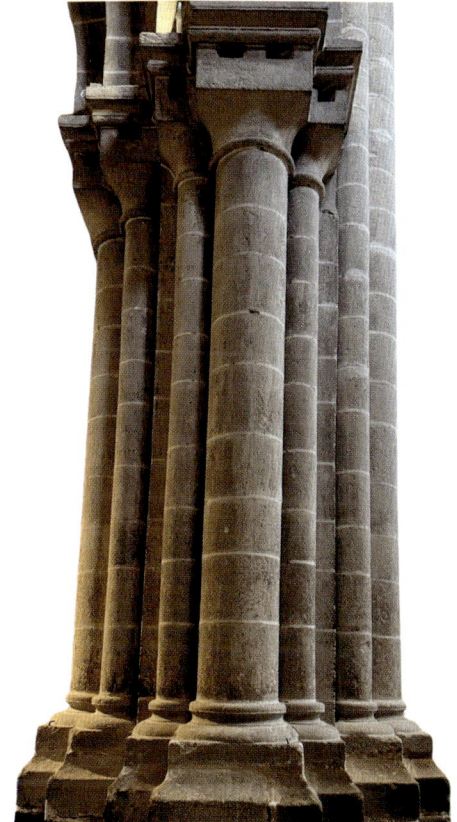

Pilar de la Catedral

# 1. Los ábsides planos

Siguiendo los modelos precedentes del arte visigodo o mozárabe, las iglesias hispanas tenían el **testero plano**, un modo de construir que se mantuvo en los templos románicos de Zamora, a pesar de los nuevos aires venidos desde Francia. De este modo, en las iglesias levantadas en la ciudad coexisten **elementos tradicionales** más autóctonos, como las cabeceras rectas, junto a la influencia venida desde las **regiones francesas** de Borgoña o Aquitania.

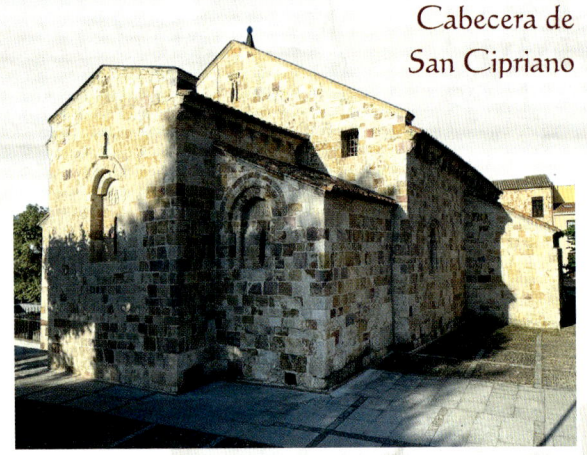

Cabecera de San Cipriano

El primer modelo pudo ser el de la iglesia de **San Cipriano**, dado el arcaísmo que presenta, cuya estructura tripartita serviría de muestra a las de **Santiago del Burgo**, **San Esteban** y **San Vicente**, edificadas con posterioridad. No obstante, esta última ha perdido sus tres ábsides con motivo de las reformas acometidas en el siglo XVIII al ampliar el templo por la cabecera.

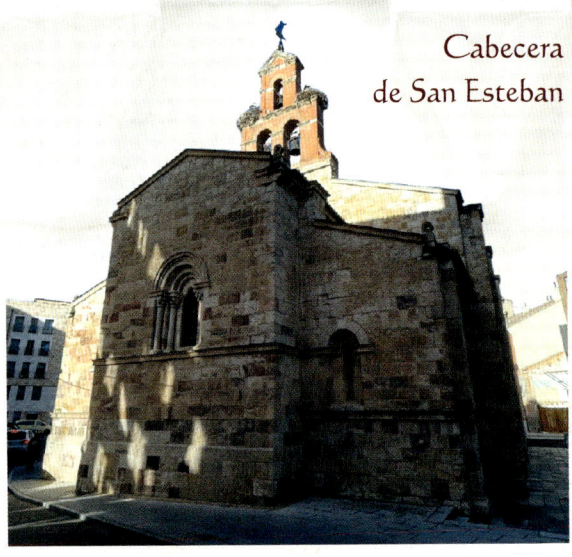

Cabecera de San Esteban

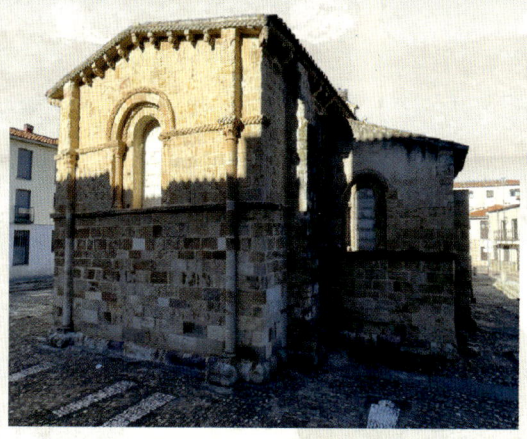

La iglesia de **Santo Tomé** también dispone de una cabecera tripartita con testero recto, pero con dimensiones muy distintas, cuyo ábside central es de mayores proporciones. La estructura y la decoración de esta última han sido puestas en relación con la iglesia de **Santa Marta de Tera** edificada al norte de la provincia de Zamora, en un territorio perteneciente hoy a la **diócesis de Astorga**.

También disponen de un ábside plano las iglesias de **San Isidoro**, la del **Santo Sepulcro** y la del **Espíritu Santo** y las capillas laterales de las parroquias de **Santa María la Nueva** y **Santa María de la Horta**.

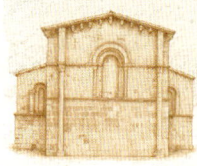

# 2. La influencia francesa

La influencia francesa se nota en los edificios románicos cuyas características constructivas reflejan algunos **modelos nacidos en el país vecino**.

Entre los constructores que trabajaron en Zamora y trajeron los gustos franceses merece la pena destacar la presencia de un maestro de obras de origen borgoñón llamado **Giral Fruchel**, activo en la ciudad durante los últimos años del siglo XII. Según su testamento, este arquitecto estuvo implicado en la construcción de las iglesias de **San Pedro** (hoy San Ildefonso) y de **la Magdalena**, cuyos ábsides guardan notables afinidades y rompen con los modelos más autóctonos.

Ambas iglesias disponen de un **ábside semicircular** muy semejante, aunque el de San Ildefonso está oculto parcialmente por la sacristía y la capilla edificadas en el siglo XVII. Fruchel también debió de participar en las obras de la **Catedral**, para la que dejó algunas partidas monetarias del mismo modo que hizo con las citadas parroquias de San Pedro y la Magdalena.

También la Catedral fue proyectada por un arquitecto de origen francés cuya métrica delata esta procedencia y, en su construcción, se ha documentado al **maestro Guillermo**, un alarife cuyo nombre nos conecta allende los Pirineos.

Completan el listado de ábsides semicirculares los que se conservan en las iglesias de **Santa María la Nueva** y **Santa María de la Horta**, o en las más sencillas de **San Claudio de Olivares** y **Santiago el Viejo**.

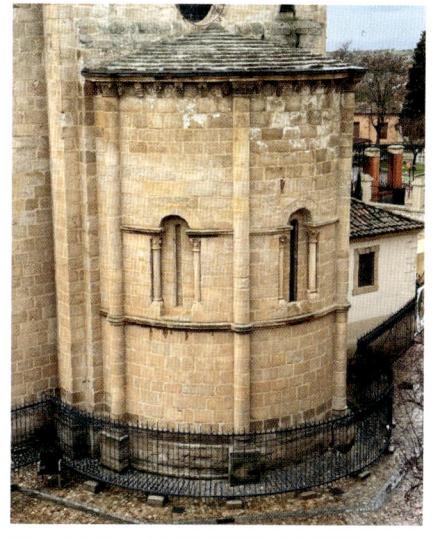

Ábside de la Magdalena

Ábside de Santa María la Horta

Además de algunas **características constructivas** venidas desde el otro lado de los Pirineos, las devociones presentes en las parroquias zamoranas también muestran **la huella francesa** y su coexistencia con otras **devociones hispanas**.

La llegada de un amplio contingente de pobladores franceses explica que en la ciudad o sus arrabales haya templos dedicados a santos como **San Antolín de Pamiers**, **San Frontis de Perigueux**, **San Leonardo de Noblat**, San Julián de Le Mans, San Martín de Tours, Santa Colomba de Sens o San Gil.

Siete templos en los que se percibe la **devoción de los francos** aunque solo dos mantienen su culto actualmente, por estar cerrada y desacralizada la de **San Leonardo** y las tres últimas han desaparecido y, solo tenemos de ellas noticias documentales.

75

# 3. Elementos decorativos

La monotonía de unos muros en los que apenas existen de vanos se rompe con frisos, molduras y otros **elementos ornamentales** que recorren los paramentos, sostienen los aleros o bordean los arcos de puertas y ventanas. Entre estos elementos decorativos se encuentran las **impostas zamoranas** y los **arquillos geminados** que aparecen en muchos edificios, pero también otros elementos más comunes e importados del este de la península ibérica, como los **frisos ajedrezados** que también se denomina **taqueado jaqués** por su uso habitual en la Catedral de Jaca.

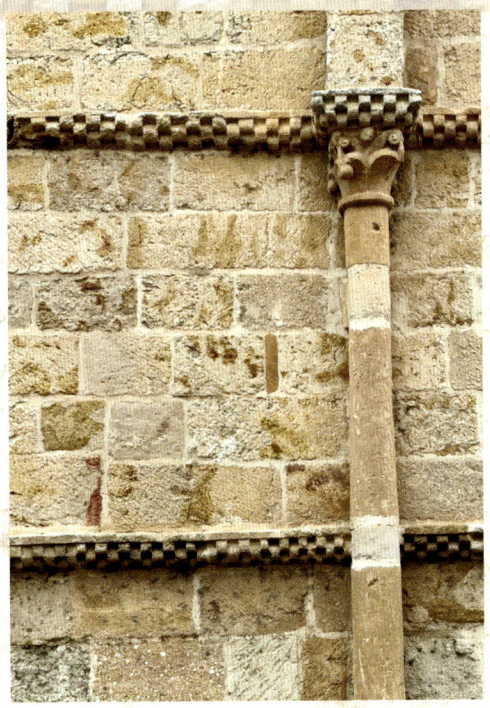

*Ajedrezado en Santo Tomé*

Estos **frisos ajedrezados** están compuestos por una sucesión de tacos hundidos y salientes de modo alterno cuya disposición emula un tablero de ajedrez. Fueron muy habituales en España a **finales del siglo XI** y aparecen también en los edificios más arcaicos de Zamora como en las iglesias de Santiago el Viejo, Santo Tomé, Santa María la Nueva, San Claudio o San Cipriano. Entre ellos destacan los muros de **Santo Tomé**, ampliamente decorados por este tipo de impostas que aparecen también en el alero de este templo y en sus ventanas.

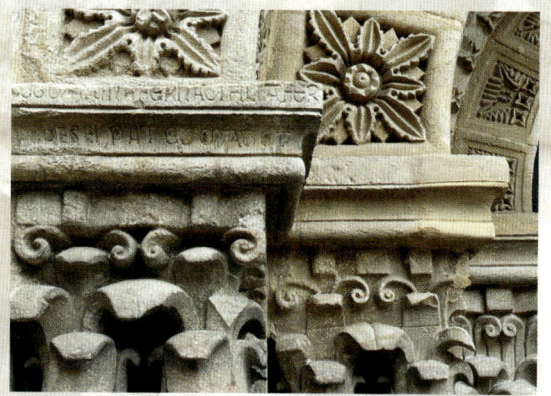
Imposta en San Juan

Pero los frisos más habituales en Zamora son los que se conocen popularmente como **imposta zamorana**, que integra tres molduras sucesivas: **listel**, nacela o **caveto** y **bocel**. La primera es cuadrangular, la segunda es cóncava y retranqueada en la parte inferior, y la tercera es convexa y de sección circular.

Esta imposta aparece en numerosos templos zamoranos construidos en la segunda mitad del siglo XII y primeros años del XIII como los frisos que recorren los muros de las iglesias de **Santiago del Burgo** o **San Esteban**, en los cimacios de las portadas meridionales de **San Juan** o **San Ildefonso** o en la cornisa de las naves de la **Catedral** y sirve también como cimacio para los capiteles.

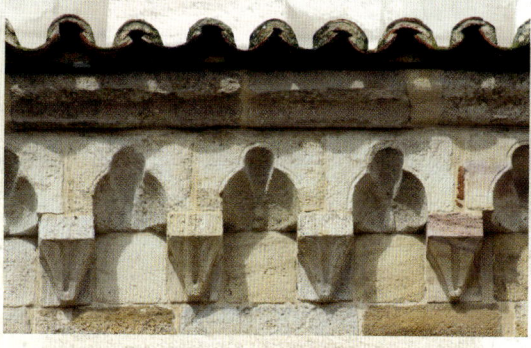
Arquillos trilobulados y canecillos vegetales en la Horta

También constituyen un elemento muy habitual los **canecillos piramidales** decorados con tres hojas esquemáticas o los que alternan la mediacaña con el bocel. En algunos casos, los canes vegetales sostienen **arquillos trilobulados** como los que aparecen en la portada sur y aleros de la **Catedral** o **Santa María de la Horta**.

# 4. Los rosetones pétreos

Otro de los elementos característicos del románico zamorano son los rosetones que aparecen en muchas de las iglesias de la ciudad. Se trata de un **ventanal circular** u **óculo** que se cierra al exterior y, en ocasiones, también al interior por una **celosía de piedra** decorada. Suelen estar encima de las portadas de los templos y sustituyen a las ventanas que aparecen en los tramos inmediatos.

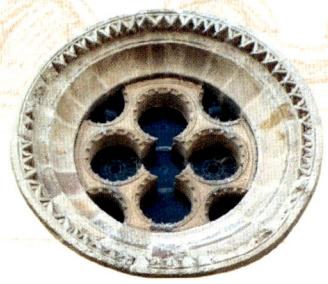

Rosetón en el muro sur de la Magdalena

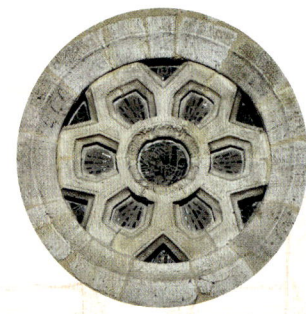

Rosetón en la cabecera del Espíritu Santo

Portada sur de San Juan

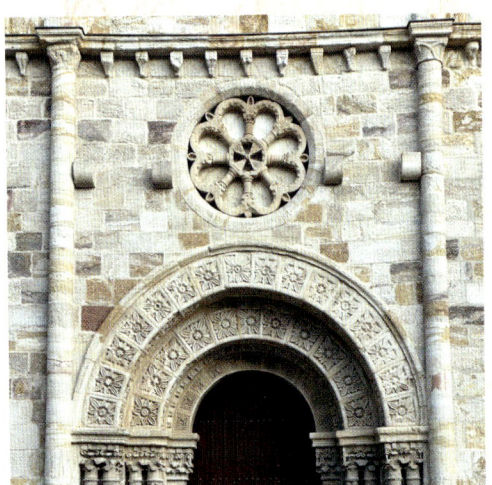

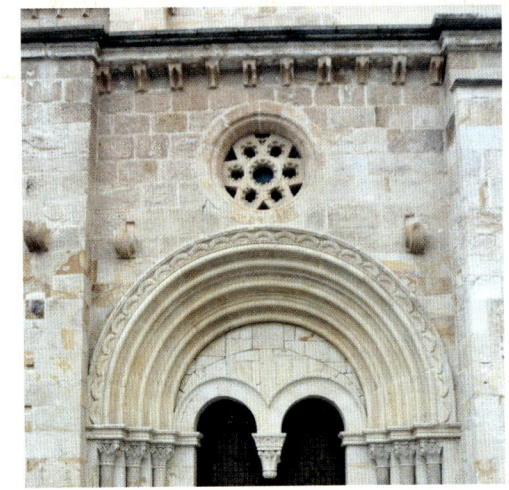

Portada sur de Santiago del Burgo

78

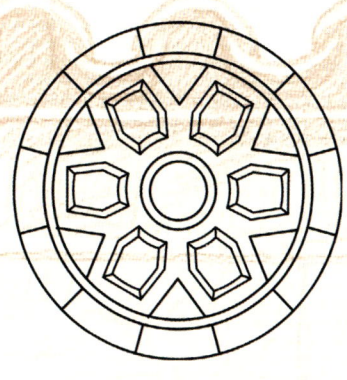

Tracería hexagonal

Los **quince** rosetones pueden agruparse en tres modelos según su **tracería**.

Los **hexagonales** presentan **seis pétalos** con una forma de hexágono irregular y una pieza central. Se incluyen **siete** ejemplos ubicados en las iglesias de **San Juan**, **Santiago del Burgo** y **Espíritu Santo**.

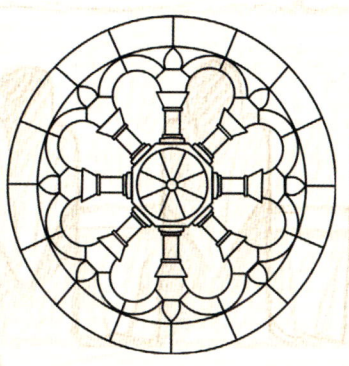

Tracería rueda de carro

Cuando la tracería es de **rueda de carro**, como la que presentan los **cinco** rosetones de las iglesias de **Santiago del Burgo**, **San Juan** y **La Magdalena**, aparece una cruz patada en el centro rodeada por ocho columnillas cilíndricas que sostienen otros tantos arquillos de medio punto.

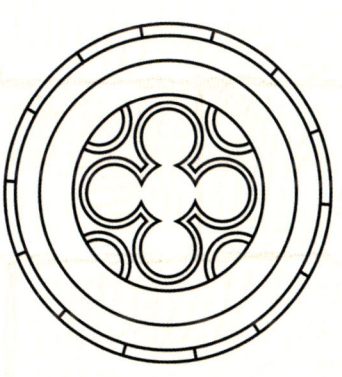

Modelo otras tracerías

De los tres que faltan, uno se encuentra sobre el **arco triunfal** que da acceso al ábside de **San Ildefonso** y está compuesto por formas geométricas circulares, otro sobre la portada sur de **la Magdalena** en el que confluyen formas circulares y semicirculares y el último a los pies de **San Isidoro**, cuya celosía tan opaca no parece ser original.

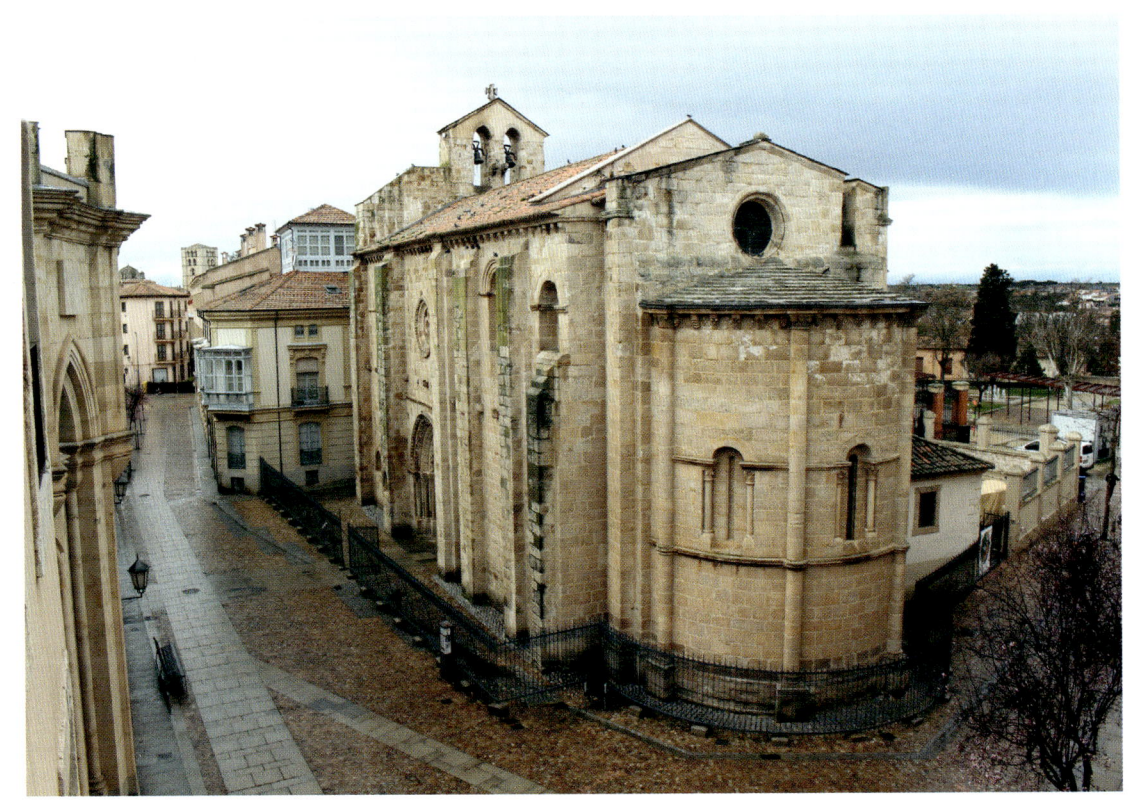

Rúa de los Francos con la iglesia de la Magdalena

# Un recorrido con ocho paradas

La milla románica tiene un punto de partida, una meta y un recorrido de **mil seiscientos metros** a lo largo de **ocho templos** que configuran el itinerario cultural más apasionante de Zamora.

Comienza en el corazón de la ciudad, junto a su arteria vital más importante: la calle Santa Clara. Allí se levanta hermosa y original la iglesia de **Santiago del Burgo** en la que arranca este recorrido bajo el **capitel pinjante** de su portada.

El camino continúa por la parroquia de **San Vicente**, en la plaza del Fresco, que muestra con orgullo la torre más airosa de Zamora y recorre las iglesias de **San Juan**, en la plaza Mayor con su rosetón de rueda de carro, convertido en un símbolo de la ciudad, **Santa María la Nueva**, con su precioso ábside semicircular, **San Cipriano**, erguida sobre el arrabal de la Puebla del Valle, **la Magdalena** y **San Ildefonso** construidas junto al carral Mayor, hoy rúa de los Notarios, para concluir en la **Catedral**, el principal templo de la diócesis y, sin duda, su edificio más hermoso e importante.

Todo un **recorrido por el románico** zamorano que esta guía te presenta **paso a paso...**

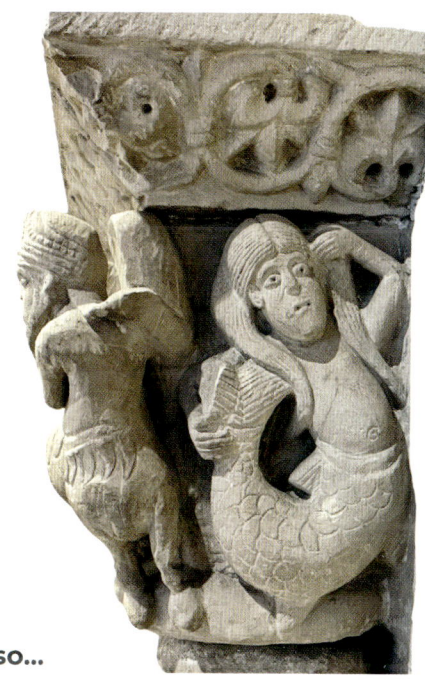

*Capitel. San Claudio de Olivares*

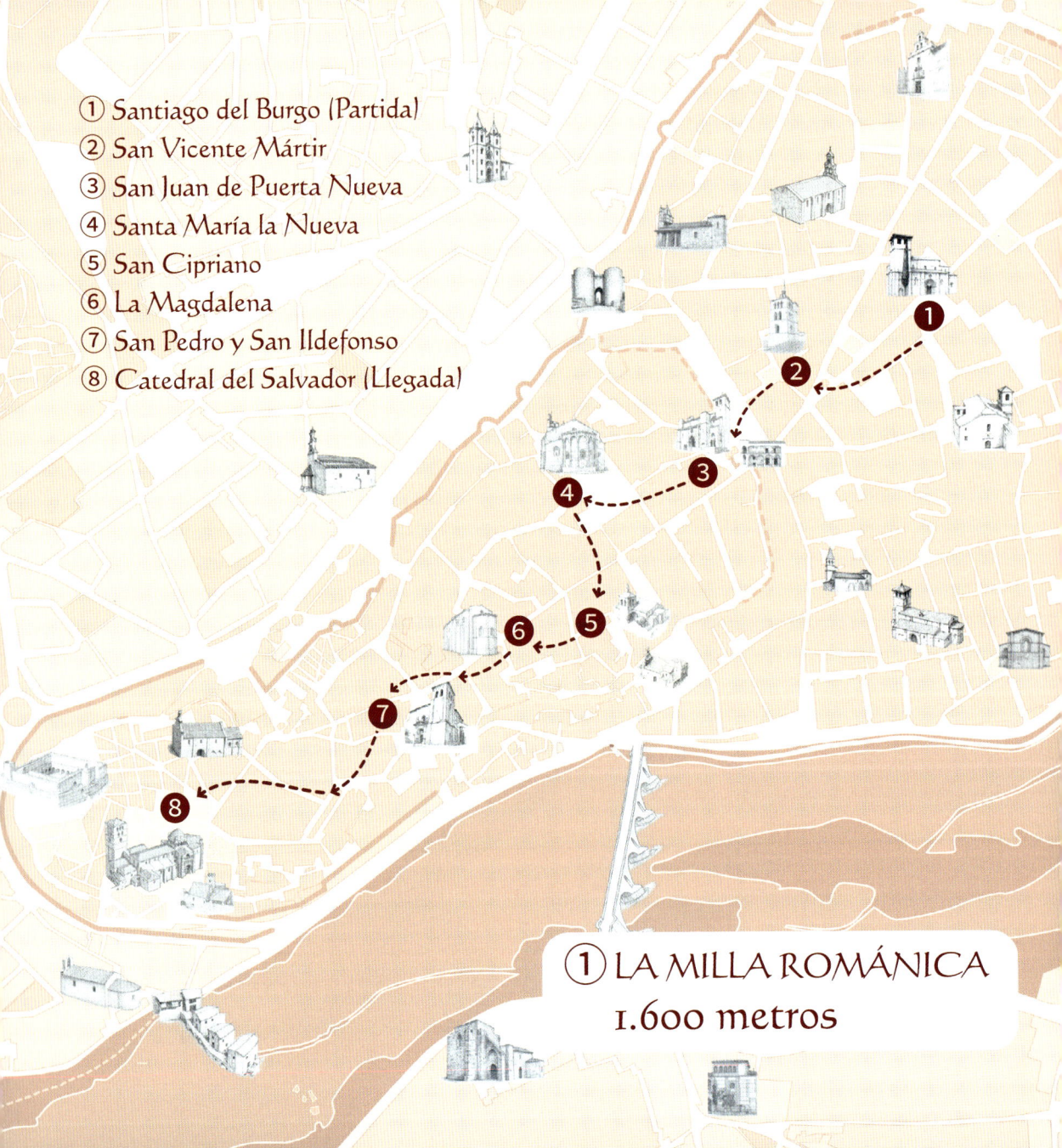

① Santiago del Burgo (Partida)
② San Vicente Mártir
③ San Juan de Puerta Nueva
④ Santa María la Nueva
⑤ San Cipriano
⑥ La Magdalena
⑦ San Pedro y San Ildefonso
⑧ Catedral del Salvador (Llegada)

① LA MILLA ROMÁNICA
1.600 metros

# Las iglesias de la Milla

Audioguía

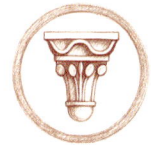 Santiago del Burgo
✚ **0 metros**

 San Cipriano
✚ 1.000 metros

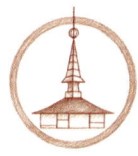 San Vicente Mártir
✚ 270 metros

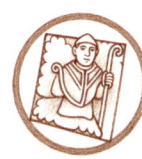 La Magdalena
✚ 1.200 metros

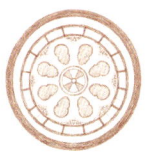 San Juan de Puerta Nueva
✚ 400 metros

 San Pedro y San Ildefonso
✚ 1.400 metros

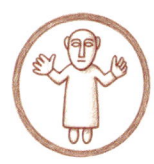 Santa María la Nueva
✚ 700 metros

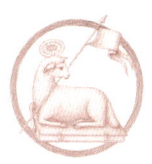 La Catedral
✚ **1.600 metros**

# 1. Santiago del Burgo

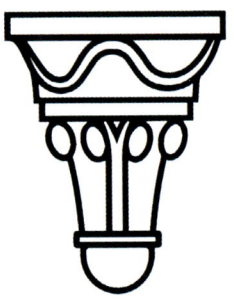

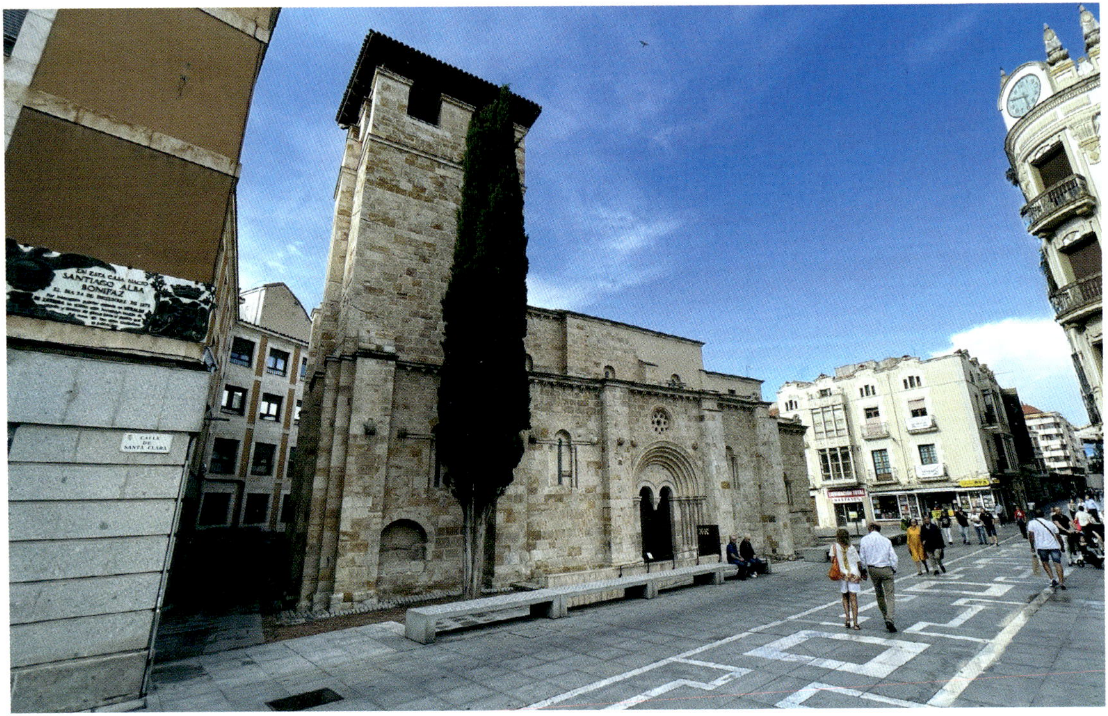

# La línea del tiempo

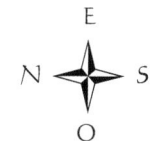

**XII - XIII**  **Primera referencia** documental del templo (**1181**).

Se construye una iglesia de **tres naves** y **cuatro tramos**.

**XV**  Se instala un **beaterio femenino** en unas casas anejas, que utilizan la iglesia como capilla hasta 1604.

**XVI**  Llegan unas **monjas dominicas** que también usan esta iglesia como capilla. **Luis Villarreal** (**+1554**) dota la capilla ubicada a los pies del templo.

**XVII**  Acoge entre sus naves el **Sínodo de las vicarías** de Alba y Aliste (1612).

**XVIII**  Se realiza el **retablo mayor** en las últimas décadas de este siglo.

**XIX**  Se **desploma** parte de las bóvedas que inmediatamente se **reconstruyen** inmediatamente (**1819 - 1820**).

La **exclaustración** y la **desamortización** obligan a las dominicas a abandonar el convento.

La parroquia se integra en la **diócesis de Zamora** cesando su dependencia de Santiago (**1888**).

**XX**  Declarada **Monumento Nacional** (1915).

**XXI**  Una profunda **rehabilitación** del templo permite disfrutar su imagen actual.

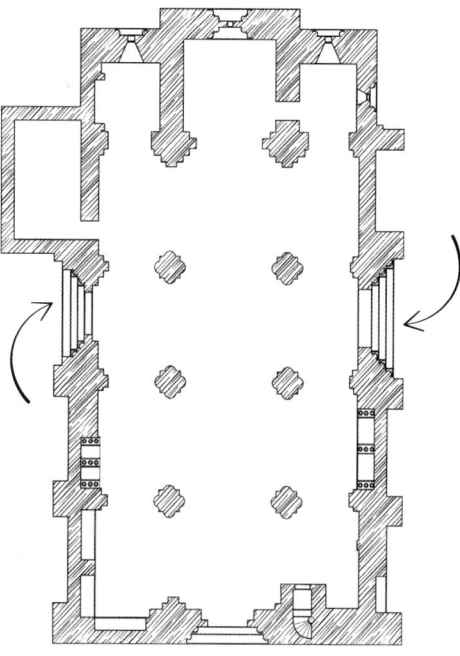

Audioguía

# El templo que conserva su estructura original

La construcción de este precioso templo **dedicado al apóstol Santiago** comenzó a **finales del siglo XII** y se prolongó durante las primeras décadas del siglo XIII.

Conserva su **estructura original** de **tres naves**, compuestas de **cuatro tramos**, que concluyen en **tres capillas rectangulares** muy habituales en el románico zamorano. En el ángulo suroeste se levanta airosa **una torre** de base cuadrada que se integra perfectamente en la planta del edificio.

La **nave central** es más alta que las laterales y se cubre con **bóveda de cañón**, aunque los tramos más cercanos a la cabecera no son los originales. Fueron reedificados durante el primer tercio del siglo XIX tras sufrir un aparatoso derrumbe que supuso la **ruina de las bóvedas** más cercanas a la capilla mayor.

Las **naves laterales** son muy estrechas y se cubren con **bóvedas de arista** al interior y una sólida cubierta de piedra al exterior. Son más bajas que la nave central, diferencia de altura que permite la **apertura de una ventana** en cada tramo de la nave para dar luz al templo.

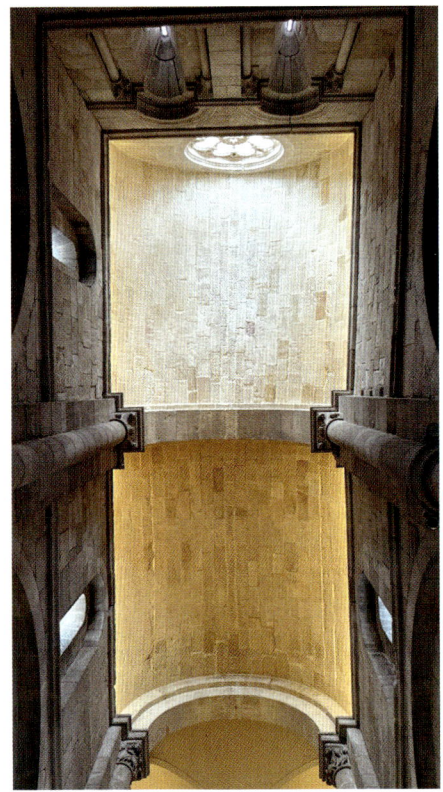

Visión general de la
bóveda de la nave central

A la iglesia se accede por **tres portadas** que se enmarcan entre contrafuertes y presentan en su parte superior otros tantos **rosetones de piedra** cerrados por doble celosía. La occidental presenta tres arcos lobulados, muy similares a los que aparecen en la **puerta del Obispo** de la Catedral o en la portada sur de San Ildefonso.

La **portada norte**, compuesta por **cuatro arquivoltas almohadilladas** y muy similar a la portada occidental de **San Leonardo**, muestra las influencias orientales que llegaron a Zamora desde Francia. La **portada meridional**, la más importante del templo, consta de **tres arquivoltas** de medio punto cuya originalidad radica en el arco interior: **dos arquillos que descansan sobre un capitel pinjante**.

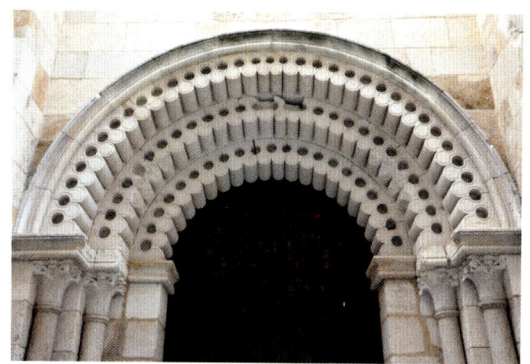

Portada occidental

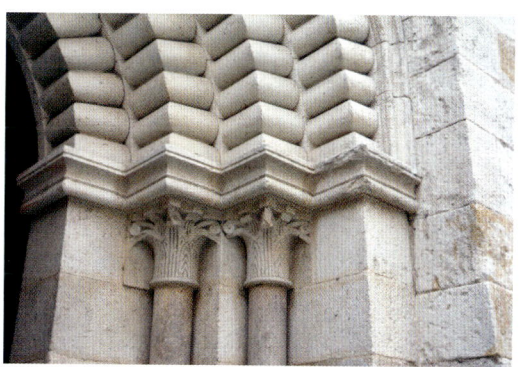

Detalle de la portada norte

A pesar de ser un templo muy angosto, su interior muestra la belleza del **románico original** que sobrecoge a cuantos la visitan. **Tres naves** separadas por **pilastras cuadradas con semicolumnas** que se adosan a cada uno de sus frentes y se decoran con capiteles vegetales o figurativos.

# El fruto apetecido

Sin duda, el elemento más original de la iglesia de Santiago del Burgo es **el capitel** que figura en su **portada sur** y que pende en el centro de la puerta, sostenido por dos arquillos gemelos de medio punto. **Parece desafiar el equilibrio** y constituye un alarde de ingenio. Su decoración está compuesta por unos **tallos lisos** del que penden pequeñas **bayas** y, en su parte inferior, se remata con una **espiral bulbosa**.

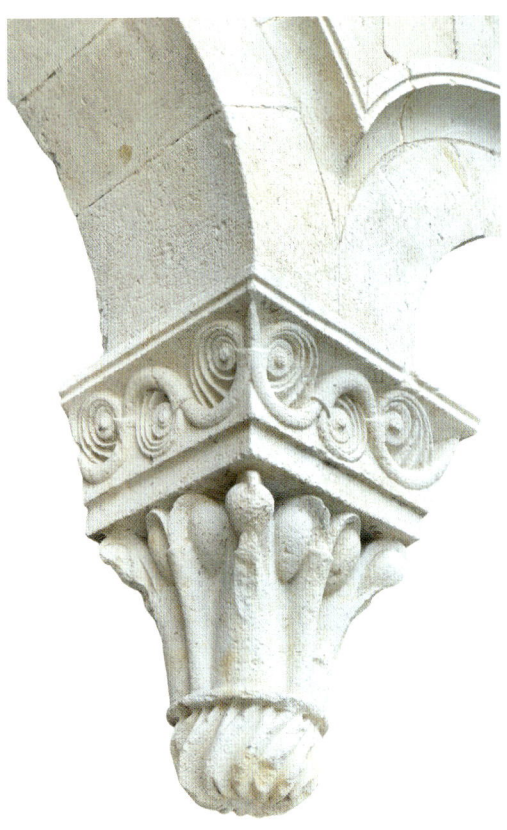

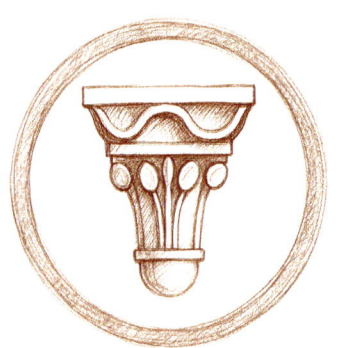

Sobre él, un **cimacio** muestra un **tallo serpenteante** del que surgen algunos **roleos** que aportan al conjunto movimiento y vida. Sin duda, es una invitación a buscar una vida equilibrada y armónica para dar fruto, una vida a la que se nos invita en este templo románico.

# Dos sepulcros tardorrománicos

El interior de este templo cobija **dos enterramientos** tardorrománicos y **una capilla** erigida a mediados del siglo XVI que funge hoy como capilla bautismal. Este espacio singular se cubre con una **bóveda estrellada** con **terceletes** y se cierra con una espléndida **reja** de la época.

En el tercer tramo del muro norte se conserva un sepulcro románico tardío, sencillo pero elegante. Se articula en **dos arcos de medio punto** que reposan en **tres grupos de columnillas** agrupadas de tres en tres. Las exteriores se agarran al muro mientras que las centrales permanecen exentas

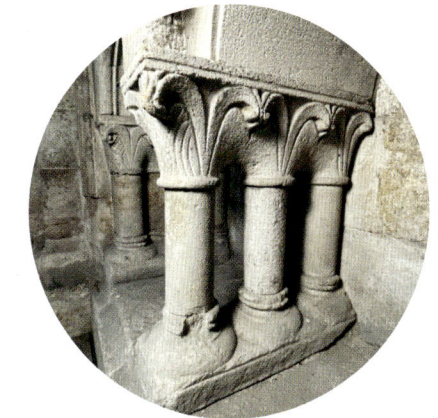

Sepulcro en la fachada norte

Justo enfrente, en la nave sur, aparece **otro sepulcro** similar, aunque de mayores dimensiones, cuyos **arcos están apuntados**, lo que nos hace pensar que es posterior y que tomaría el sepulcro de la nave norte como modelo. Ambos sepulcros presentan sus arcos enmarcados por un **alfiz moldurado** que dota de unidad al conjunto funerario.

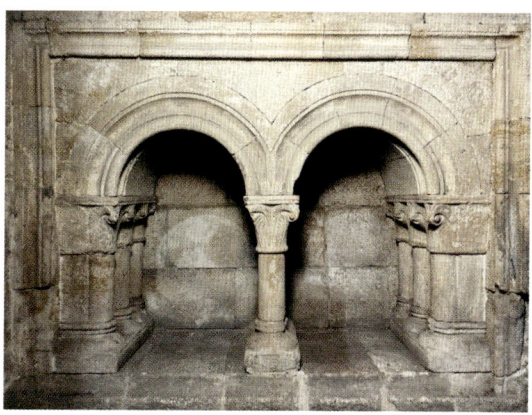

# Los rosetones y el altar

Sobre cada una de las portadas existe un **rosetón**. Los que decoran las fachadas **norte** y **sur** son similares: una **flor esquemática** compuesta por **seis pétalos geométricos** conforme a la tipología habitual en otros templos.

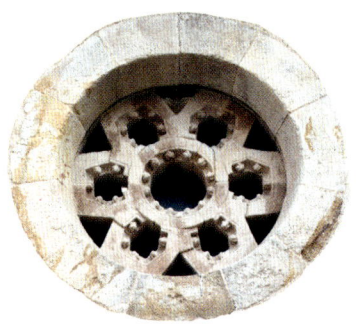

El de la portada **oeste** reproduce un modelo semejante al de **San Juan de Puerta Nueva**: **ocho arquillos sostenidos sobre ocho columnillas** que rodean una **cruz patada** de su interior aunque en este caso las citadas columnillas presentan un fuste más estilizado que en el modelo de la plaza Mayor.

El altar constituye uno de los **escasos ejemplos** de estilo románico del que solo se conserva la parte superior. Consta de cuatro **arquillos ciegos** adornados con **dientes de sierra**, una ornamentación muy similar a la del que se custodia en **la Horta** aunque, en Santiago del Burgo **se han perdido las columnillas** que sostienen los arquillos.

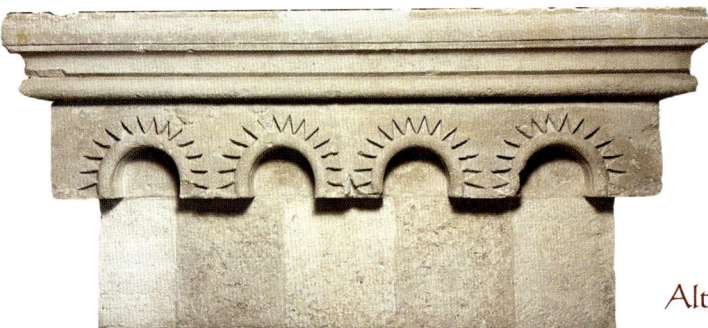

Altar principal del templo

# El hombre con la maza

En una de las columnillas del **pilar más cercano al altar mayor** aparece una enigmática figura humana desnuda que sostiene una especie de maza en su mano derecha mientras agarra por el cuello a una extraña **gallina de cuatro patas**. A ambos lados, **dos fieros leones** parecen unos mansos corderitos. No sabemos muy bien lo que significa, pero podría ser una alusión a Cristo victorioso.

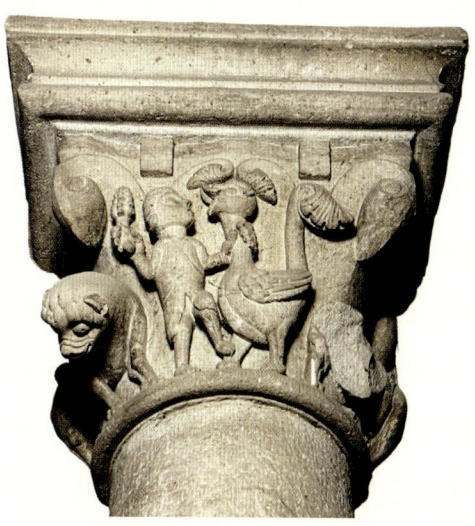

Capitel: el hombre con la maza

# Aves y racimos

En uno de los capiteles del pilar que está junto a la puerta de entrada aparecen **cuatro aves de largos cuellos** picoteando unos racimos. Las aves suelen ser un símbolo de las **almas de los justos** que disfrutan en el cielo del manjar de la **vida eterna** y su ubicación junto a la puerta es una invitación a vivir en la iglesia como camino de acceso a la vida eterna.

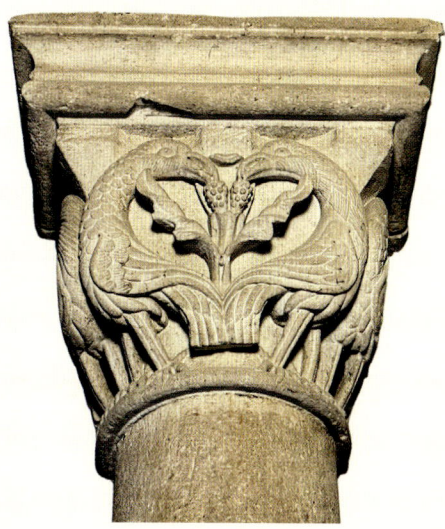

Capitel: aves y racimos

91

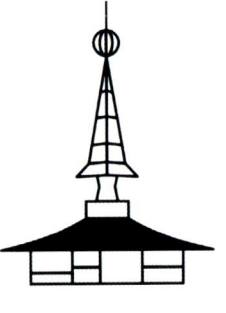

# 2. San Vicente *Mártir*

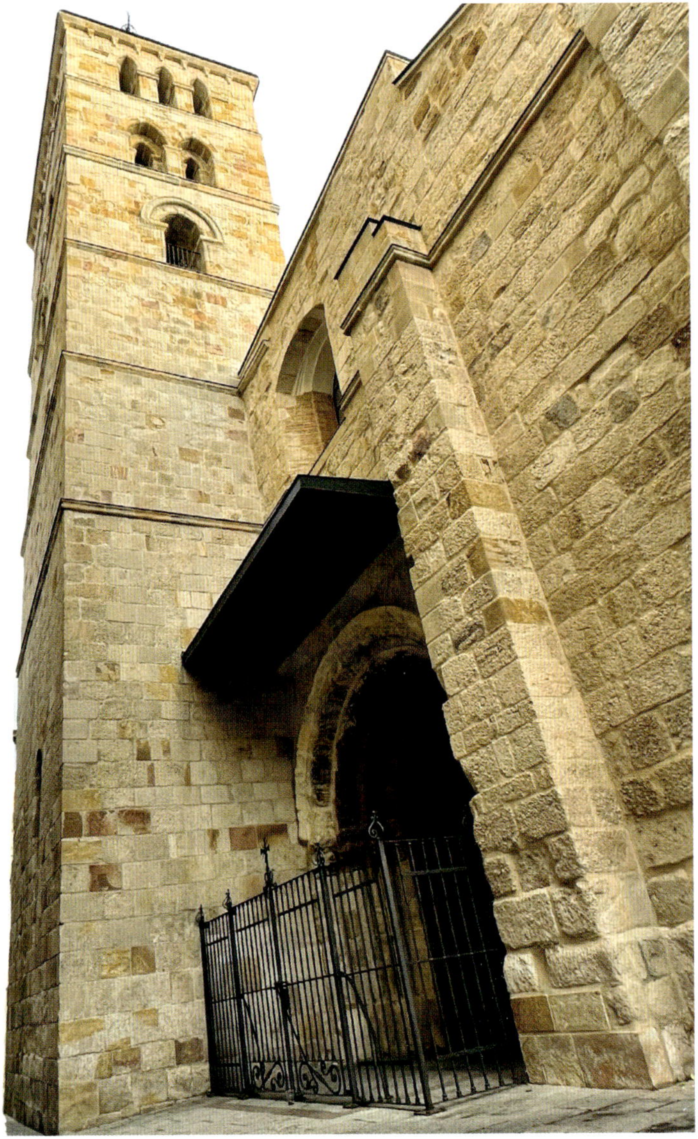

# La línea del tiempo

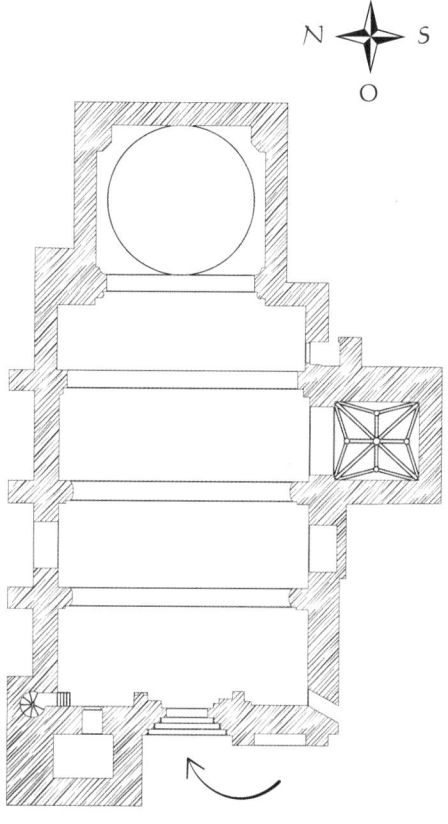

**XII - XIII**  Construcción de un templo **tardorrománico** de tres tramos.

**XVI**  Se funda la capilla de **San Pedro en cátedra**(1560).

**XVII**  Se edifican la primitiva capilla de **Nuestra Madre** (1603-1604) y la de **Santa Teresa** (1629).

Se remata la torre con un **chapitel** (1679), se voltean las **bóvedas** y se recubren los muros de **yeserías barrocas** (1695).

**XVIII**  Se construye la segunda capilla de Nuestra Madre.

Se **derriban** los ábsides románicos y se construye la **nueva cabecera** (1779-1782).

**XIX**  Nuevo **retablo mayor** diseñado por **Pedro Castellote** (1805-1806).

**XX**  Se trae el **Cristo de la Buena Muerte** (1948).

La torre y la portada son declarados **Monumento Nacional** (1961).

Se eliminan los revestimientos barrocos y se dejan **visibles los lucillos** medievales (1979).

**XXI**  Se recupera el solado de la iglesia del siglo XVIII.

Audioguía

# La torre más airosa de Zamora

Construida a finales del siglo XII y terminada en los primeros años del siglo XIII, la iglesia de San Vicente fue levantada en un **barrio extramuros** cuyo crecimiento hizo que pasara a estar protegido por el nuevo recinto amurallado.

Originalmente era una iglesia de amplia y espaciosa **nave de tres tramos** sostenida por dos arcos formeros de piedra, ligeramente apuntados, que descansan sobre pilares románicos mutilados o inconclusos. **La cabecera tripartita**, hoy desaparecida, era de ábsides planos como los de las vecinas iglesias de **Santiago del Burgo** o **San Esteban**. Esto ha hecho suponer que disponía de tres naves y quizá así se proyectó originalmente e incluso comenzaron a levantarse los muros con esta disposición. Sin embargo, los planes cambiaron y no llegaron a construirse las tres naves, por lo que su **espacio central ha sido uniforme** desde sus orígenes.

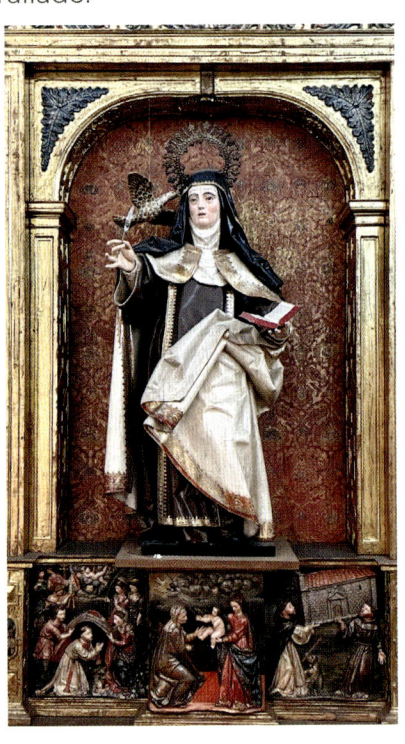

Retablo de santa Teresa

En el siglo XVI se le añadió la **capilla de San Pedro en Cátedra** (hoy de Fátima) en el muro sur y a comienzos del XVII se edificaron las capillas de **Nuestra Señora de las Angustias** al norte y la de **Santa Teresa de Jesús** al sur. A finales de este último siglo se voltearon **bóvedas barrocas** entre los arcos medievales de la nave principal.

Ya en los últimos años del siglo XVIII, la iglesia experimentó otra profunda transformación que supuso la destrucción de los ábsides románicos y la construcción de la **cabecera barroca actual** con la que se prolonga la iglesia al oriente y amplía su capacidad. La obra fue proyectada por **Pedro Castellote**, el mismo que, unos años después, diseñó el retablo principal en 1805.

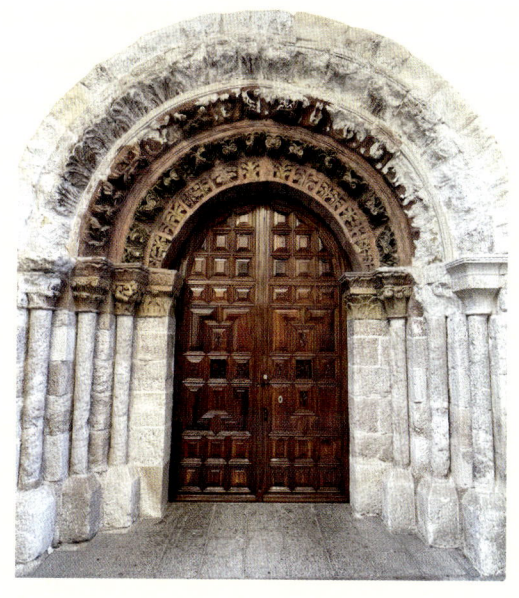

Portada occidental

De sus **portadas** originales conservamos las tres, aunque dos de ellas han quedado integradas en las capillas anejas. La occidental constituye, junto con **la torre**, el conjunto más original del templo. Se articula en **tres cuerpos** y dispone de la **misma estructura** que la de **la Catedral** aunque de menores dimensiones. Está rematada por un **chapitel** que se construyó a imitación de los del Consistorio, hoy desaparecidos, y ha experimentado numerosas reformas.

La portada occidental presenta una profusa **decoración vegetal** que ha sufrido las inclemencias del tiempo. Se compone de **cuatro arquivoltas** pétreas que descansan sobre **columnillas** con interesantes **capiteles** y **restos de policromía**. Es un remedo del paraíso al que se nos invita a entrar al final de nuestra vida del mismo modo que podemos ingresar en este templo medieval.

# A la gloria de Dios

Según Gómez Moreno la torre de San Vicente es **«la más airosa y completa de Zamora»**. Se levanta en medio de la ciudad para mostrar la presencia de **Dios en medio de la sociedad secular** y así lo recordaba el más famoso rector de la Universidad de Salamanca *«A la gloria de Dios se alzan las torres, | a su gloria los álamos, | a su gloria los cielos, | y las aguas descansan a su gloria»* (Miguel de Unamuno).

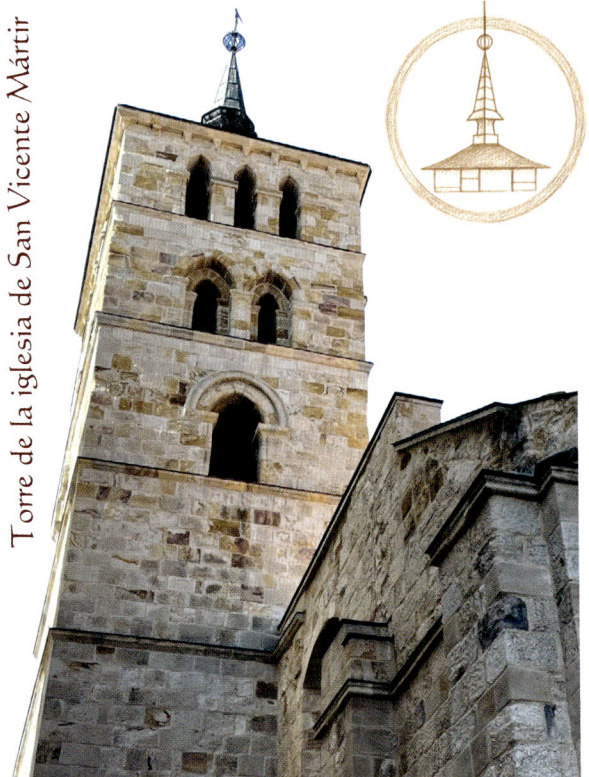

Torre de la iglesia de San Vicente Mártir

Hemos simbolizado esta iglesia con el **chapitel** que remata la torre y que fue construido en el siglo XVII a imitación de los que coronaban **las torres del Consistorio**.

Su ubicación en la parte superior nos invita a **subir hasta la cima** y a rematar todos nuestros proyectos para no dejarlos inacabados. No sea que nos pase lo que decía Jesús en el evangelio: *«¿quién de vosotros, si quiere construir una torre, no se sienta primero a calcular los gastos, a ver si tiene para terminarla? No sea que, si echa los cimientos y no puede acabarla, se pongan a burlarse de él los que miran, diciendo: "Este hombre empezó a construir y no pudo acabar"»* (Lucas 14, 28-30).

# Memoria de los difuntos

En las **jambas de la puerta principal** figuran varias inscripciones labradas en letra gótica de la segunda mitad del siglo XIII. Están en latín y con fórmulas abreviadas. Una de ellas dice **«*Aquí yace Pedro Sánchez y su hija O. Petri*»**. Esta inscripción y las otras dos muestran a la puerta de entrada el deseo de ingresar un día en el paraíso a quienes han terminado ya su peregrinación por este mundo.

# Un diácono mártir y un predicador dominico

El templo está dedicado a **san Vicente mártir**, que murió en Valencia durante la persecución del emperador Diocleciano a principios del **siglo IV**. Es el patrón del ciudad del Turia, lo que ha dado lugar a que otro gran santo valenciano tenga su mismo nombre: **san Vicente Ferrer**. Este último vivió en la segunda mitad del **siglo XIV** y primeras décadas del **XV** y recorrió toda España predicando la conversión. En este ministerio también llegó a Zamora donde se guarda memoria de su elocuencia sagrada en este templo de San Vicente en cuyo **púlpito** aparece la inscripción en latín: **«*Aquí predicó San Vicente Ferrer*»**.

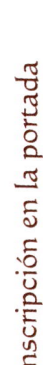
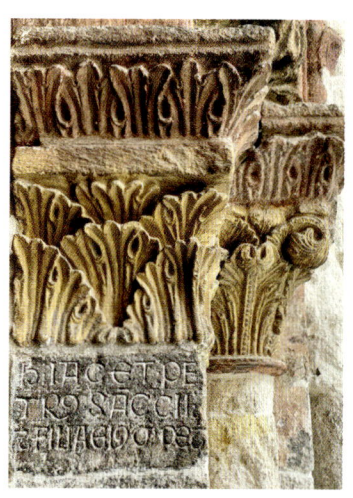

Inscripción en la portada

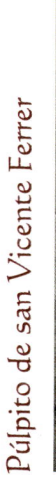
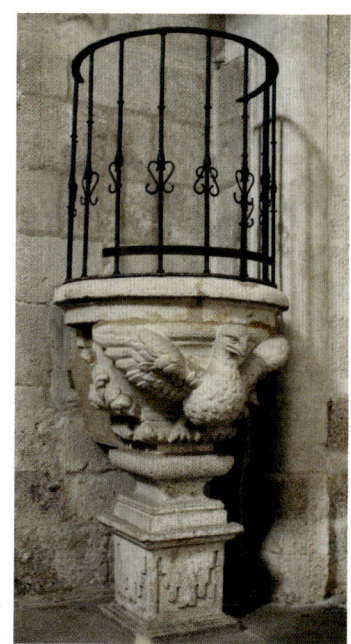

Púlpito de san Vicente Ferrer

97

# Desde Lisboa a Zamora

En esta capilla fundada en **1560** bajo el título de **San Pedro in Cátedra** se conserva una imagen de la **Virgen de Fátima** traída a Zamora en 1949.

Fue tallada por el escultor portugués **José Ferreira Thedim**, autor de la primera estatua de la Virgen de Fátima que se confeccionó para la Capelinha de las apariciones.

Los **tres pastorcillos** fueron realizados por el escultor catalán **Celestino Roig Artigas**, un artista exiliado en Zamora por haber formado parte de las milicias republicanas, que talló también el relieve del bosque que simula el **lugar de las apariciones**.

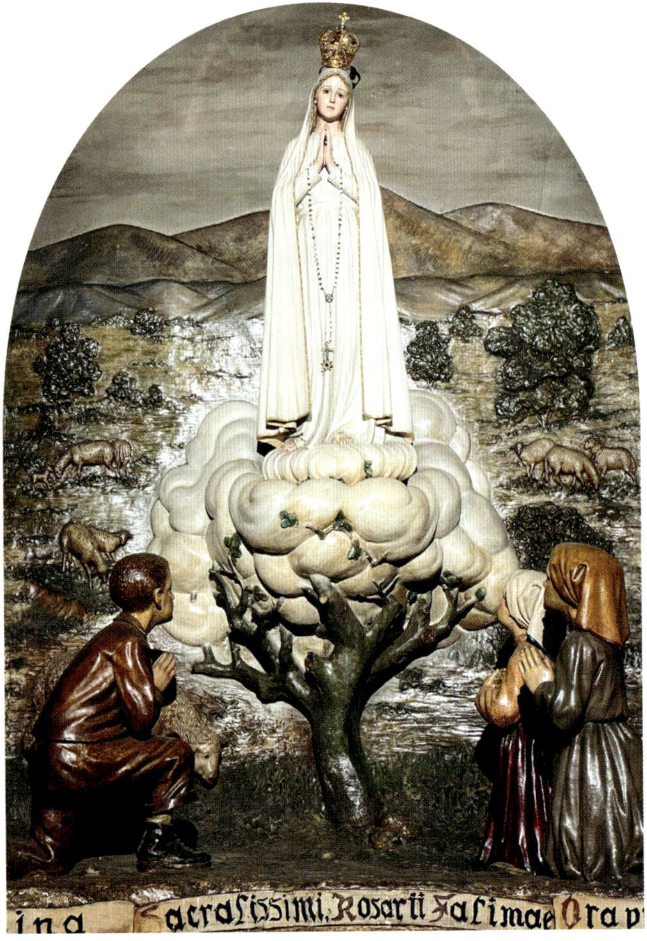

Virgen de Fátima

98

# Una cadena de plata

El retablo mayor alberga la imagen de **Nuestra Señora de San Antolín** o de la **Concha**, que fue jurada como patrona de Zamora a comienzos del siglo XII. La imagen actual data del siglo XVIII, pero la original sería románica, pues está documentada su devoción desde mediados del siglo XI. En su mano derecha porta una **bandera de plata** con las armas de la ciudad, mientras que en su mano izquierda sostiene una **cadena** con la que ata al niño Jesús para que no se escape, pues le gusta jugar por los campos cuando la Virgen se va de romería hasta el cercano pueblo de la Hiniesta.

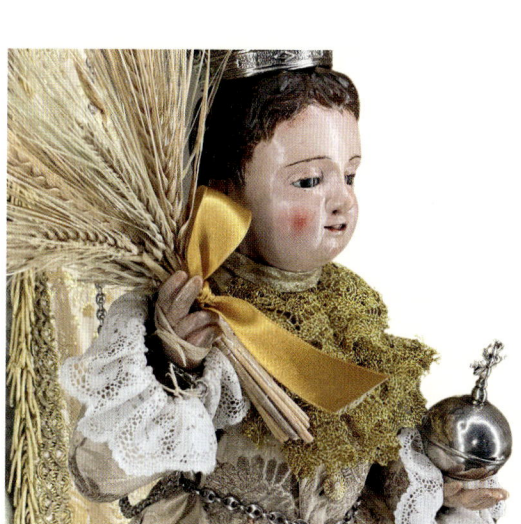

Virgen de la Concha

# 3. San Juan **Bautista**

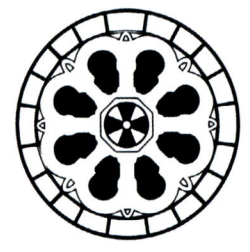

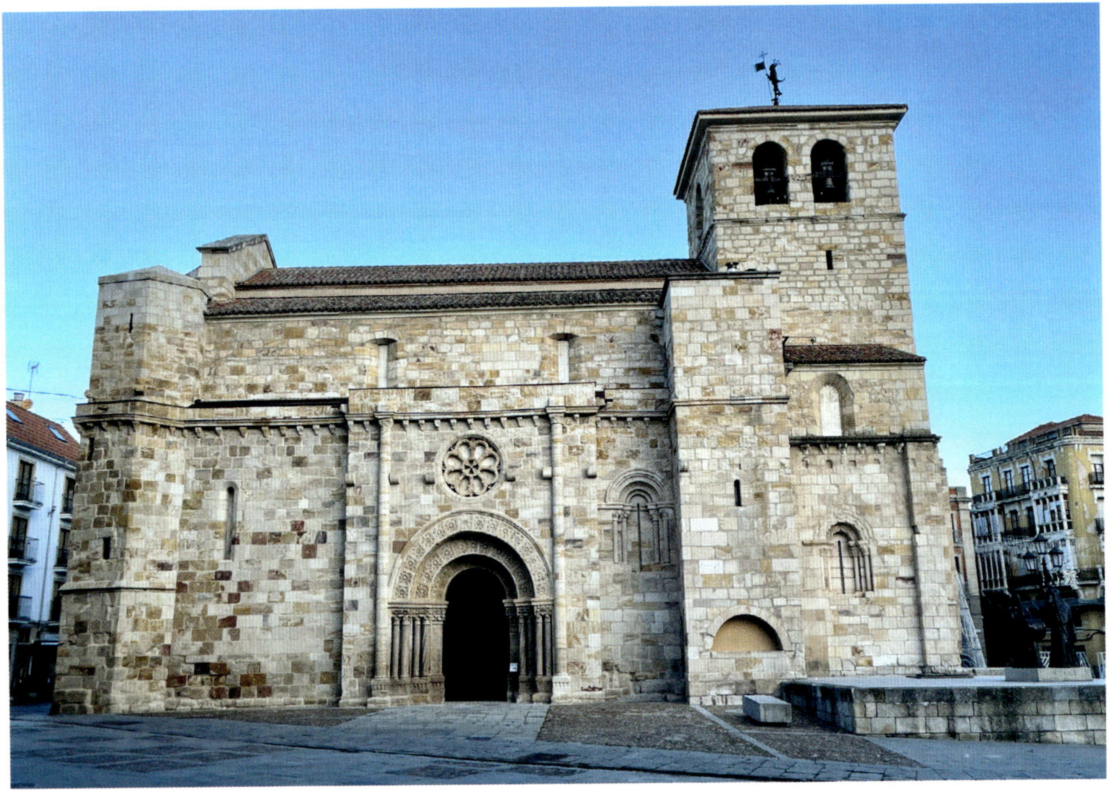

# La línea del tiempo

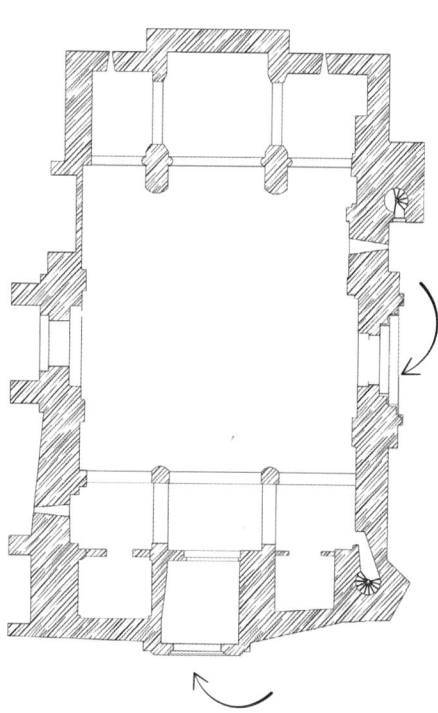

**XII**  Construcción de un templo **tardorrománico** de tres naves y tres tramos.

**XIII**  Apertura de un **ventanal gótico** sobre la portada oeste.

**XVI**  Reparación de la torre (1502) y consolidación del templo y la torre a cargo de **Rodrigo Gil de Hontañón** (1531-1532).

Derrumbe de la cabecera románica (1559) **reconstruida** rápidamente (1564) lo que obliga a **renovar su armadura** (1569-1570).

**Juan Ruiz de Zumeta** y **Tomás de Troas** realizan el **retablo** de Nuestra Señora de la Consolación (1586).

**XVII**  Colocación del **retablo mayor** de **Juan de Montejo** (1600), policromado y dorado en 1624. Se coloca **El Peromato** sobre la torre (1642).

**XVIII**  Se **voltean** unas bóvedas de yesería barroca que ocultarán el artesonado renacentista.

**José de Churriguera** añade una **portada** en la fachada occidental (1759) hoy desaparecida.

**XIX**  Se bautiza **Leopoldo Alas Clarín** (1852) y **Ramón Álvarez** talla **la Soledad** (1886).

**XX**  Se derribo **del claustro** tras su expropiación por el Ayuntamiento (1907).

Sus portadas son declaradas **Monumento Nacional** (1961).
Se derriban todas las **edificaciones anejas** al edificio y se eliminan **las bóvedas barrocas** (1977-1981).

Audioguía

# El templo de la plaza Mayor

La iglesia de San Juan es uno de los templos más visitados y queridos de la ciudad. Fue construida entre los siglos XII y XIII junto al **primer recinto amurallado** que se levantó tras la reconquista y repoblación de Zamora. Su ubicación al lado de una de las puertas nuevas que se abrieron en la muralla le otorgó el sobrenombre con el que se conoce desde 1171: **San Juan de Puerta Nueva**.

Foto antigua de San Juan

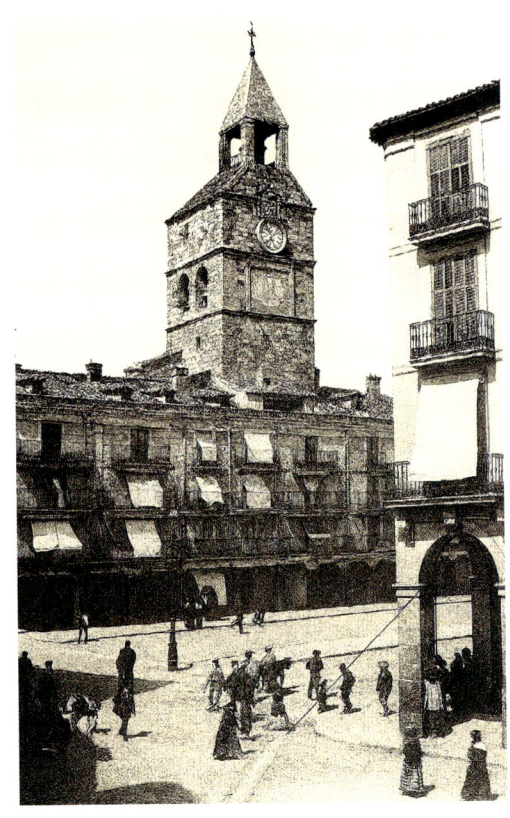

Al contrario de lo que ocurre con muchos templos, la torre de esta iglesia se levanta **sobre la cabecera**, en lugar de ubicarse a los pies, junto a la portada occidental. Se trata de una torre que ha ejercido un importante papel en la ciudad. Desde la Edad Media este **bastión defensivo** se asomaba junto a la muralla y permitía otear los peligros venidos desde oriente y, durante muchos siglos, sostuvo en la parte superior la conocida campana de «*La Queda*» cuyos sonidos servían para anunciar **el cierre y la apertura de las puertas** de la muralla. Toques que marcaban los momentos en que se podía entrar y salir de la ciudad en unos tiempos en que había que protegerse de los peligros de la noche y de las invasiones de los enemigos.

Del exterior del templo destaca la **fachada sur** y sobre todo su portada románica. Tres arquivoltas de medio punto que se cubren con abundante vegetación compuesta por una ordenada sucesión de flores esquemáticas.

La **portada occidental** ha sido rehecha a finales del siglo XX, pero destaca sobre ella el ventanal gótico construido en siglo XIV que facilita la entrada de la luz vespertina.

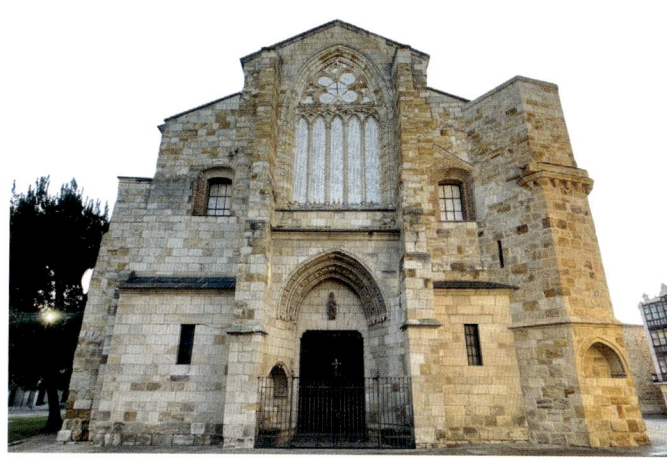

*Fachada occidental con el ventanal gótico*

La **portada norte** es más sencilla y estuvo oculta durante siglos tras unas edificaciones anejas que hoy han desaparecido.

El interior del templo era de tres naves que concluían en tres cabeceras románicas planas, como la mayoría de las que aún se conservan en Zamora. Sin embargo, en el siglo XVI estas naves fueron reducidas a un único espacio articulado por **dos potentes arcos formeros** que recorren el templo desde la cabecera a los pies y sostienen una interesante **armadura de par y nudillo**. En unas fechas inmediatas, las bóvedas románicas de sus ábsides fueron sustituidas por las actuales **bóvedas de crucería**.

# En el centro la cruz

Ningún símbolo o elemento decorativo de nuestras iglesias es tan famoso como **el rosetón de San Juan**. Un componente arquitectónico que se ha convertido en uno de los símbolos más conocidos de la ciudad. Se trata de una estructura circular compuesta de **ocho arquillos de medio punto** sostenidos por otras tantas columnillas con sus capiteles que se disponen **radialmente** en torno a la **cruz patada** que figura en su interior.

Todo un prodigio de escultura pétrea que se dispone como **un estuche** para custodiar el principal símbolo de los cristianos. Así son todas las iglesias románicas. Hermosas construcciones de piedra que **custodian la fe de un pueblo** y, en el centro, la cruz del Señor para hacer vida las palabras del apóstol: *«Dios me libre de gloriarme si no es en la cruz de nuestro Señor Jesucristo»* (Gálatas 6, 14).

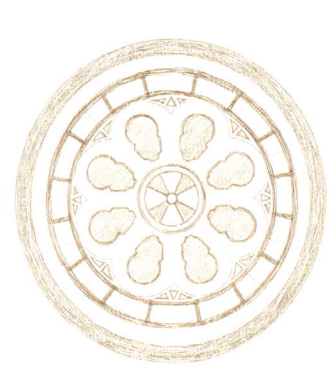

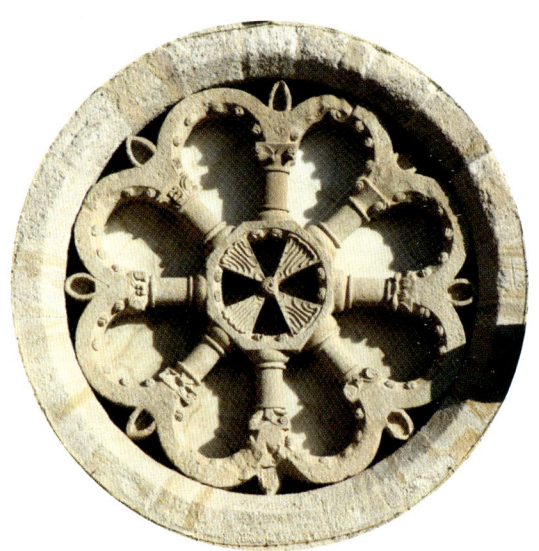

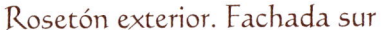

Rosetón exterior. Fachada sur

# La portada sur

La portada sur es una de las más emblemáticas de la ciudad. Se adorna con una sucesión de **flores esquemáticas**, encajadas en sus casetones correspondientes. Todas son distintas y están alineadas a lo largo de los **tres arcos** de acceso al templo. Todo un símbolo del **paraíso** al que estamos llamados a disfrutar. Sobre esta portada aparece el **rosetón románico** que se ha convertido en uno de los símbolos más importantes de Zamora al que ya nos hemos referido anteriormente.

Detalle de la portada sur

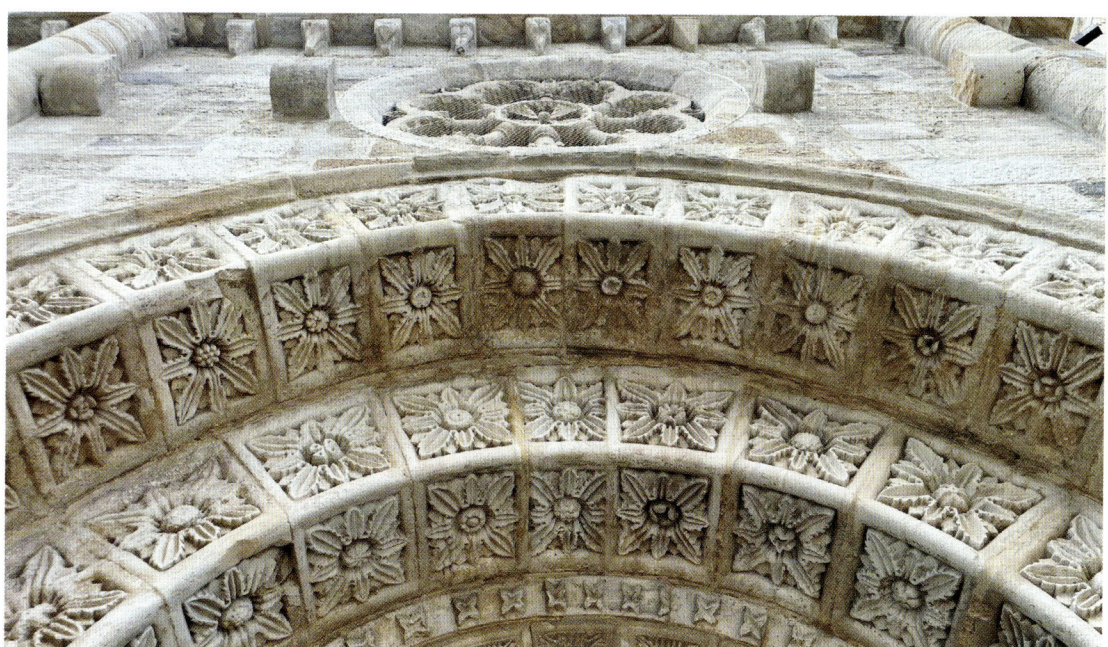

# Un accidente

El 13 de diciembre de 1559 **se derrumbó parte de la iglesia** y, en su caída, arruinó buena parte de la cabecera románica ubicada al norte. Según se indica en una inscripción conservada en el interior, las obras de reconstrucción comenzaron inmediatamente, pero en el siglo XVI el románico ya no estaba de moda y, por eso, **ya no se construyó ninguna ventana medieval** ni en la torre ni en el ábside septentrional. Los muros se levantaron sin ningún tipo de adornos por lo que solo se conserva la **ventana románica del ábside meridional**.

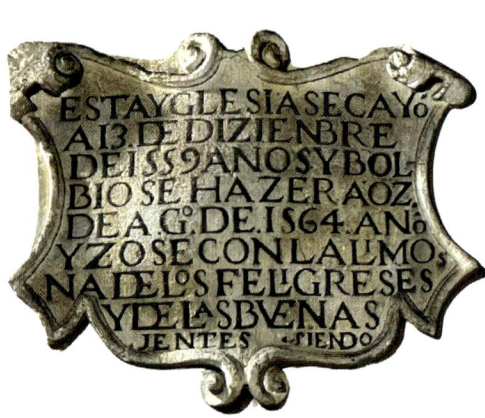

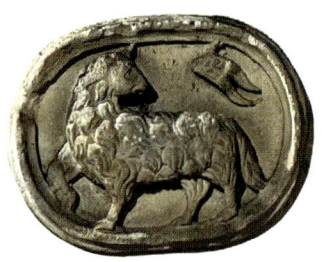

Inscripción que recuerda el derrumbe (1559) y la posterior reconstrucción (1564)

106

# El Peromato

Sobre la torre de San Juan podemos ver la **armadura de un guerrero** que campea airoso sobre la plaza Mayor. Con la mano izquierda sostiene la **espada** y en la derecha porta la **bandera de Zamora**: ocho franjas rojas que recuerdan las victorias de **Viriato** sobre los romanos y una verde otorgada por **Fernando el Católico** a los zamoranos por su ayuda prestada en la **batalla de Toro**. Aunque no están policromadas, este emblema se puede ver en los organismos oficiales. Una curiosa veleta que muestra lo que dice el refrán: «*No se ganó Zamora en una hora*».

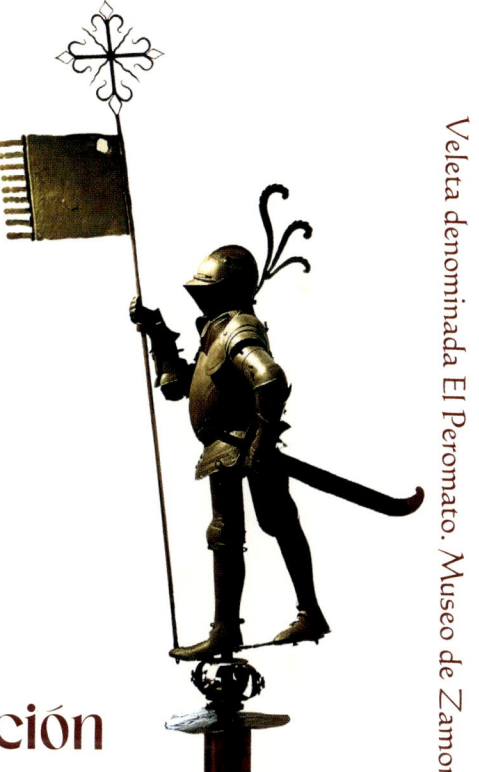

*Veleta denominada El Peromato. Museo de Zamora*

## Una labor de rehabilitación

Al ocupar un espacio tan importante de la ciudad, el templo quedó envuelto en una serie de edificios de escaso valor. Una hilera de **viviendas adosadas** a la torre y de **capillas y almacenes** pegados a los muros norte y sur. Llegó incluso a levantarse un **claustro** en el espacio que hoy ocupa el jardín adyacente. Por ello, en los años ochenta, en un deseo de reordenar la plaza Mayor y de recuperar el templo románico, **se despojó al edificio de todos estos añadidos**, se reconstruyeron algunos muros que estaban muy deteriorados y la iglesia quedó exenta, como la puedes contemplar actualmente.

# 4. Santa María la Nueva

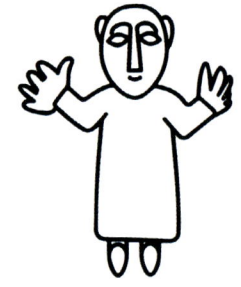

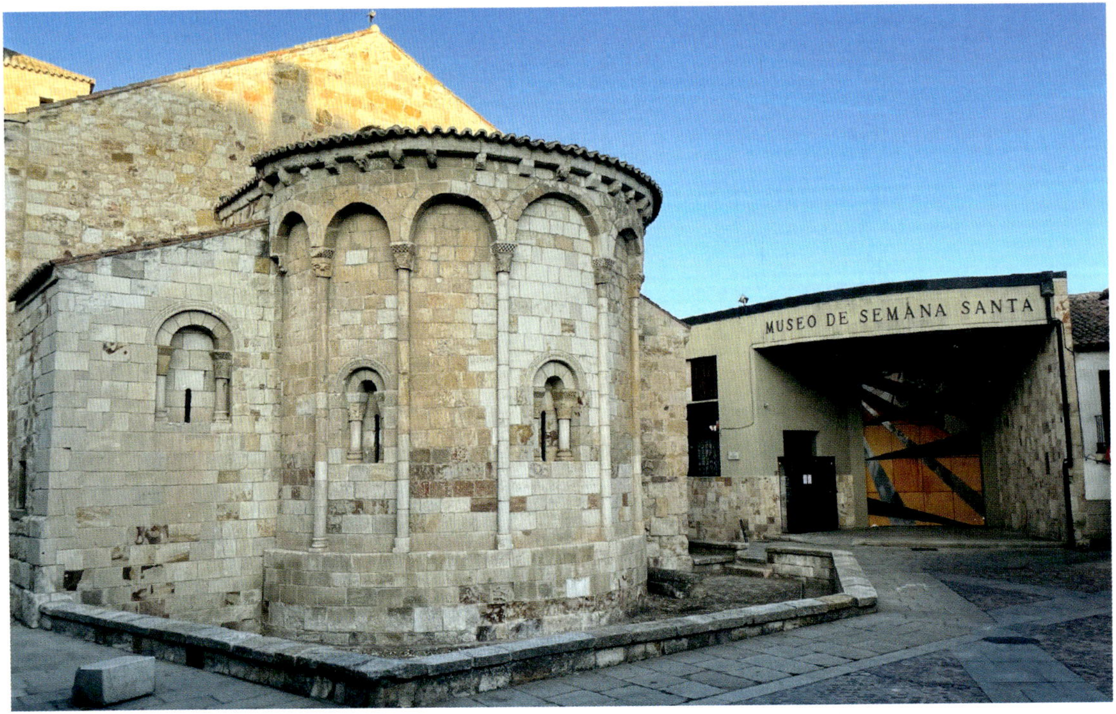

# La línea del tiempo

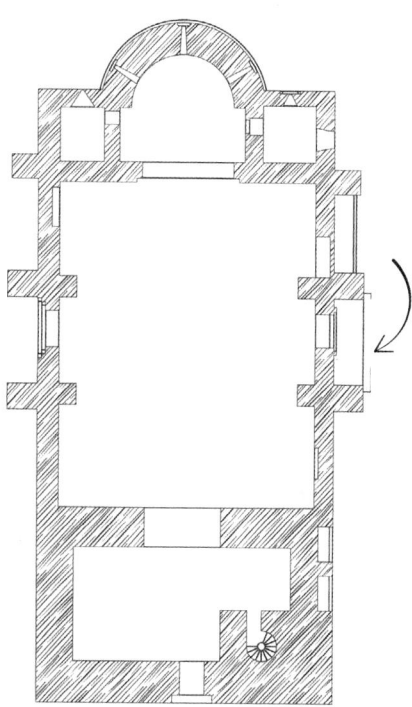

**XII**    **Motín de la Trucha** (1158) y construcción del templo actual sobre los restos de una edificio anterior. **Primera** referencia documental (1159).

**XIII**    Es labrada en piedra arenisca la **pila bautismal** conservada a los pies del templo.

**XIV**    Se adosa al templo el potente **torreón** de los pies y se hacen las **pinturas murales** de la capilla y de la nave.

**XVI**    Confección de la imagen de **San Cristóbal.**

**XVII**    **Derrumbe** de parte de las cubiertas (1617) por lo que se **voltean** las bóvedas de lunetos que cubren la nave, poco después **se hunde** la capilla mayor (1623).

     **Francisco Fermín** talla la imagen de **Jesús Yacente** (1635) para el convento de los dominicos.

**XVIII**    Se construye un **camarín** para albergar la imagen titular (1715) y se realizan los **retablos** de **San Joaquín** y **Santa Ana.**

**XX**    La iglesia es declarada **Monumento Nacional** (1945).

     Importantes **obras de rehabilitación** modifican notablemente el templo y eliminan el camarín barroco, varios retablos y otros elementos no originales (1959-1960).

Audioguía

# Una iglesia renovada

El apelativo de «la nueva» que acompaña a esta iglesia dedicada a Santa María hace referencia a otro **templo anterior** que también hubo en este mismo lugar.

Según la tradición oral de la ciudad recogida por algunos escritores, hubo una **revuelta popular** en el siglo XII liderada por los sectores comerciales y burgueses de Zamora. Se levantaban contra la nobleza local por el **abuso de autoridad** que éstos últimos ejercían. Dicho conflicto, conocido como el **Motín de la Trucha**, concluyó con el incendio del templo y el perdón posterior del monarca a cambio de que los rebeldes asumieran su **reconstrucción**.

Aunque las excavaciones arqueológicas no han encontrado restos de ese incendio, sí se pueden percibir diversas huellas de una importante **ampliación del templo** que tuvo lugar a mediados del siglo XII. Una reforma que aparece confirmada por los documentos medievales en los que, desde la segunda mitad de ese siglo, se menciona con cierta frecuencia, una parroquia llamada **Sancta Maria e la Nova**.

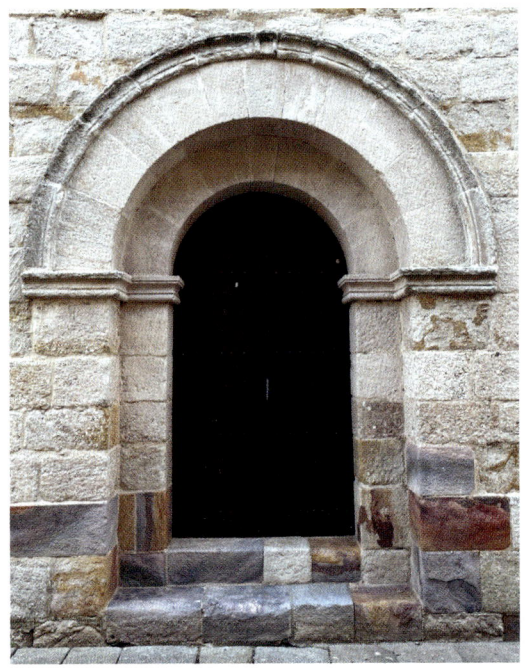

*Portada de la fachada occidental*

Este nuevo templo románico está compuesto de una única nave articulada en tres tramos y con tres puertas de acceso. Al oriente la nave se prolonga con un **ábside semicircular** en el centro y dos **capillas de planta cuadrada** a ambos lados. Estas últimas han sido muy modificadas y ejercen hoy de sacristía. En el interior de la capilla sur se conservan unas preciosas **pinturas murales** del **siglo XIV** que presentan escenas de la vida de Cristo.

En torno al año 1300, se levantó a los pies del templo una potente **torre de planta rectangular**, hoy desmochada, que alberga en su interior una amplia estancia junto a otro espacio más recogido. En este último se custodia la **pila bautismal** del **siglo XIII** de notable interés.

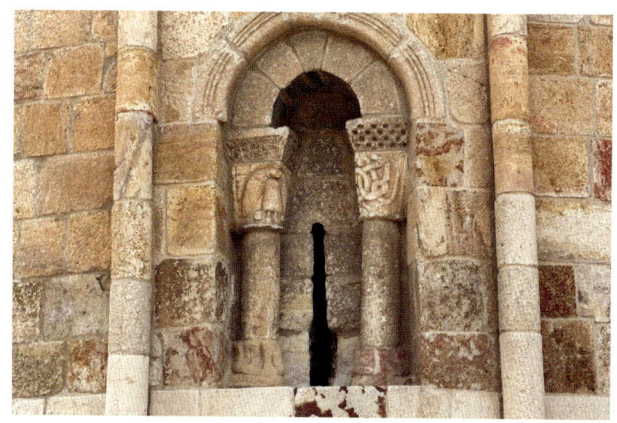

Ventana del ábside

En el exterior lo que más llama la atención es su armonioso ábside románico, articulado por **siete arcos ciegos**, tres de los cuales aparecen horadados por otras tantas ventanas románicas. De gran interés iconográfico son los **capiteles** que sostienen los arcos que cobijan estas ventanas y, aunque su labra es de **tosca y arcaica factura**, tienen un **ingenio** y una **candidez** que los hacen merecedores de una atenta contemplación.

# Será casa de oración

Hemos querido identificar la iglesia de Santa María la Nueva con la **figura orante** que aparece en uno de los capiteles, el que aparece en la ventana más meridional del ábside. Entre una decoración vegetal aparece una figura orante, vestida con **larga túnica** y con los **brazos levantados** delante del **altar**.

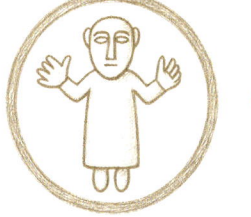

Orante

Parece invitarnos a **participar** en la celebración con esas palabras de la liturgia latina *«sursum corda» (levantemos el corazón)*. Se trata de una figura **tosca en sus facciones** y con una simplicidad compositiva que nos observa con sus grandes **ojos almendrados** cuyos rasgos faciales apenas esbozados. Es fruto de una labra sencilla y de la erosión sufrida por el paso de los siglos, pero sus **brazos extendidos** aún nos recuerdan que *«mi casa, será casa de oración»* (Mateo 21, 13).

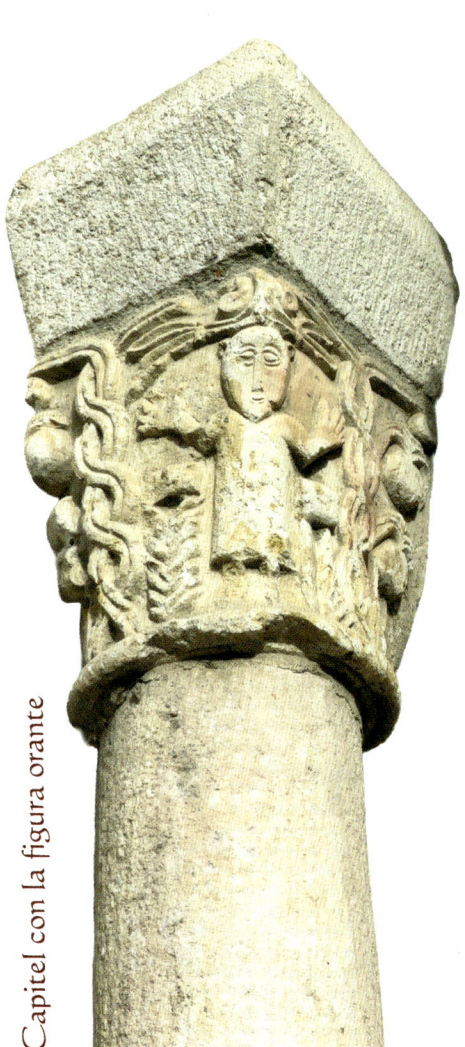

Capitel con la figura orante

# En recuerdo de un milagro

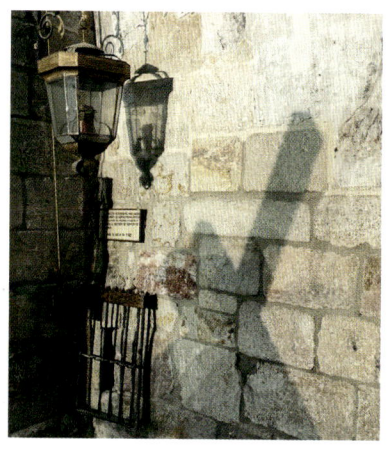

En el primer tramo del muro sur se conserva una **reja del siglo XV** que custodia un agujero en la pared. Según la tradición, por este orificio salieron de la iglesia las formas sagradas durante el **Motín de la Trucha**, para no ser consumidas por el fuego que asoló el templo. Desde aquí llegaron hasta el **convento de las dominicas** ubicado entonces al otro lado de la calle y, por ser parte de un milagro, este hueco está protegido por la reja e iluminado con un **farol del siglo XIX**.

Farol y reja que indican el hueco por el que salieron las sagradas formas

## El Archivo Noble

En el muro posterior del templo existe otro hueco, esta vez cerrado por una **reja del siglo XVII** en el que se custodiaba el **Archivo Noble de la ciudad de Zamora**. Así lo indica una inscripción que campea en la parte superior de la reja con la que se cubre este hueco. Precisamente, los **caballeros hijosdalgo** de la ciudad utilizaban este templo como sala capitular desde muy antiguo y en él **celebraban sus juntas** a pesar de que en 1735 el párroco quiso prohibirlo sin lograr su propósito.

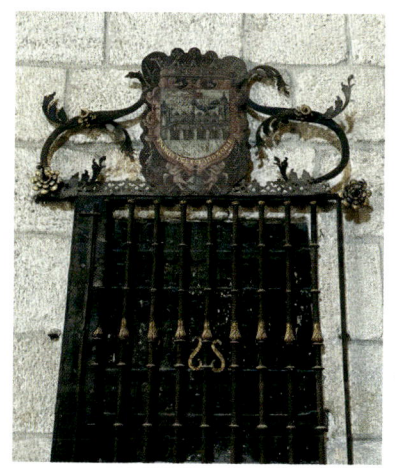

Reja del Archivo de los Hijosdalgo de Zamora

# La pila bautismal

En un espacio íntimo y acogedor se conserva una de las joyas del templo: la pila bautismal, un enorme vaso de piedra labrado en **piedra arenisca** a lo largo del **siglo XIII**. Mide casi un metro y medio de diámetro y se decora con siete arcos de medio punto sostenidos por columnillas con capiteles vegetales. En el interior de estos arcos figuran temas como el **bautismo de Cristo**, los **desposorios de la Virgen**, el arcángel **san Miguel**, los apóstoles **Pedro y Pablo** y otras figuras menos reconocibles por el desgaste sufrido a lo largo de los siglos.

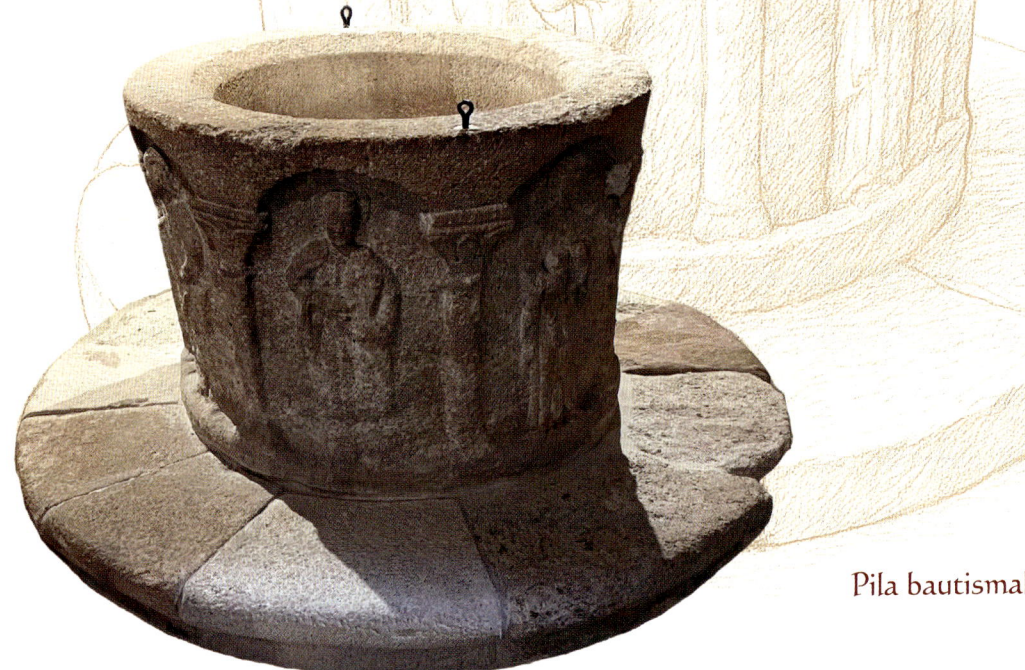

Pila bautismal

# Pinturas murales

En el interior de la **cámara sur del templo** se conservan unas hermosas pinturas al fresco realizadas a mediados del siglo XIV que hacen de esta estancia un lugar muy especial. Las pinturas están incompletas y muy deterioradas, pero las últimas restauraciones nos permiten disfrutar de algunas escenas como ésta en la que aparecen **dos mujeres abrazándose** ante los muros de una ciudad esquemática: la Virgen María y su prima Isabel. **María** con el pelo recogido bajo la toca expresando su edad juvenil, mientras que la anciana **Isabel** tiene el pelo suelto que indica su edad avanzada.

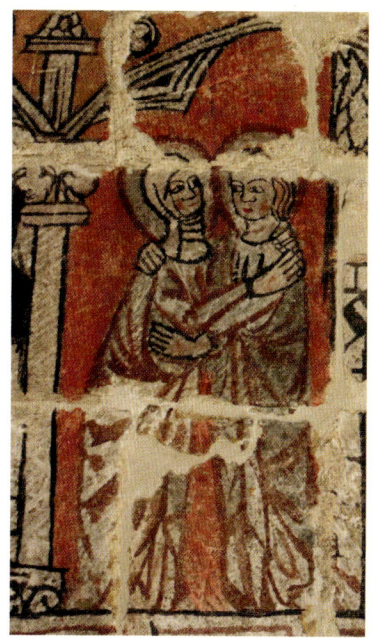

Pinturas murales conservadas en la cabecera sur

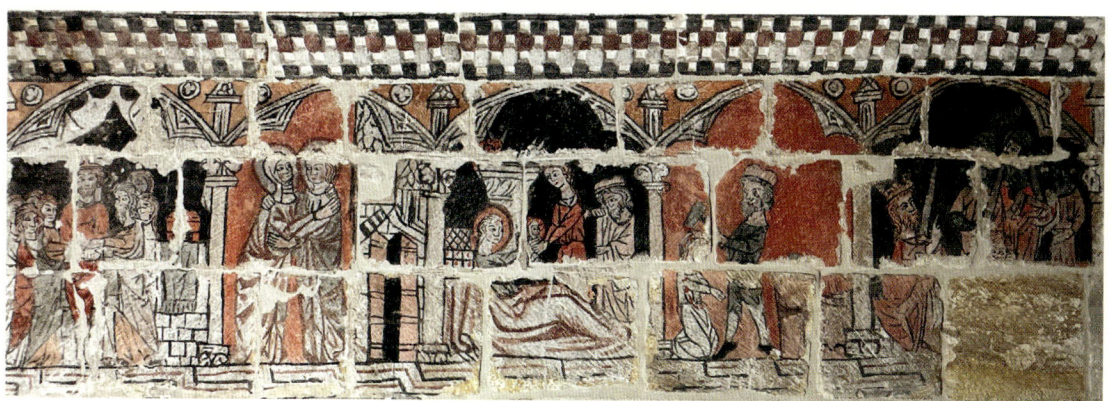

# 5. San Cipriano

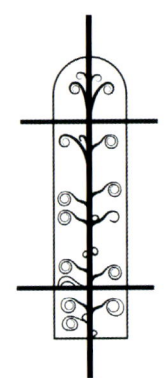

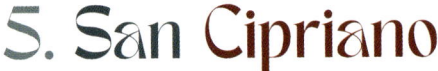

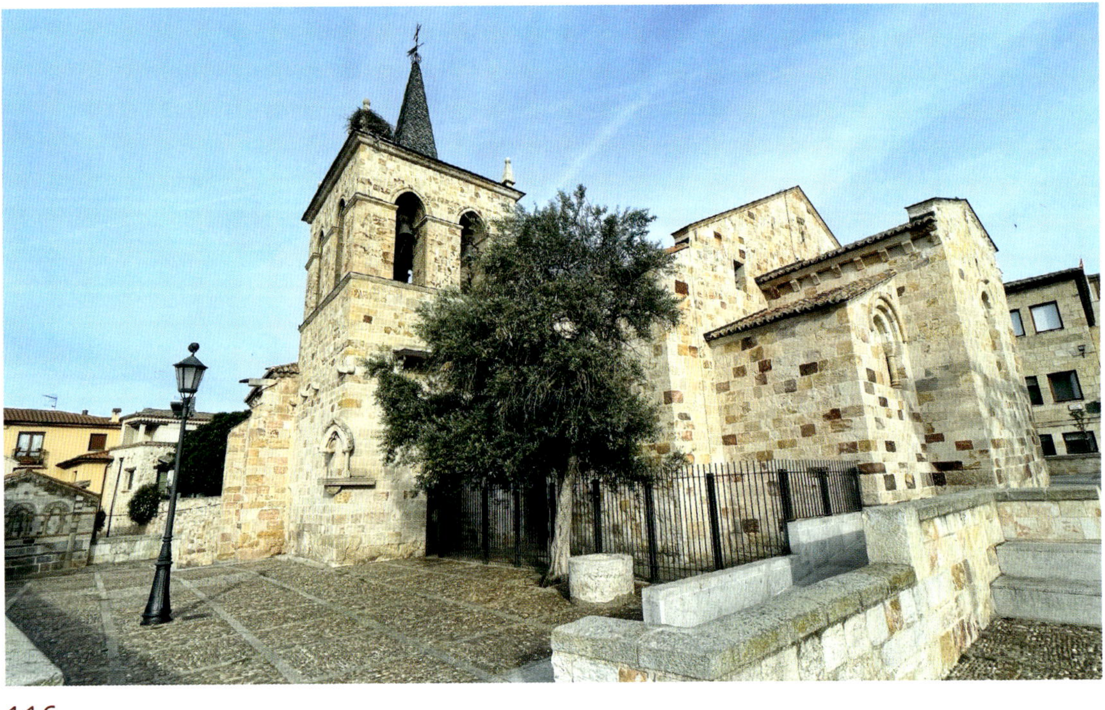

# La línea del tiempo

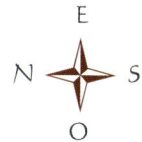

XI — Construcción de la iglesia **original**.

XII — **Reforma** de la primitiva fábrica y **ampliación** del templo.

XIII - XIV — Se levantan las dos capillas funerarias.

XVI — Se reforma la capilla del muro sur para enterrar a **Cristóbal González de Fermosel**.

XVII — Antonio Falcote y Juan de Montejo tallan el **retablo de la capilla**.

XVIII — Se edifica la **nueva fachada occidental** y se abre la **puerta actual**.

XIX — La **Hijas de la Caridad** utilizan este templo como prolongación del **hospicio**, ubicado entonces en el actual Parador.

XX — La iglesia es declarada **Monumento Nacional** (1931)

Una **profunda reforma** trató de recuperar el templo original (**1975**).

XXI — Se rehabilita la torre y el templo.

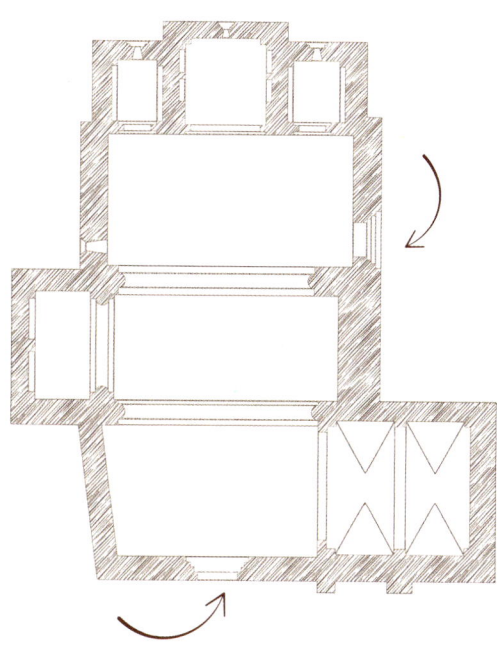

Audioguía

# Uno de los templos más antiguos de la ciudad

Antes de este templo, hubo de existir **otra iglesia anterior** en este mismo lugar que fue reedificada en torno a 1157, año de la muerte del rey **Alfonso VII**, el emperador, según se recoge en una inscripción embutida en sus muros.

Lo más original y genuino de este templo es su **cabecera tripartita** que presenta notables rasgos arcaicos y fue edificada a finales del siglo XI, durante la **primera fase de expansión del románico** por la ciudad de Zamora. Después, con el paso de los siglos, esta iglesia ha experimentado **tantas reformas** que hacen muy difícil recomponer con total exactitud su fisonomía original.

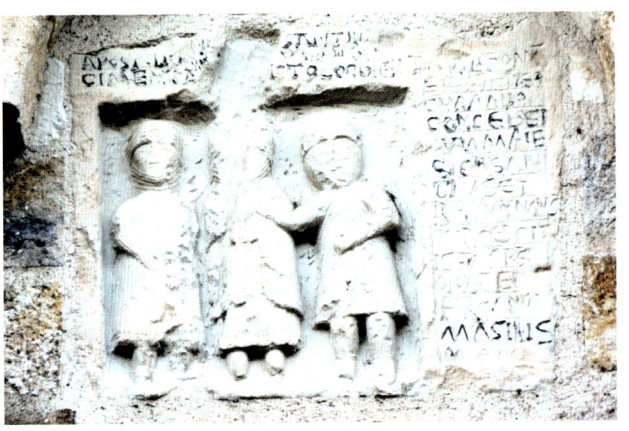

*Relieve en la ventana del ábside sur*

Actualmente, el edificio consta de una amplia nave que se articula por d**os arcos formeros apuntados** que sostienen la armadura de la cubierta y una **cabecera tripartita de ábsides planos** tan típicos del románico zamorano. El central es de mayor tamaño que los laterales y se cubre con **bóveda de cañón** ligeramente apuntada. En los arcos torales de las tres capillas se conservan unos **capiteles** muy interesantes por su iconografía.

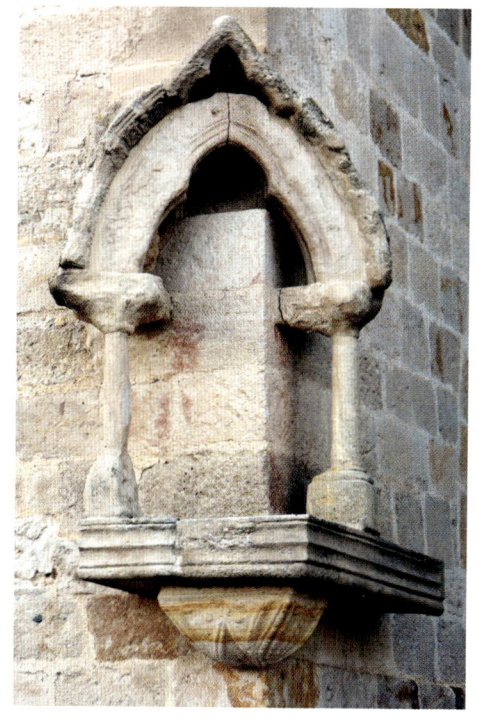

Hornacina gótica

Junto al muro sur se levanta **la torre**, una atalaya que servía como defensa y vigilancia sobre el arrabal de la Puebla del Valle que se extiende bajo el mirador. En el ángulo nor-este de este campanario se conserva una **hornacina gótica** del siglo XIII que albergaría una imagen piadosa para dar la bienvenida a quienes entraban en la ciudad por la puerta de San Cipriano, un **acceso de la muralla** que fue derribado en el siglo XVIII.

En el muro sur figura un conjunto de **relieves de tosca labra** que parecen haber sido reutilizados de un templo anterior y, aunque están muy desordenados, constituyen un precioso **testimonio de la fe** católica, de los trabajadores de la ciudad y de la **simbología** creyente.

Como sucede habitualmente con otros templos, el paso de los siglos también ha dejado su huella en la fábrica parroquial y hoy disponemos de **dos capillas funerarias** adosadas a sus muros norte y sur. Fueron edificadas entre los **siglos XIII y XIV**, aunque la que ocupa el ángulo suroeste del templo ha sido reformada notablemente a **finales del siglo XVI** en que se erigió el retablo manierista y a lo largo del siglo XVIII en que también se realizó la actual **portada occidental**.

# Como un tallo férreo

Una **reja románica** con la que se cierra la ventana saetera del ábside norte de la iglesia de San Cipriano es sin duda un elemento identitario de este templo románico que fue levantado en Zamora a **mediados del siglo XI**. La reja se compone de **un vástago central** del que surgen una serie de **roleos** o espirales decorativas similares a las **ramas de un arbusto** que adornan la espina central

Se trata de una sencilla pero elegante traza, similar a una planta, y recuerdan esas **palabras del Salmo** que te invitan a meditar la palabra de Dios: *«Dichoso el hombre cuyo gozo es la ley del Señor, será como **un árbol plantado al borde de la acequia**: da fruto en su sazón y no se marchitan sus hojas»* (Salmo 1, 1-3).

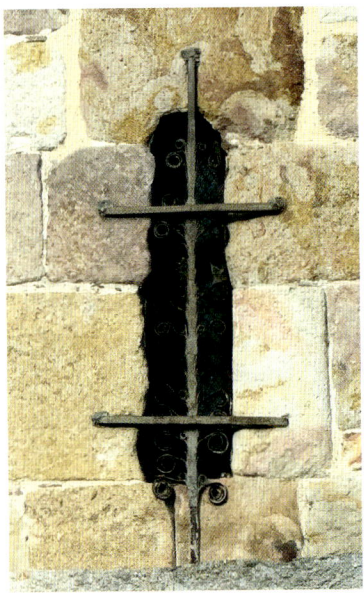

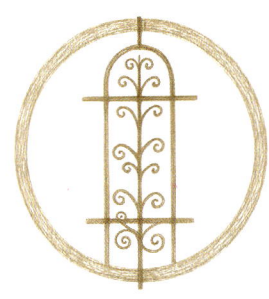

Reja medieval

Ventana absidial

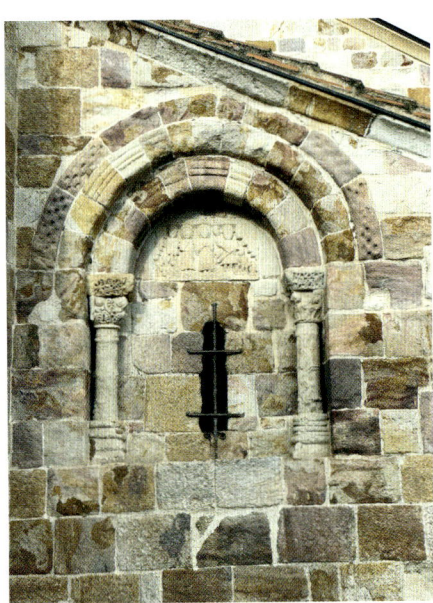

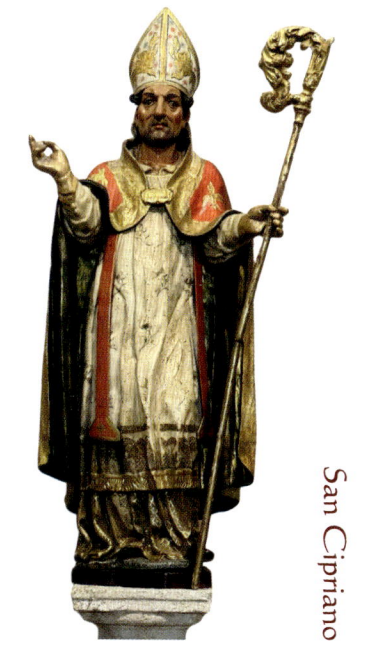

San Cipriano

# Mártir de Cartago

Cipriano, obispo de Cartago, fue uno de los mártires más populares de los primeros siglos del cristianismo cuyo nombre se introdujo muy pronto en el **canon romano** junto a Cornelio y Lorenzo. Además de la liturgia romana, este santo obispo fue muy popular en **la liturgia hispana** cuyo nombre aparece en muchas iglesias medievales del norte peninsular y también en ésta, levantada en este altozano que domina el río Duero.

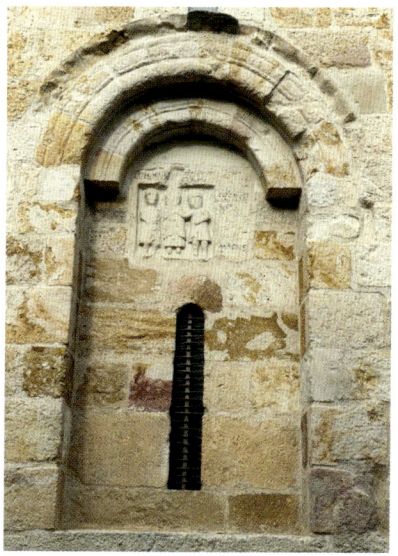

# Rejas medievales

Muy originales son también las rejas medievales que se custodian en las **ventanas del ábside** y que constituyen un rarísimo ejemplar de la **forja del Medievo** cuya conservación nos pone en contacto con *Vermudo, el herrero* que aparece en el tosco relieve del muro sur.

Ventana en el ábside norte de
San Cipriano

121

# Un herrero del Medioevo

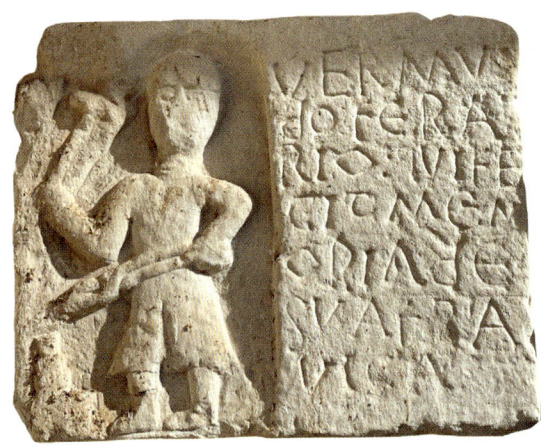

Vermudo el herrero

Uno de los relieves del muro sur representa a un **herrero** que golpea con su martillo el hierro que sostiene con sus tenazas. Sabemos que se llamaba **Vermudo** y que dejó esta imagen para perpetuar su memoria para las generaciones futuras. Así lo indica la inscripción que aparece a su lado: *«Vermudo el herrero me hizo para memoria de su trabajo»*.

Junto a él aparece otro relieve en el que podría representarse a **san Pedro**, portando las llaves en su mano derecha.

Al lado de este relieve del apóstol aparece uno de los **tres crismones** con los que cuenta la iglesia. En este del muro meridional, que está muy erosionado, el símbolo de Cristo aparece rodeado por los **nombres de los evangelistas**, mientras que en los conservados en el interior del templo figuran sus símbolos: hombre, león, toro y águila.

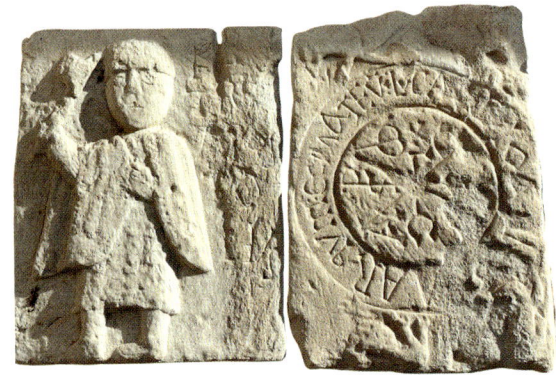

San Pedro y el Crismón

# El pecado y la oración

A la derecha de los relieves anteriores aparece la **bestia del Apocalipsis**. Un monstruo con siete cabezas «semejante a una pantera, con patas de oso y fauces de león» (Ap 13, 2) que simboliza **el pecado y el mal** que es preciso combatir.

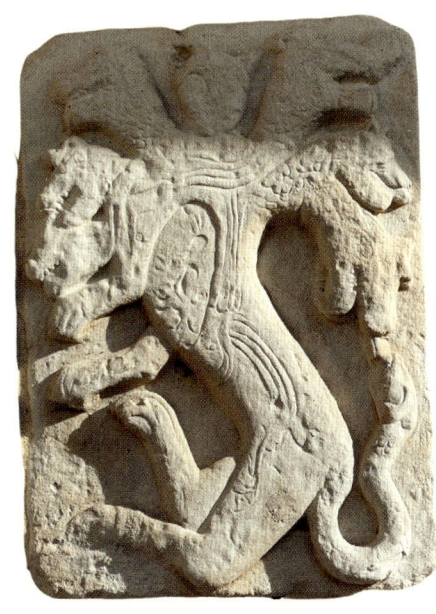

La bestia del Apocalipsis

Y junto a la puerta, otro relieve representa a **Daniel en el foso de los leones**, un pasaje bíblico que simboliza la oración y la fortaleza del creyente ante las **fauces del león** que tantas veces amenaza, pero que no puede con aquel que pone su confianza en el Señor.

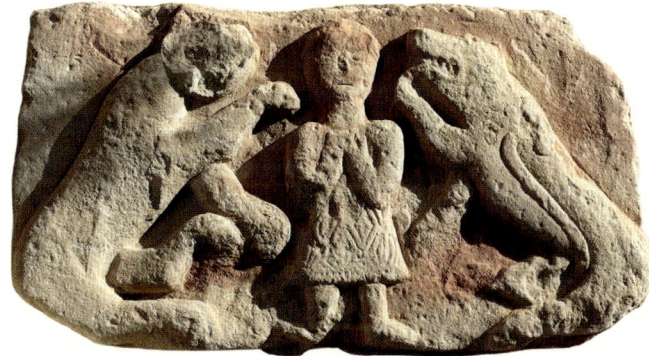

Daniel en el foso de los leones

123

# 6. La Magdalena

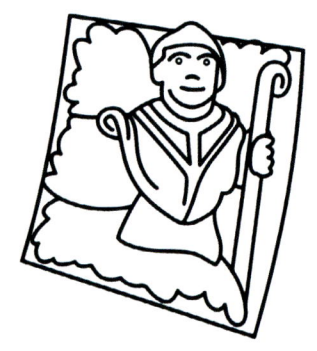

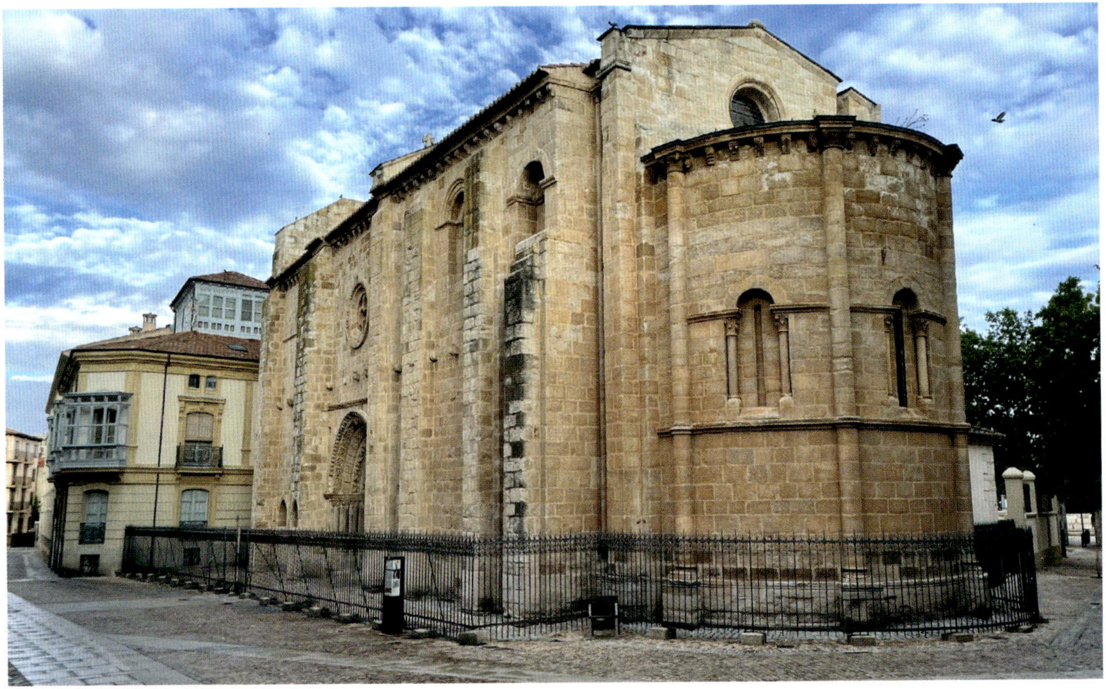

# La línea del tiempo

**XII** La primera referencia documental data de **1157**, pero sabemos que el templo se construye entre **1190** y **1215**.

**XIII** El maestro de obras **Giral Fruchel** incluye en su **testamento** dinero para la obra de la Magdalena (ca. **1204 - 1218**).

**XVIII** Se compra el **expositor barroco** del retablo mayor dela Catedral para instalarlo en esta iglesia (**1777**).

**XIX** La iglesia **deja de tener culto** a consecuencia de la desamortización (1835) y se piensa instalar en ella un **museo de arte sacro**.

Con la supresión de las **jurisdicciones exentas**, la Orden de Santiago pierde sus derechos sobre el templo que pasa a formar parte de la diócesis de Zamora (**1874**).

Las **Siervas de María** se instalan en el edificio anejo y usan el templo como capilla (**1891**).

**XX** La iglesia fue declarada **Monumento Nacional** (1910).

El expositor barroco procedente de la Catedral es **tasado** para venderse y **desaparece** (**1967**).

**Manuel Rivas Villarino** realiza el Calvario que preside la iglesia (**1971**).

**XXI** Las Siervas de María se van de la diócesis y **devuelven el templo al obispo** (**2005**).

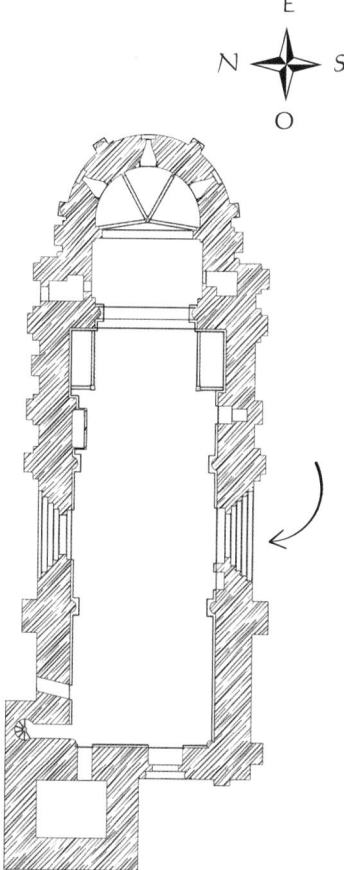

Audioguía

# Un templo con aires europeos

También la memoria de santa María Magdalena encontró un espacio en el panorama arquitectónico y devocional de Zamora. Construido **en torno al año 1200**, este precioso templo románico fue dedicado a aquella mujer que aparece en el evangelio de San Juan como **la primera que vio a Cristo resucitado**.

En su origen pertenecía a la **Orden de San Juan de Jerusalén** y las noticias documentales de su existencia datan de la segunda mitad del siglo XII. A finales del siglo XIX la orden perdió su jurisdicción sobre este templo que pasó a integrarse en el **patrimonio diocesano**.

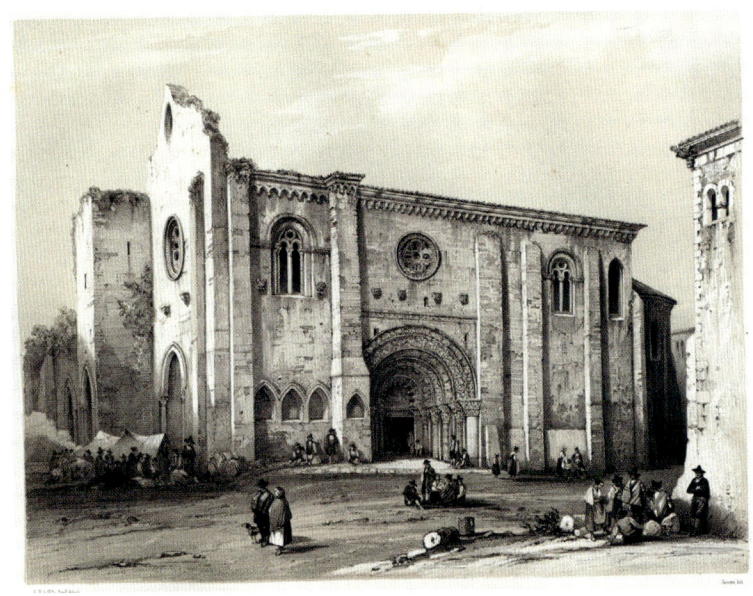

Grabado de la Magdalena

El templo mide poco más de veinticinco metros de longitud y apenas seis de anchura, pero con sus pequeñas dimensiones se trata de un edificio muy hermoso y **bien ornamentado** que, como dato curioso, conserva un pozo integrado en el muro sur.

126

Aunque esbelta y elegante, la Magdalena es un templo sencillo, de **una sola nave**, con **ábside semicircular** en la cabecera y **torre** desmochada a los pies.

El muro sur adquiere su mayor protagonismo al discurrir paralelo al **carral Mayor**, la calle más importante de la ciudad medieval. Por ello, su **portada** es la más ornamentada y hermosa del románico zamorano. Compuesta por **cinco arquivoltas** cubiertas con abundante decoración vegetal que simulan el paraíso.

Ya en el interior se conserva un precioso **sepulcro románico** que los expertos han datado a **finales del siglo XII** y que fue construido para custodiar los restos de una dama cuya identidad permanece en **el anonimato**. Sobre el cuerpo inerte de la difunta, su alma sube al cielo, representado como una **ciudad fuerte** que da forma a este monumento tan especial.

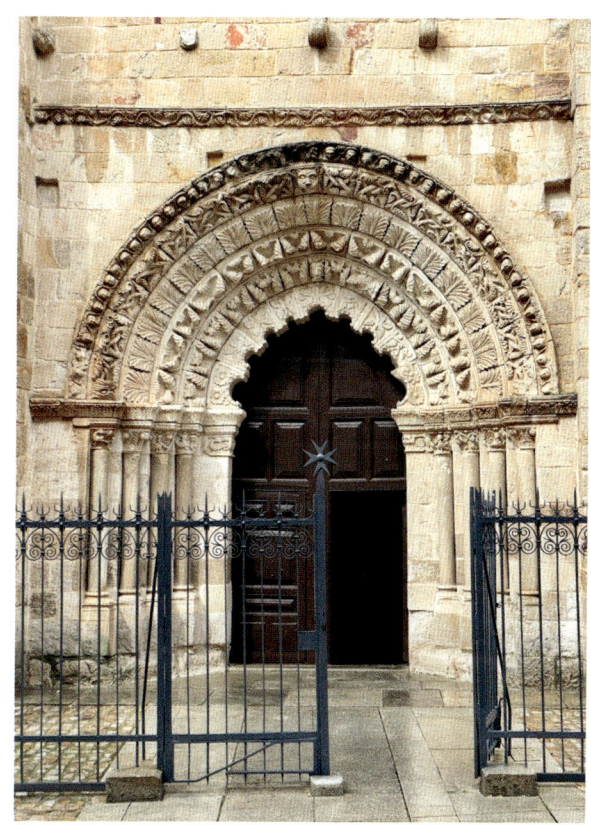

Portada de la fachada sur

# El obispo feliz

Encontrar al obispo en medio de la **vegetación abundante** con que se adornan las arquivoltas de la portada sur de la Magdalena constituye una de las pruebas más populares en la ciudad de Zamora. Por eso, hemos elegido como elemento representativo de esta iglesia la figura que representa a un **obispo** o a un **abad revestido** de **casulla**, con el **báculo** en la mano y tocado con la **mitra** que sonríe por haber alcanzado la gloria del paraíso.

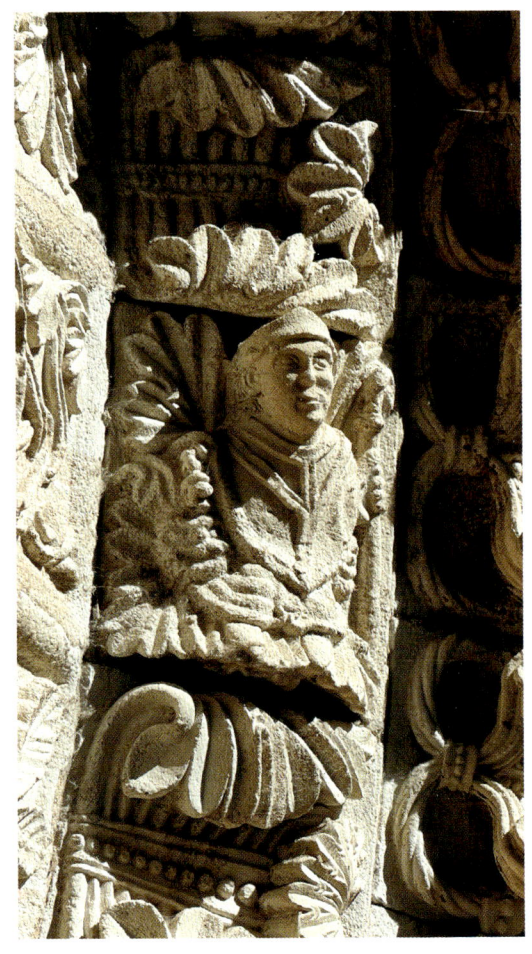

Detalle del obispo

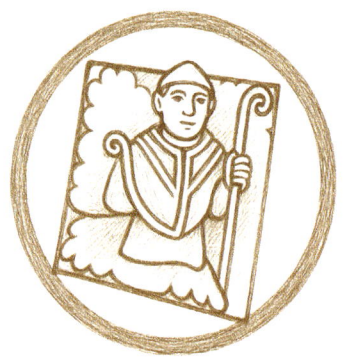

Su figura envuelta en el gozo del vergel anuncia la meta de nuestra vida: **el paraíso**. Esa otra dimensión a la que todos estamos llamados a participar un día y a gozar con la misma alegría con la que **nos sonríe este prelado** tan simpático.

# El ábside más hermoso

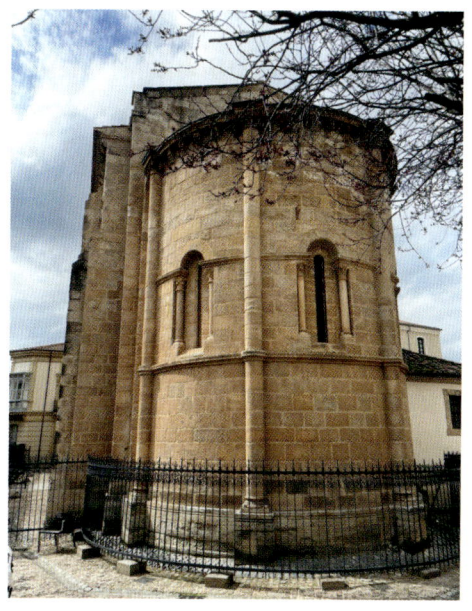

El ábside el muy esbelto y se distribuye en **tres paños separados** por cuatro semicolumnas adosadas al muro y levantadas sobre un zócalo. Cada uno de estos paños se horada con una ventana saetera que **rompe la monotonía** de los muros aunque solo la central permite la entrada de luz al interior del templo, pues las otras son ciegas. No obstante, todas ellas se adornan con un **arquillo** que se apoya sobre una **columnilla** a cada lado, cuyos **capiteles** presentan una esquemática decoración vegetal.

## Entrar en el paraíso

En el centro de la arquivolta exterior figura un **león** y en la inferior un **rostro humano**. Muy cerca de este último aparece **un obispo** o **un abad** tocado de mitra y báculo sonriente y gozando del paraíso. Al exterior, una orla con cabezas sonrientes nos invita a gozar del paraíso y, al interior, el primer **arco polilobulado** añade un toque de exotismo a esta entrada triunfal.

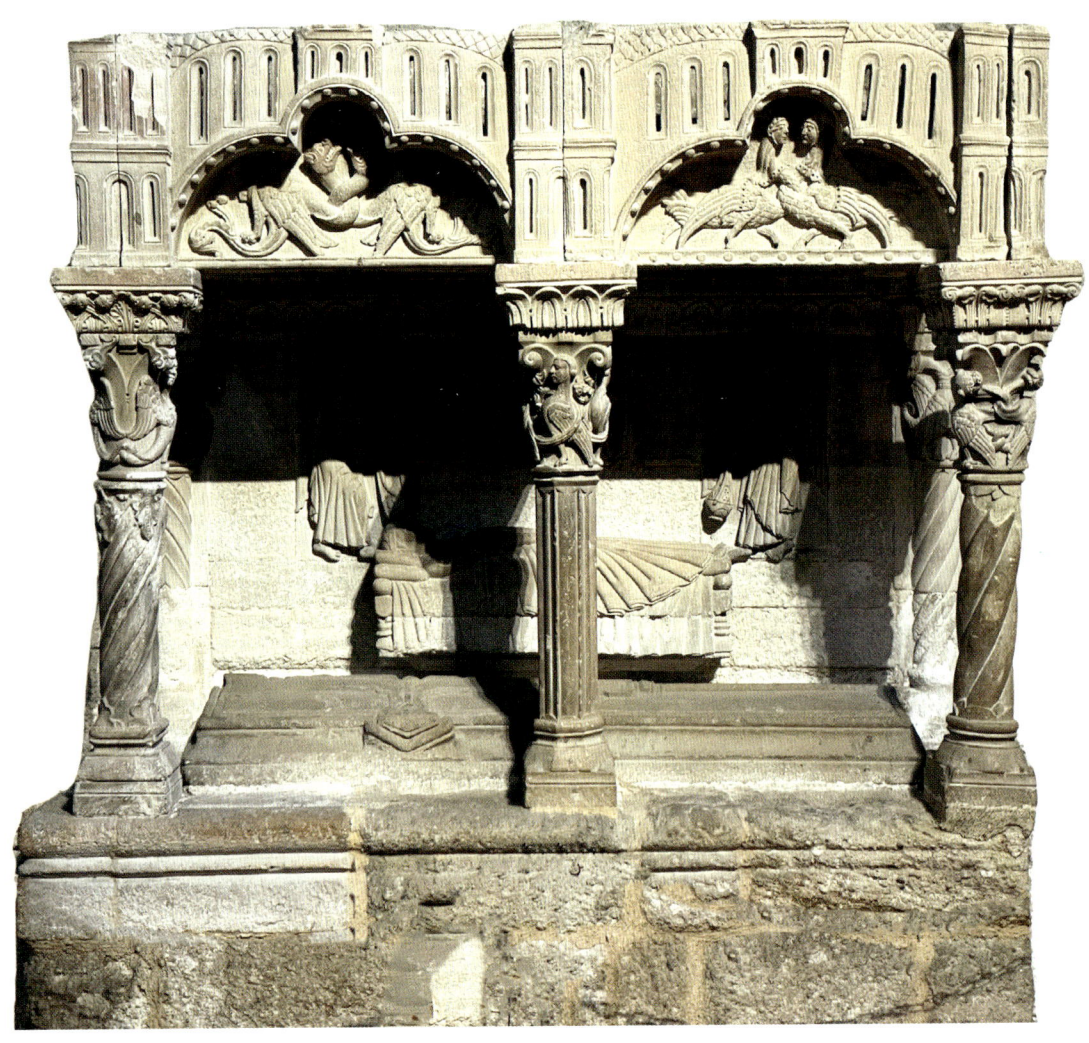

Sepulcro en el muro norte

# El acceso a la Jerusalén del cielo

Una mujer plácidamente dormida sobre el **lecho de muerte**, mientras unos ángeles llevan su **alma al cielo**. Este aparece representado como una **ciudad fuerte** que protege el cuerpo de la difunta y hace las veces de dosel pétreo para su lecho mortuorio. En las **cinco columnillas** que lo sostienen aparecen unos magníficos capiteles labrados en piedra con figuras mitológicas. **Dragones y seres mitológicos** que simbolizan el mal, cuyos cuellos entrelazados expresan la incapacidad para tentar a la difunta. Ya no pueden hacerle nada cuando entra en la **Jerusalén del cielo** donde el alma se siente segura y feliz.

# Una difunta no identificada

Posiblemente se trata de la **infanta Urraca**, hija de primer rey de Portugal, Alfonso Enríquez que contrajo matrimonio con **Fernando II de León** en 1165 y dio a luz en Zamora al futuro monarca **Alfonso IX**. No obstante, su identificación es dudosa, porque también la iglesia de **Santa María de Bamba**, en Valladolid, aspira a tener el cuerpo de esta reina en una de sus capillas. Sea quien sea la que recibió cristiana sepultura en este lugar, el sepulcro es **un magnífico ejemplo de escultura románica** por la finura de su labra y los detalles iconográficos.

# 7. San Pedro y San Ildefonso

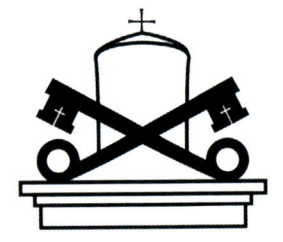

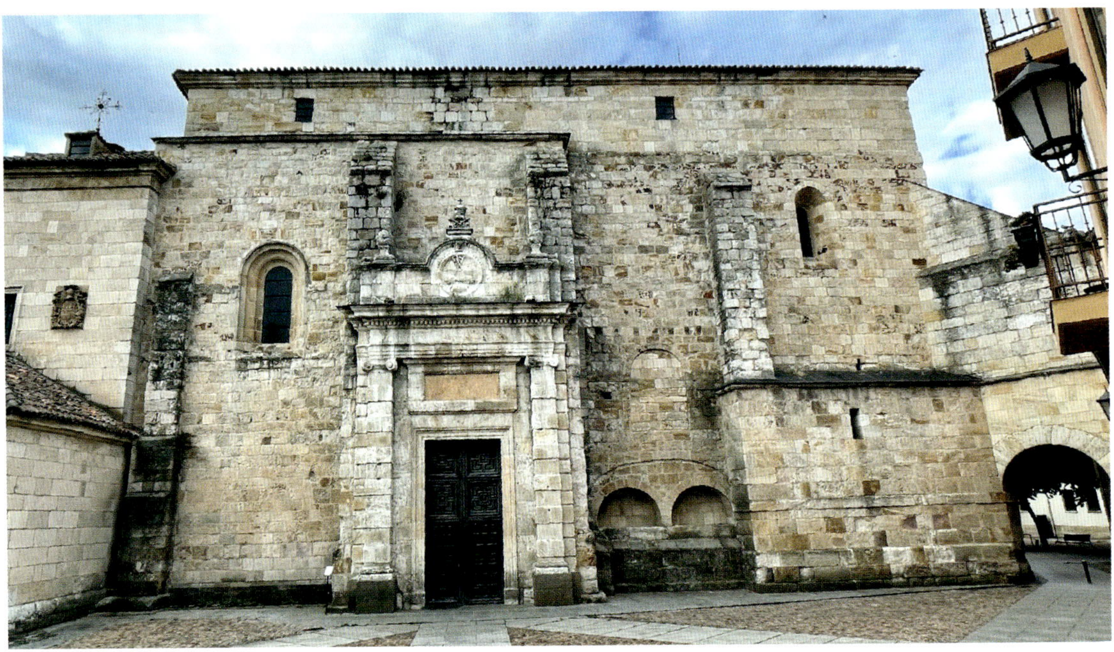

# La línea del tiempo

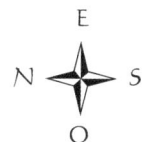

XII Se construye un templo de **tres naves** y **cuatro tramos** con **tres ábsides** semicirculares.

XIII Descubrimiento en su interior los restos de San Ildefonso (**1260**).

XV Se **unifica el espacio interior** del templo elevando los muros y volteando las **bóvedas tardogóticas** (1496).

XVI Recibe el título de iglesia arciprestal (1506) y se realiza el tríptico de la epifanía (h. 1620).

XVII Construcción de la **sacristía (1615)**.

XVIII Se modifica la **fachada occidental** (1719-1720) y se añade una **portada** en el muro norte que oculta la románica original (1795-1796).

XX Es declarada **Monumento Nacional** (**1974**). Unas obras de rehabilitación dotan al templo de su aspecto actual (1991).

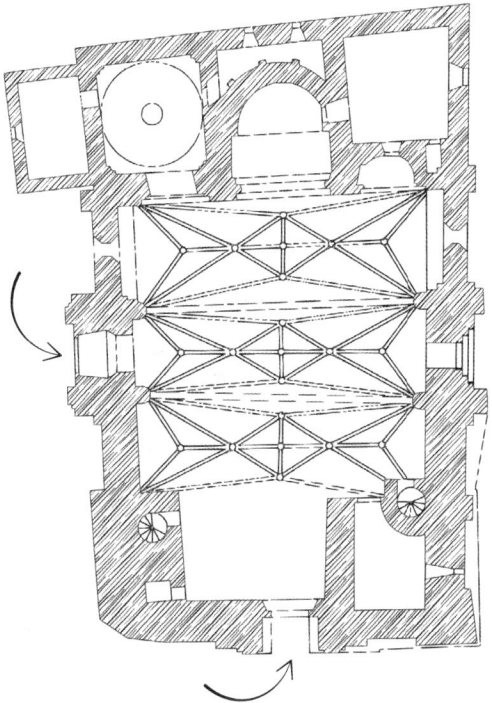

Audioguía

# La iglesia arciprestal

Dedicado al **príncipe de los apóstoles**, este templo añadió la advocación de **san Ildefonso** tras el descubrimiento de los restos de este santo arzobispo de Toledo en **el año 1260**, cuando la diócesis de Zamora estaba regida por don **Suero Pérez**.

Inicialmente era un templo de **tres naves románicas de cuatro tramos**, con tres ábsides en la cabecera y una torre en el ángulo suroeste. Sin embargo, el descubrimiento y custodia en su interior de las reliquias de los **santos patronos san Ildefonso y san Atilano** trajeron consigo el enriquecimiento del templo y la transformación de su fábrica.

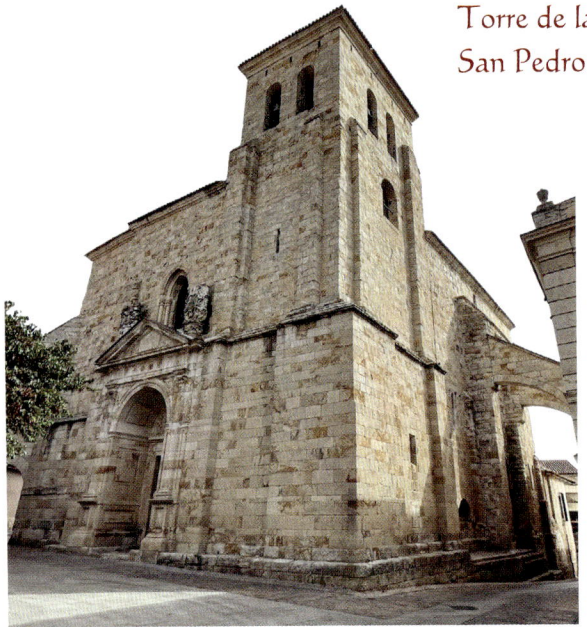

Torre de la iglesia de
San Pedro y San Ildefonso

A fines del siglo XV, el **obispo Meléndez Valdés** promovió una importante reforma del templo que supuso la fusión de sus naves medievales en un único **espacio más diáfano** al hilo de los nuevos aires artísticos y litúrgicos del momento. Se eliminaron los pilares y las bóvedas románicas originales y se voltearon esas **bóvedas tardogóticas de crucería** que podemos contemplar hoy con todo su esplendor.

No obstante, aún permanecen algunos elementos del románico original: la **portada norte**, oculta tras la que se colocó en el siglo XVIII, el **ábside principal**, embutido entre la sacristía y la capilla barroca que aún puede contemplarse desde la cuesta del Pizarro, y sobre todo la **portada sur** cuyas arquivoltas reproducen el mismo esquema de la puerta del Obispo en la Catedral y dejan ver a su derecha algunos **arquillos ciegos**.

Esta iglesia ha recibido la visita de monarcas y notables personalidades con el fin de venerar las reliquias de los **santos patronos Ildefonso y Atilano** que se custodian en su interior. El primero fue **arzobispo de Toledo** cuyos restos fueron traídos Zamora en tiempos de la invasión musulmana y es el patrono de la ciudad.

*Detalle de la portada sur*

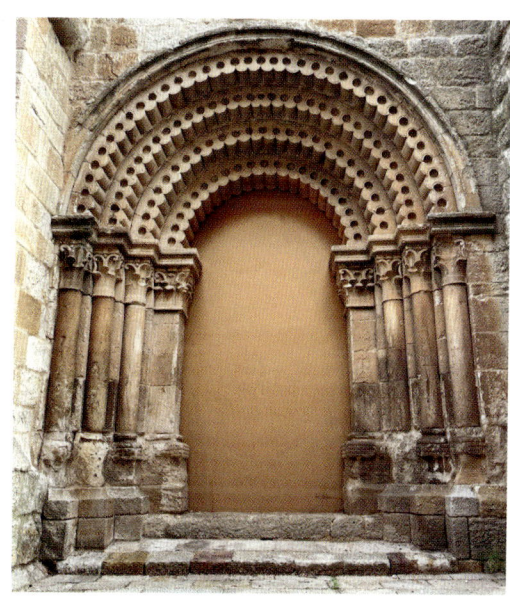

El segundo era natural de Tarazona (Zaragoza) y, tras unos años dedicado a la vida monástica, fue nombrado **primer obispo de Zamora** en el año 901. Esta distinción le ha hecho merecedor del título de patrono de la diócesis. Los restos de **ambos patronos** se conservan en dos **arquetas de plata** guardadas en el interior de las urnas que se custodian tras las rejas de la parte alta de la **capilla mayor**.

# La sede de Pedro

La **tiara** y el **báculo** que campean sobre la puerta sur de la conocida iglesia de San Ildefonso hacen referencia al nombre original de este templo **dedicado al apóstol Pedro** cuyas armas son las que Cristo le entregó, **unas llaves**. Esas mismas llaves son las que figuran delante de la tiara, la triple corona que simboliza el ministerio petrino.

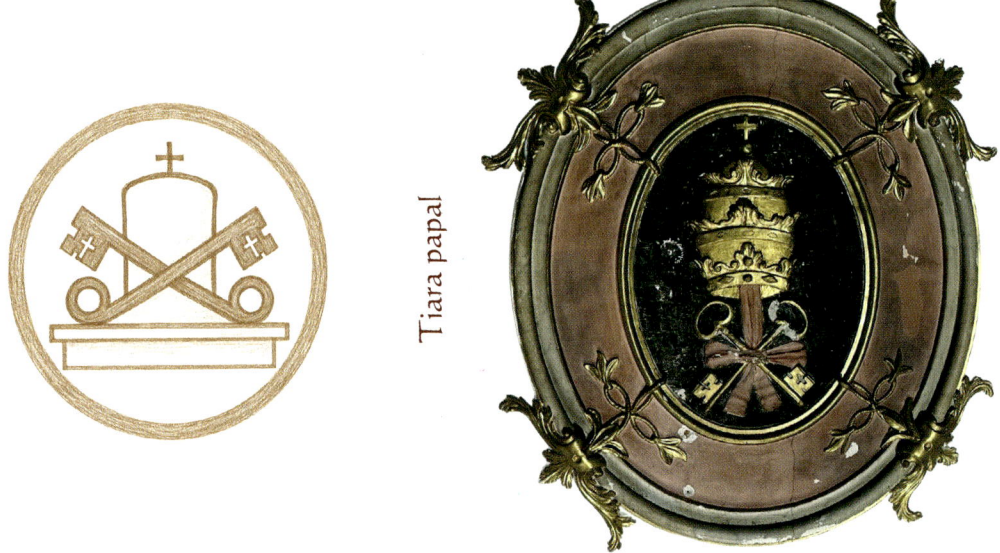

Tiara papal

Su presencia en este templo, uno de los más más primitivos de Zamora, nos recuerda quien es el príncipe de los apóstoles y nos vincula con la **sede de Roma**. Puesta bajo la protección del apóstol Pedro, esta iglesia nos recuerda que la diócesis de Zamora forma parte de una comunidad más amplia que desborda las fronteras y encuentra en el obispo de Roma el **símbolo de la unidad** y la **catolicidad de la Iglesia**.

# El anillo de san Atilano

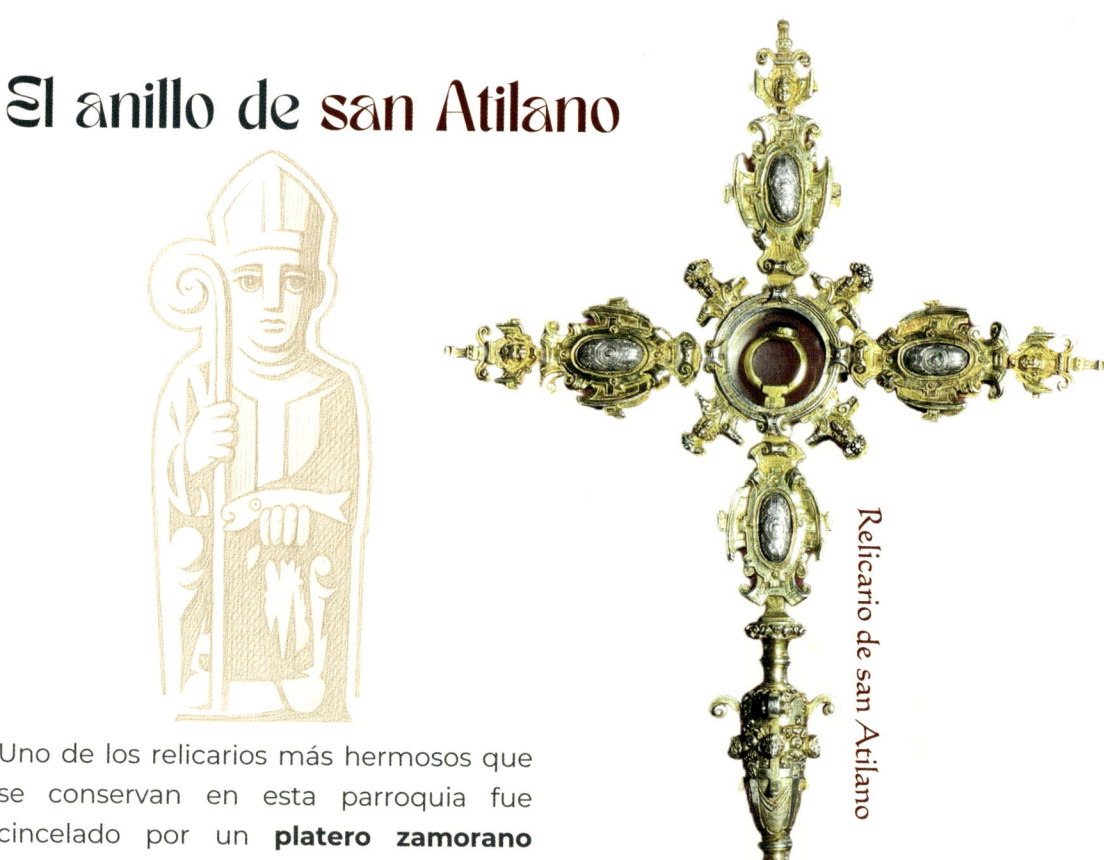

*Relicario de san Atilano*

Uno de los relicarios más hermosos que se conservan en esta parroquia fue cincelado por un **platero zamorano** durante los últimos años del **siglo XVI** con el fin de custodiar la reliquia más famosa del obispo san Atilano: **su anillo**. Según la tradición es el mismo que san Atilano **arrojó al Duero** al no sentirse digno del episcopado y que encontró en el **vientre de un pez** a su regreso a la ciudad como signo de que debía aceptar esa misión.

# Un retrato de Carlos V

La parroquia conserva un precioso **tríptico** realizado en **Amberes** a principios del **siglo XVI**, donado a esta parroquia un siglo después al fundarse una capellanía. La escena central está dedicada a **la adoración de los magos**. En la tabla de la derecha **el rey David** y en la de la izquierda su hijo **Salomón** quienes reciben el homenaje de diversas personalidades, anunciando así el motivo central: de **Cristo venerado por los reyes de la tierra**. Para Salomón se ha tomado como modelo al emperador **Carlos V** a quien aluden también los adornos que se repiten en el suelo: **el águila imperial negra**.

Frontal pétreo

# Un hallazgo fortuito

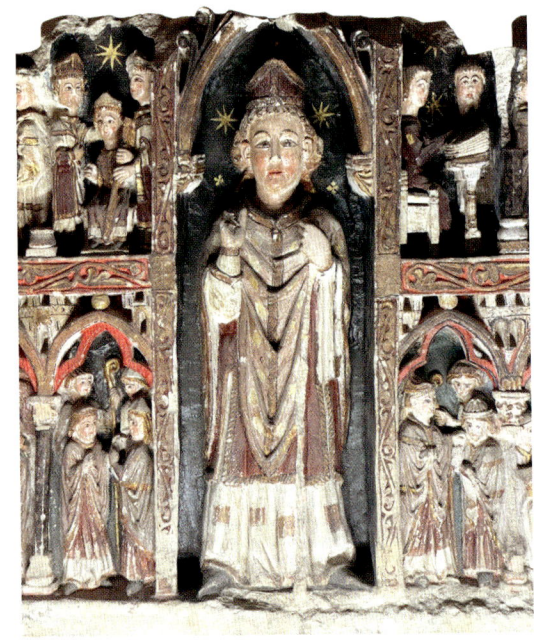

Este magnífico **frontal de piedra** fue labrado en piedra arenisca a finales del **siglo XIII**, cuando se descubrieron los restos de San Ildefonso en 1260. **Dieciséis escenas** que representan la vida del que fue arzobispo de Toledo y que estuvo colocado en el altar mayor. Cuando los gustos cambiaron, el frontal fue desmontado y colocado en el suelo, boca abajo, sin posibilidad de intuir los relieves que contenía. Afortunadamente, la pieza **se descubrió a finales del siglo XX** en unas obras de restauración del templo que nos permiten contemplar una auténtica joya.

# Protección contra los ladrones

**La capilla mayor** se estructura en dos pisos, una división un tanto extraña que responde al deseo de **proteger las reliquias de los santos patronos**. En su interior dos arcas custodian los restos de san Ildefonso, arzobispo de Toledo y patrono de la ciudad de Zamora, y San Atilano primer obispo de Zamora y patrono de la diócesis. Estas reliquias se guardan tras esa enorme reja que las pone a buen recaudo cuyas llaves custodian el **obispo**, el **Cabildo Catedral**, el **Ayuntamiento**, la **Parroquia** y la **Cofradía de Caballeros Cubicularios**, fundada  para proteger estas reliquias, arriesgando si fuera preciso sus propias vidas.

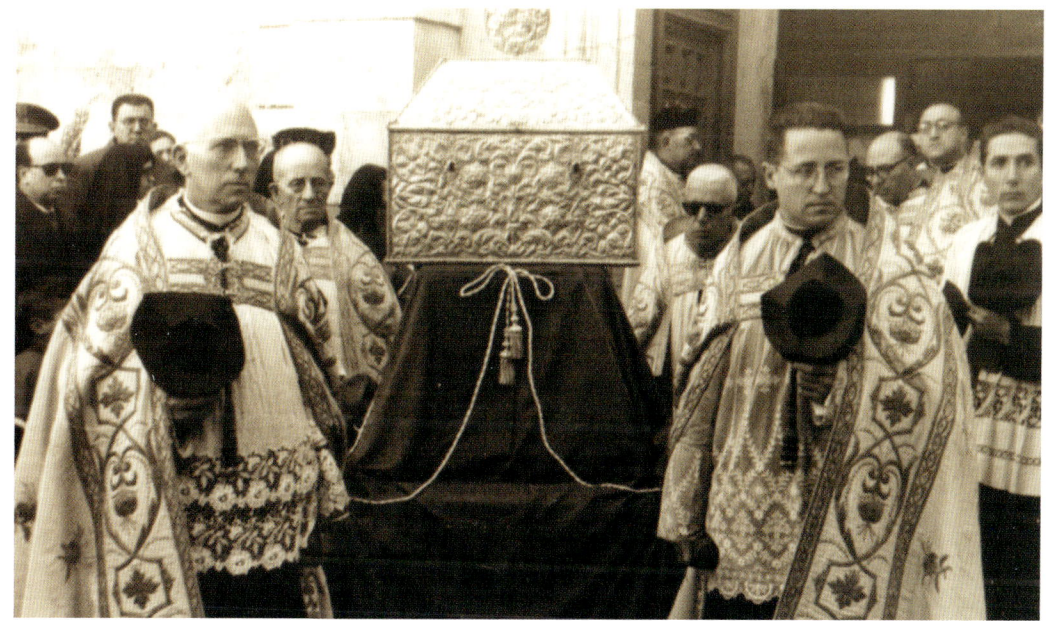

Arca con los restos de san Atilano

# 8. La Catedral

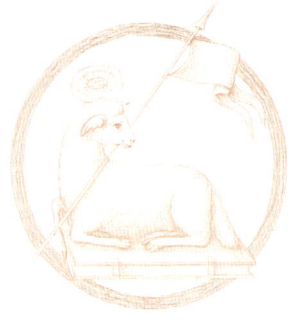

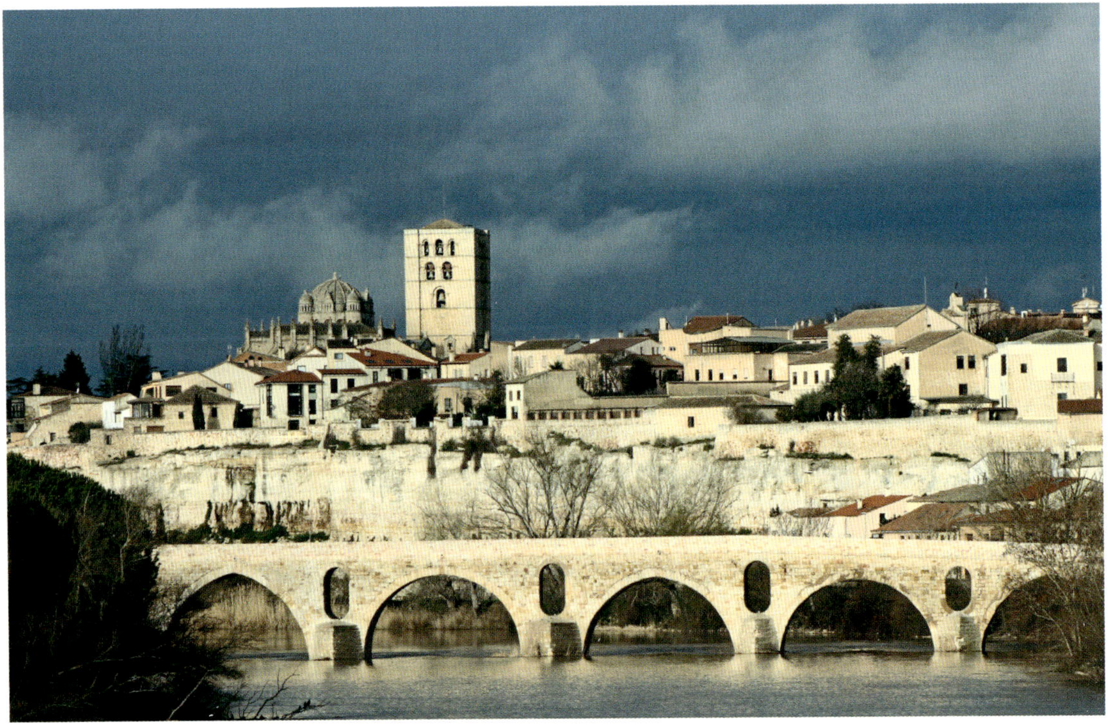

# La línea del tiempo

**XII** Comienza la construcción de la actual Catedral en 1135 y se **consagra** en 1174.

**XIII** Se edifica **la torre** y se construye la **capilla de San Juan** evangelista.

**XIV** Construcción de la capilla de **San Bernardo**.

**XV** En la segunda mitad del siglo se levanta la **capilla de San Ildefonso** y, a finales, se derriban los ábsides románicos y se construye la **cabecera tardogótica**.

**XVI** Se realiza la **sillería** coral (1502-1505).

El **incendio** sufrido en 1591 obliga a reedificar la **portada** y el **claustro** (1592-1612).

**XVII** Se funda la capilla de **Santa Inés** en el cuerpo bajo de la torre.

**XVIII** **Ventura Rodríguez** diseña el **retablo mayor** (1761).

**XIX** Es declarada **Monumento Nacional** (1889).

**XX** Se inaugura el **Museo Catedralicio** (1926).

**XXI** Se descubren los **lucillos** del muro sur y se recupera la **capilla medieval de Santiago**.

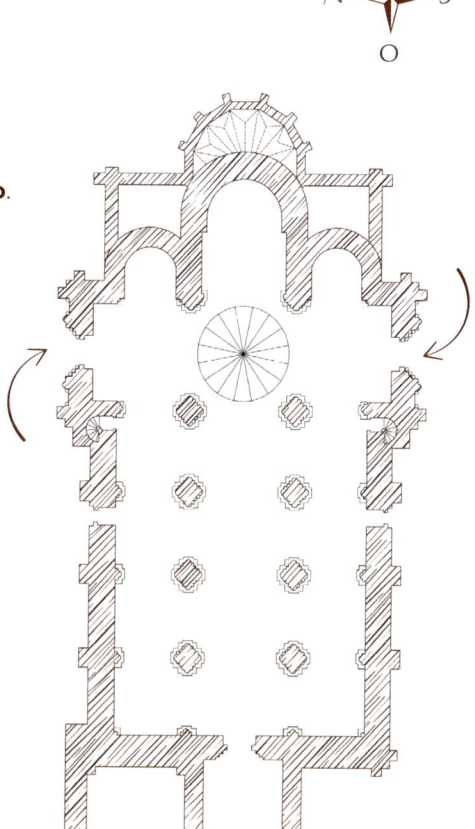

# El edificio más importante de la ciudad

En este mismo lugar existía un templo dedicado al **Salvador** que, a comienzos del siglo XII, se convirtió en la sede episcopal tras la creación del obispado de Zamora. Sus escasas dimensiones motivaron el deseo de ampliar el templo, comprados los terrenos adyacentes y formalizados los contratos, comenzaron las obras a mediados del siglo XII, **siendo consagrada en 1174**. El inicio del culto no supuso el fin de las obras que debieron continuar hasta bien entrado el **siglo XIII** en que se construye la **torre**.

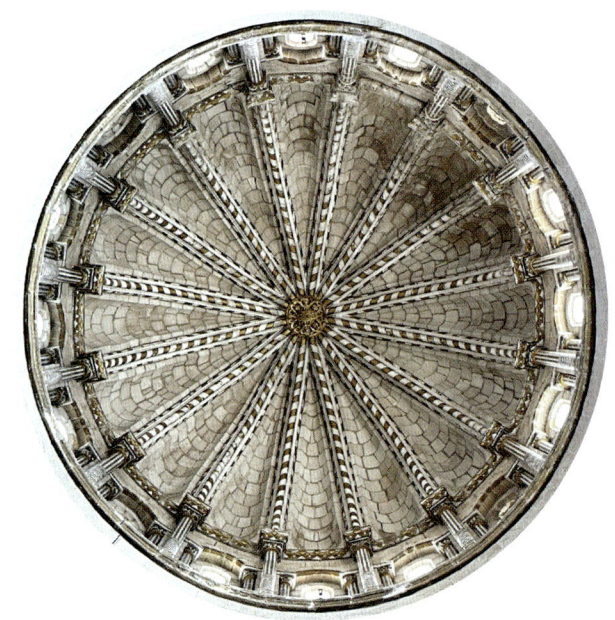

Interior de la cúpula

Aquella primitiva catedral seguía los patrones de la **arquitectura románica francesa** y traía los nuevos aires del **Císter** nacido en Borgoña, pero en ella se notan también ciertos gustos **orientales** y **musulmanes**. En su origen era de planta basilical con tres naves y tres ábsides cuyo crucero se cubre con un elegante **cimborrio sobre pechinas**, solución ingeniosa que se exportó a Salamanca, Toro y Plasencia. La nave central quedó cubierta con **bóvedas de crucería** lo que supuso una gran novedad en aquel momento e hizo a **la Catedral de Zamora** uno de los primeros edificios en utilizar este tipo de construcción.

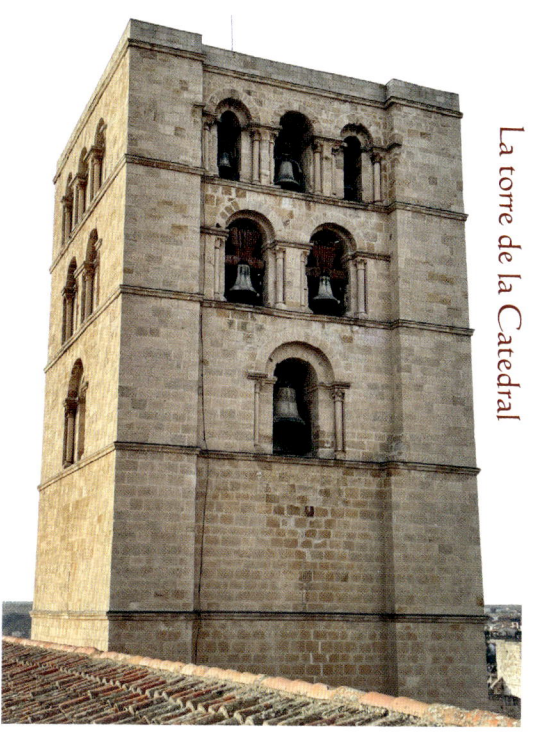

La torre de la Catedral

Aquel edificio románico se fue enriqueciendo con sucesivas **capillas** como las de **San Miguel**, de factura medieval aunque reedificada en el siglo XVI, la de **San Nicolás** y la de **San Pablo** en el muro norte, la de **Santa Inés** en la cámara baja de la torre y la de **Santiago** que es accesible desde el claustro.

A los pies del templo se construyeron la **capilla** de **San Ildefonso**, en el lugar en el que se ubicaba la portada occidental, y la de **San Juan Evangelista** y la de **San Bernardo** en el ángulo sudoeste del templo.

El deseo de ampliar **la Catedral** y de ubicar el coro en su interior motivó el **derribo de los tres ábsides románicos** y su sustitución por una **cabecera tardogótica** a finales del siglo XV. Inmediatamente, entre 1502 y 1505 se realizó la **sillería coral**, dejando en el centro de **la Catedral** una de sus mejores joyas.

Lastimosamente, a finales de esta última centuria un **pavoroso incendio** arrasó el claustro y la portada norte que fueron sustituidos por otros de gusto herreriano concluidos en 1612. Ya en el siglo XVIII, **Ventura Rodríguez** proyectó el retablo actual que fue realizado entre 1765 y 1775 cuyo relieve central representa **la Transfiguración**.

# El Cordero del Apocalipsis

Un cordero manso, recostado sobre un **libro**, con un **banderín** ondeante apoyado sobre su cuerpo, cuyo mástil con forma de cruz sostiene con una de sus patas delanteras. Esta es la imagen que **identifica a la Catedral de Zamora** dedicada al Salvador, porque este cordero representa a **Cristo muerto y resucitado** según el libro del Apocalipsis: *«Digno es el Cordero degollado de recibir el poder, la riqueza, la sabiduría, la fuerza, el honor, la gloria y la alabanza»* (Ap 5, 12).

El cordero se sienta sobre un **libro cerrado con siete sellos** que solo él puede abrir y explicar su sentido, **el sentido profundo de la historia**: *«Eres digno de recibir el libro y de abrir sus sellos, porque fuiste degollado, y con tu sangre has adquirido para Dios hombres de toda tribu, lengua, pueblo y nación»* (Ap 5, 9).

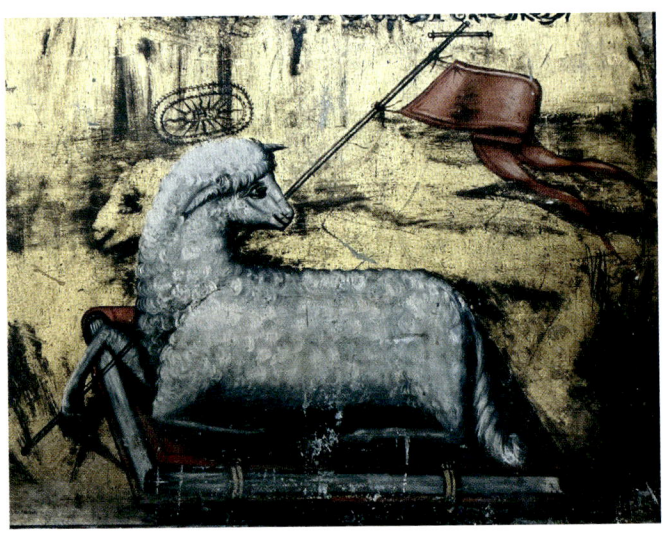

**La Catedral**, levantada en el siglo XII, es un **homenaje al Salvador** que tiene en esta imagen del cordero su expresión más profunda. Una imagen que campea sobre la puerta de entrada y se reproduce en muchos lugares para recordarnos **a quien pertenece la Iglesia** y quien es el **señor de la historia**.

# Diálogo apostólico

La Catedral dispone de pocos ejemplos de escultura románica, pero en la portada sur aparecen **dos relieves**. En uno figuran los apóstoles **san Juan** y **san Pablo** en animada conversación. San Pablo, de frente despejada y larga barba, enseña sus cartas, mientras que san Juan, más joven, va delante, pues camina más ligero, y se vuelve hacia su compañero.

Relieve de los dos apóstoles

# Sede de la Sabiduría

De modo paralelo al relieve anterior figura una imagen de la Virgen María como la **madre de Dios**. Aparece sentada sobre un trono y cobijada bajo un arco. Sostiene a su hijo entre dos ángeles que veneran a la *Theotokos* con sus alas extendidas. El conjunto aparece rodeado por una guirnalda vegetal con decoración a base de **alcachofas** que muestran la **exuberancia del Edén**.

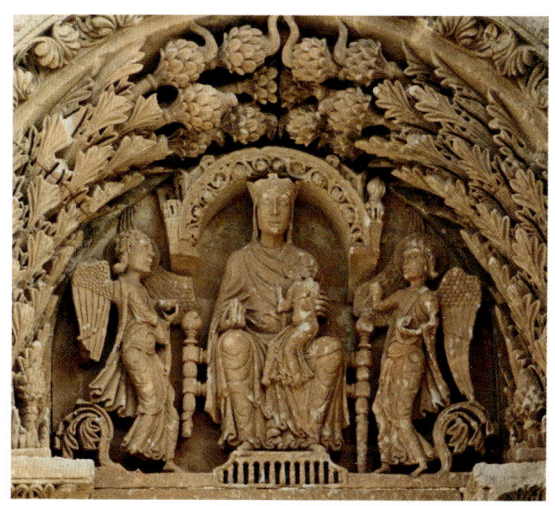

Relieve de la Virgen María

# El cimborrio

Con forma de **torrecilla al exterior** y de **cúpula al interior**, el cimborrio de la Catedral de Zamora es sin duda uno símbolos más importantes de la ciudad. Sostenido sobre **pechinas** y ubicado sobre el crucero, su tambor compuesto por dieciséis ventanas separadas por columnillas, permite la entrada de una luz abundante que hace de él un símbolo de Jesucristo luz del mundo.

### Vista general de la Catedral

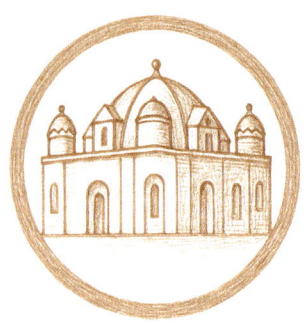

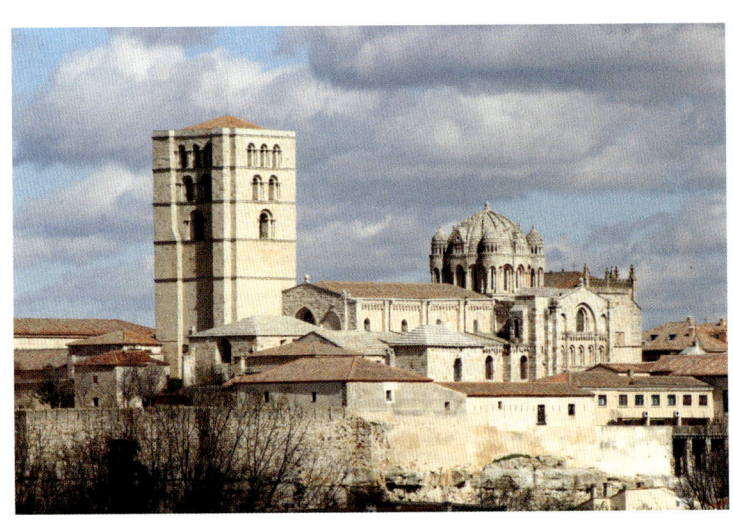

# La torre

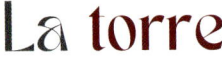

Construida en el ángulo noreste de la Catedral, la torre constituye un auténtico **baluarte** desde el que se puede otear el amplio horizonte. Fue levantada en el siglo XIII, al mismo tiempo que se construía el primitivo claustro, y ha tenido diversas funciones que no se han quedado en ser un mero **campanario**. En su interior se ha ubicado el **baptisterio**, la **capilla penitencial** e incluso ha servido de cárcel para custodiar a los presos y ponerlos a buen recaudo.

# Portada sur

Las reformas y añadidos han **transformado mucho la Catedral** a lo largo de los años y hoy ya no podemos ver el mismo templo que contemplaron los hombres y las mujeres de comienzos del siglo XIII. **La única portada original** que se conserva es la sur o **del obispo** que es un bello ejemplo de arquitectura románica en la que se pueden rastrear determinadas influencias venidas desde la ciudad de **Córdoba musulmana**, desde el oriente más próximo o de las **construcciones francesas**.

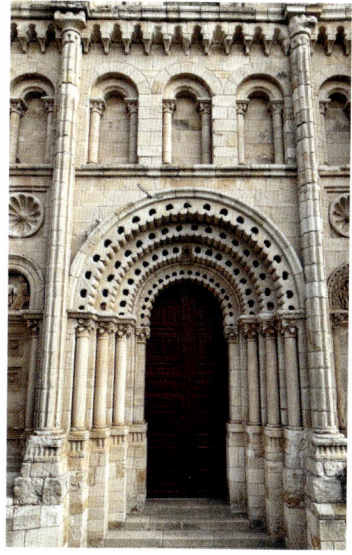

La puerta del obispo

# La Virgen de la Majestad

Labrada en **piedra arenisca** en torno al año **1300** y policromada con fino **estofado renacentista** en el siglo XVI esta imagen es una magnífica escultura medieval que representa a la **Virgen con el niño**. Ella aparece serena, con ojos pequeños y almendrados, frente despejada y amplios ropajes que le dan prestancia. El niño se gira como jugando sobre su rodilla y hace del grupo un conjunto magnífico y encantador.

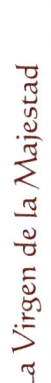

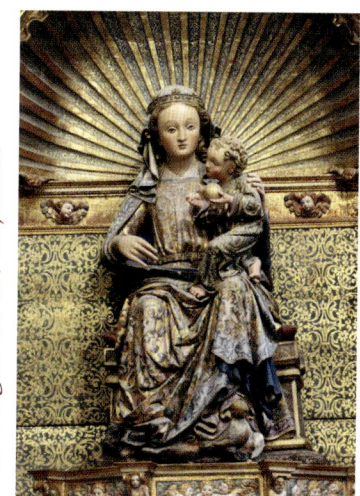

La Virgen de la Majestad

# Un canto al Salvador

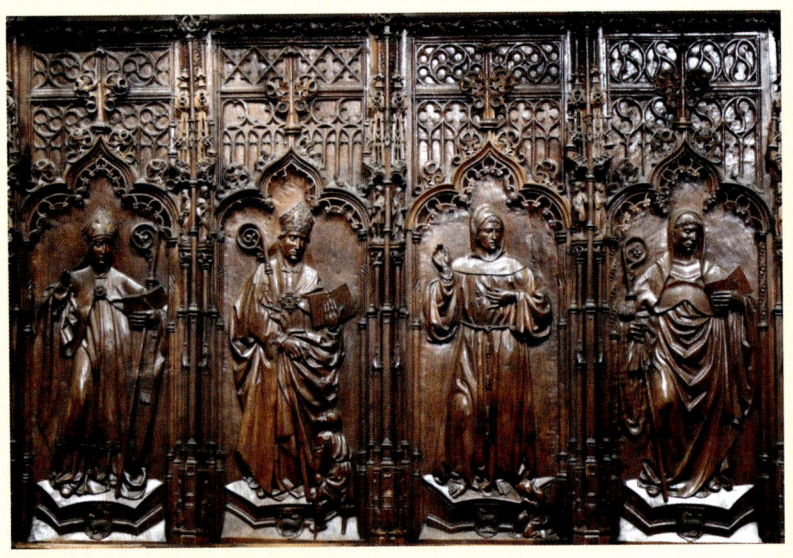

Detalle del coro

Contratado con **Juan de Bruselas** al comenzar el **siglo XVI**, el coro presenta un recorrido por **la historia de la salvación**. En los respaldos del piso inferior profetas y **personajes del Antiguo Testamento** anuncian al **Salvador** que aparece en el centro del piso superior rodeado de **apóstoles** y **santos**. Junto a estos grandes personajes, múltiples **demonios** luchan por desprenderse de la madera, pero nada pueden hacer ya a quien canta el oficio divino.

148

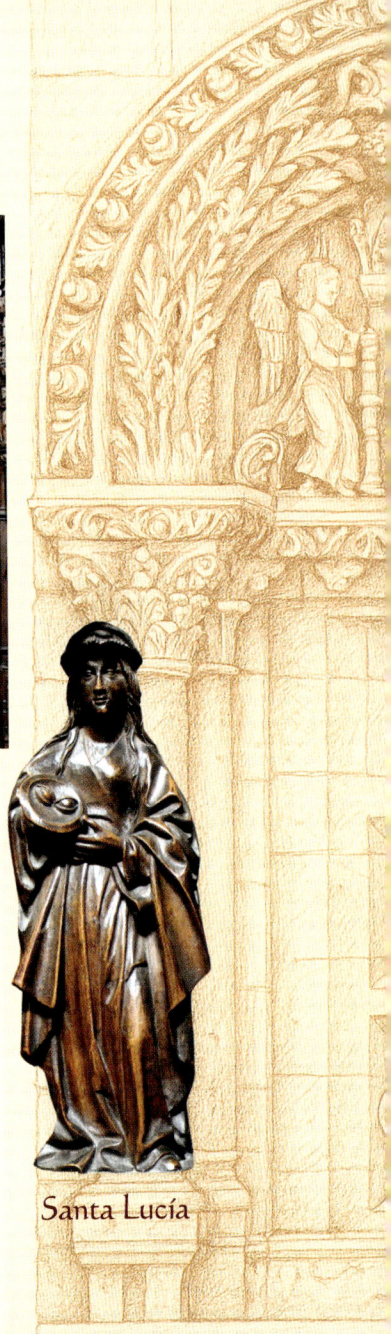

Santa Lucía

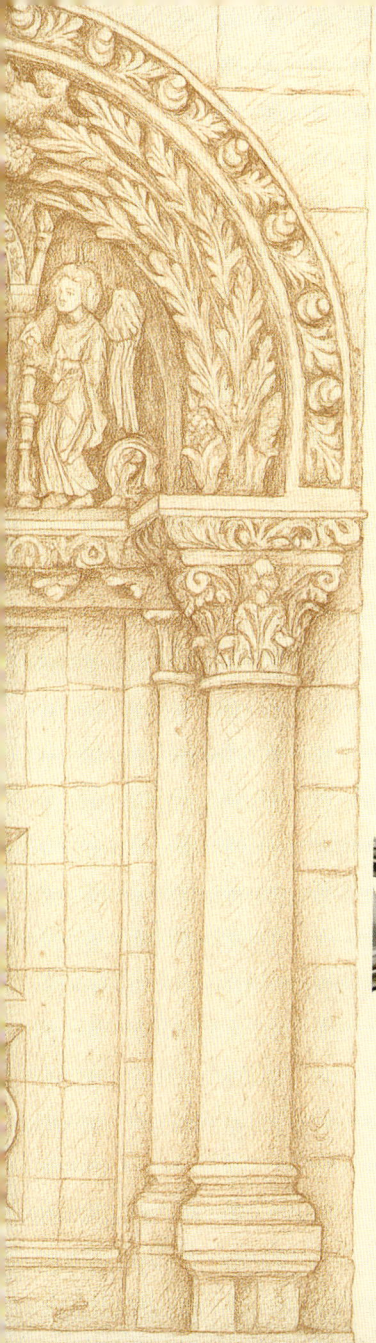

# El sepulcro del canónigo

Labrado en alabastro y piedra arenisca en torno al año 1507, este sepulcro custodia los restos del doctor don **Juan de Grado**, un canónigo de la Catedral cuya imagen reposa revestido con los ornamentos para celebrar la misa bajo el **árbol de Jesé** con la genealogía de Jesucristo.

Sepulcro de
Juan de Grado

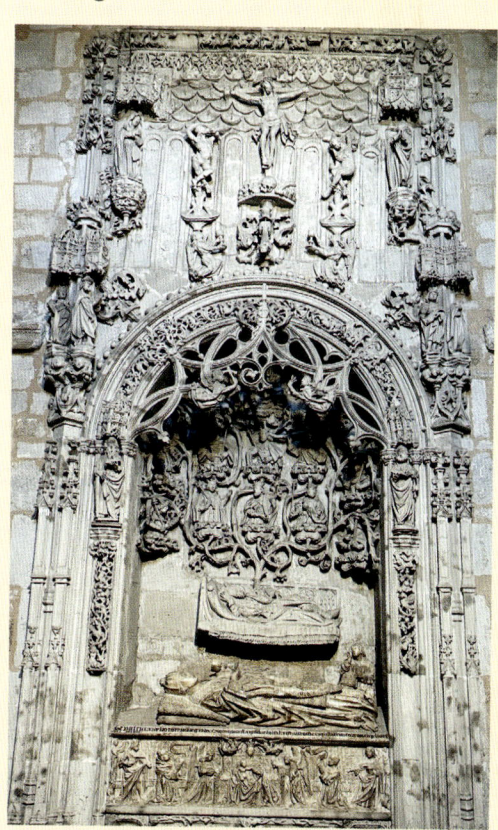

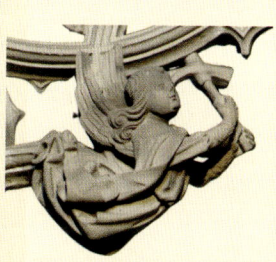

Detalle del sepulcro

149

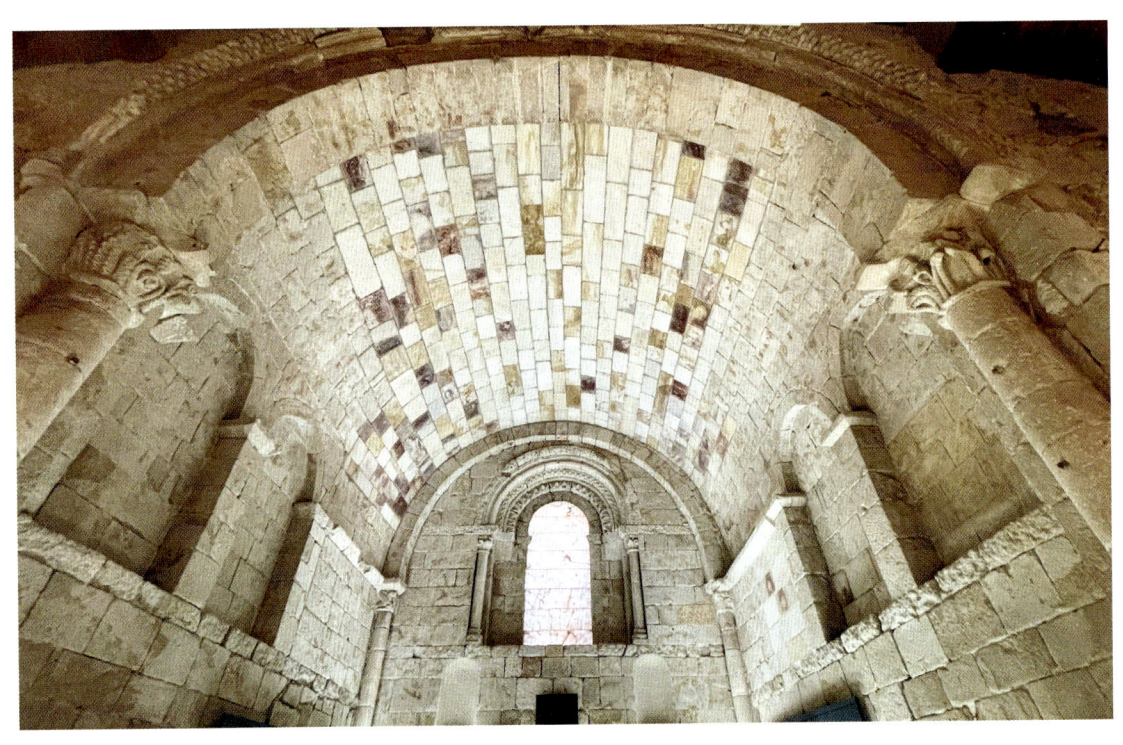

Iglesia de Santo Tomé

# Otras rutas del románico

Los templos que componen **la milla románica** no son los únicos edificios medievales que existen en la ciudad de Zamora. Sus calles y plazas conservan **más de veinte construcciones** en las que perviven las huellas del románico en el interior de sus murallas o en los barrios aledaños.

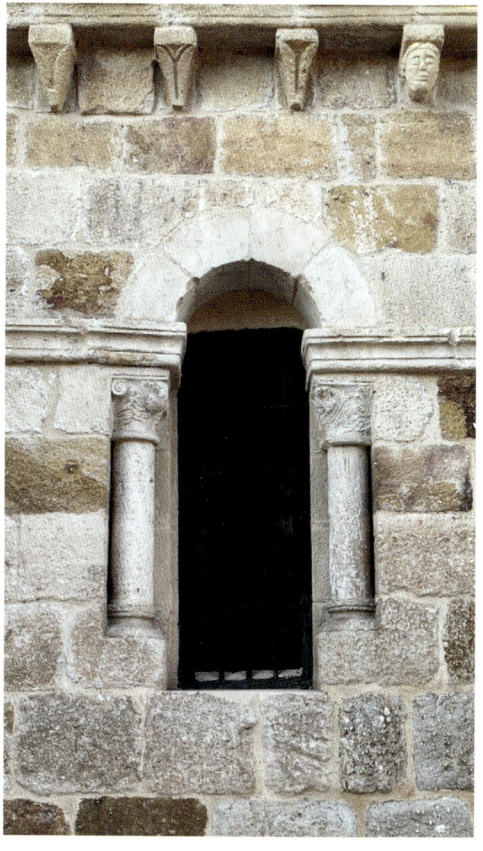

Algunos de estos templos apenas conservan unos **muros románicos** o simplemente custodian pequeños **canecillos** u otros elementos decorativos. Las transformaciones operadas a lo largo de la historia solo han dejado visibles ciertos vestigios medievales como le ocurre a la iglesia de **San Andrés**, a la ermita del **Carmen del Camino** o la parroquia de **San Frontis**.

Otros constituyen hermosos ejemplos de la arquitectura medieval como la parroquia de **Santa María de la Horta** o los templos de **San Esteban** o **Santo Tomé**. Todos ellos forman parte del románico de Zamora que te invitamos a recorrer a lo largo de estas nuevas rutas que se introducen por los diversos barrios y arrabales que conforman esta **capital del románico**.

*Ventana de Santa María de la Horta*

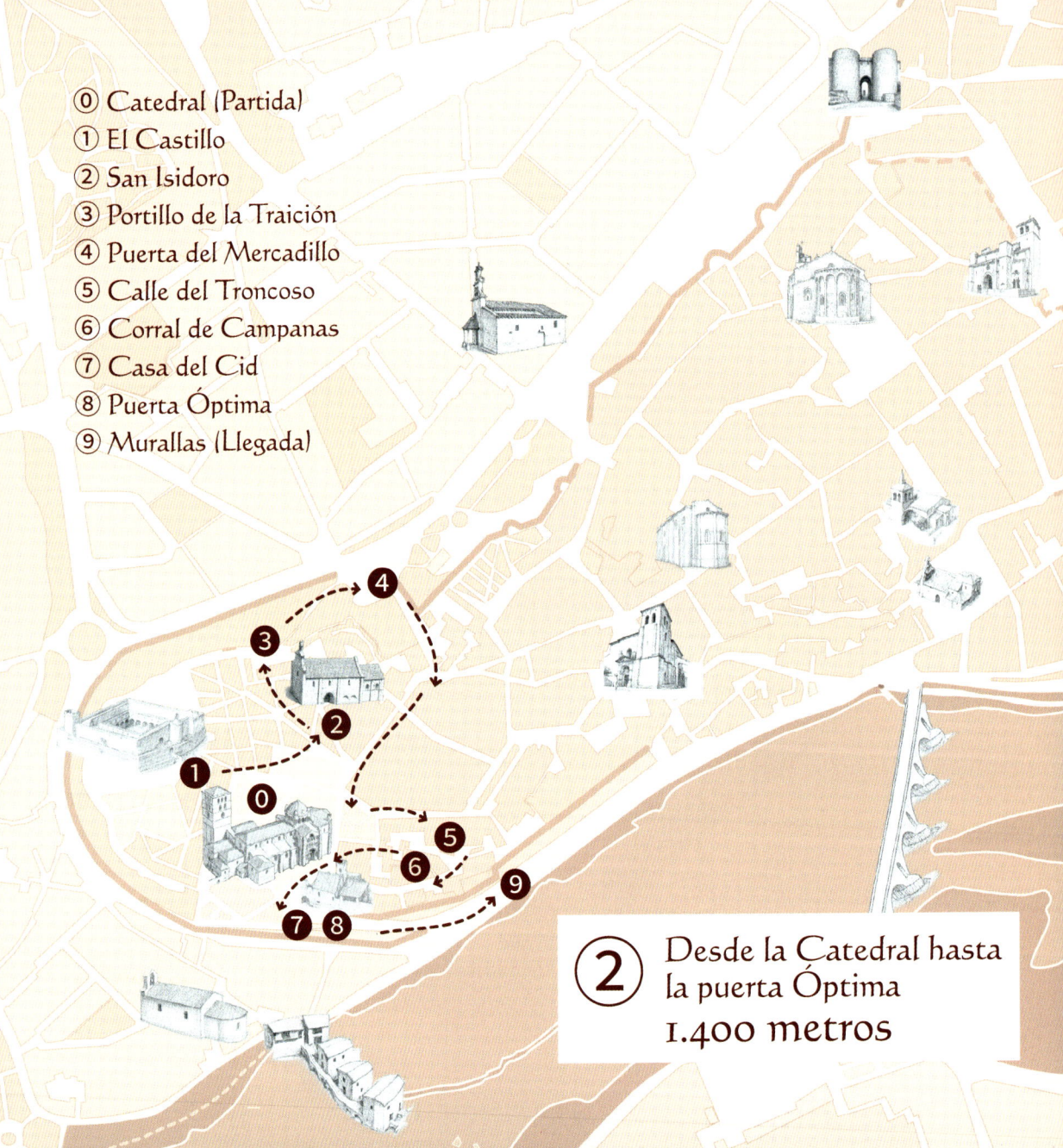

0 Catedral (Partida)
1 El Castillo
2 San Isidoro
3 Portillo de la Traición
4 Puerta del Mercadillo
5 Calle del Troncoso
6 Corral de Campanas
7 Casa del Cid
8 Puerta Óptima
9 Murallas (Llegada)

2 Desde la Catedral hasta la puerta Óptima
1.400 metros

# La fortaleza medieval

El entorno de la Catedral constituye el **núcleo primigenio de la ciudad**. En este escarpe rocoso se asentaron los primeros moradores de la ciudad que buscaban el **abrigo** y la **protección** de las peñas junto a una fuente inagotable de agua como es el **río Duero**.

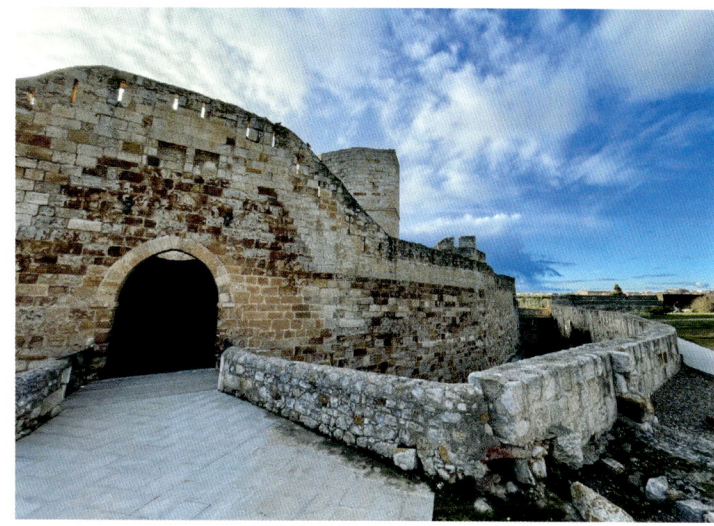

Entrada al Castillo

Llegada la Edad Media, en esta zona rocosa conocida como las **peñas de Santa Marta** se construyó el **alcázar** que reforzó la ciudad frente a los musulmanes y se levantaron **casas** y **parroquias**. Hoy esta es la zona más antigua de Zamora, de **calles tortuosas** y **empedradas** que constituyen un entorno mágico en el que puedes perderte.

Iniciamos este recorrido en **el Castillo**, paseando por unos jardines que un día estuvieron ocupados por numerosas casas demolidas por los franceses para instalar aquí su artillería. Desde el interior del cerco, entraremos y saldremos por las **puertas de la muralla** para visitar sus paramentos y para conocer un templo que aún sigue en pie el **Carmen de San Isidoro**.

# El Castillo

Construido por **Fernando I** sobre los restos de diversas fortalezas anteriores, el castillo o alcázar zamorano ha experimentado sucesivas reformas que hacen de él un monumento singular.

El centro lo ocupa un **rombo fortificado por ocho torreones** y rodeado por otro recinto exterior cuyas ventanas saeteras son posteriores y adaptadas a las armas de fuego. Aunque ha cambiado mucho y está desmochado, el castillo muestra el aspecto de una **fortaleza medieval** en la que aún puedes descubrir algunas de sus **puertas** más originales.

*El Castillo*

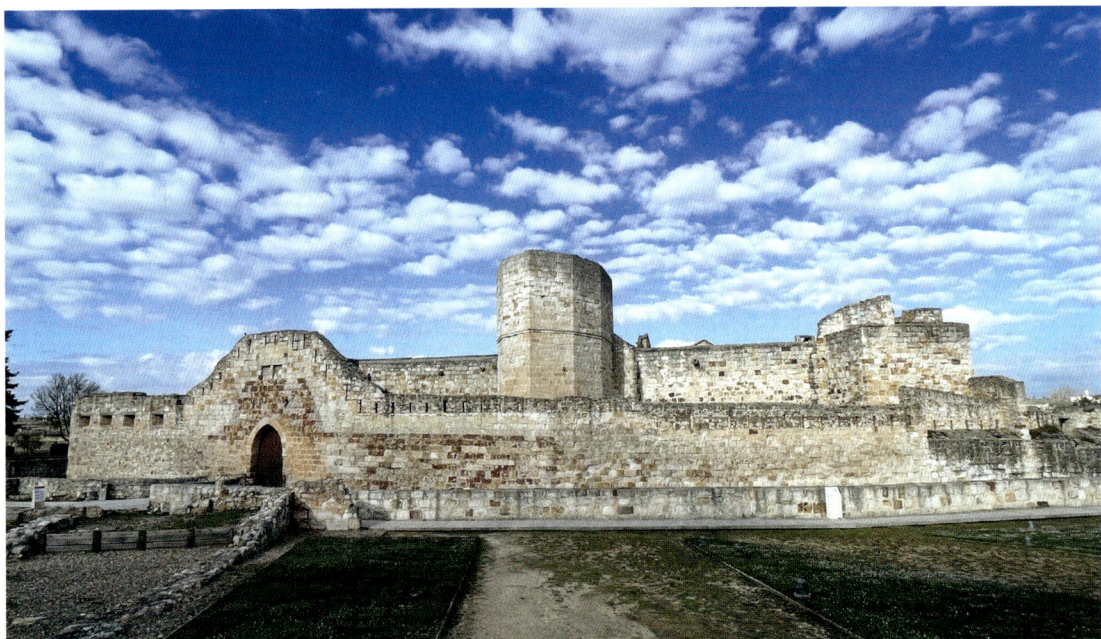

# San Isidoro

Documentada en la **segunda mitad del siglo XII**, el templo actual presenta una única nave de tres tramos y dos portadas. A oriente se remata por una amplia cabecera plana que en el siglo XVIII se modificó para construir un **camarín** dedicado a la **Virgen del Carmen**.

El acceso principal se hace por una portada de arcos ojivales en cuyo espacio interior se conservan los **capiteles almenados** que copian los de la Catedral. En el presbiterio se custodia un **sepulcro medieval** de tosca labra y una lauda sepulcral del siglo XIV. Según la tradición, en este templo descansaron los restos de **san Isidoro de Sevilla** en su camino hacia la basílica leonesa.

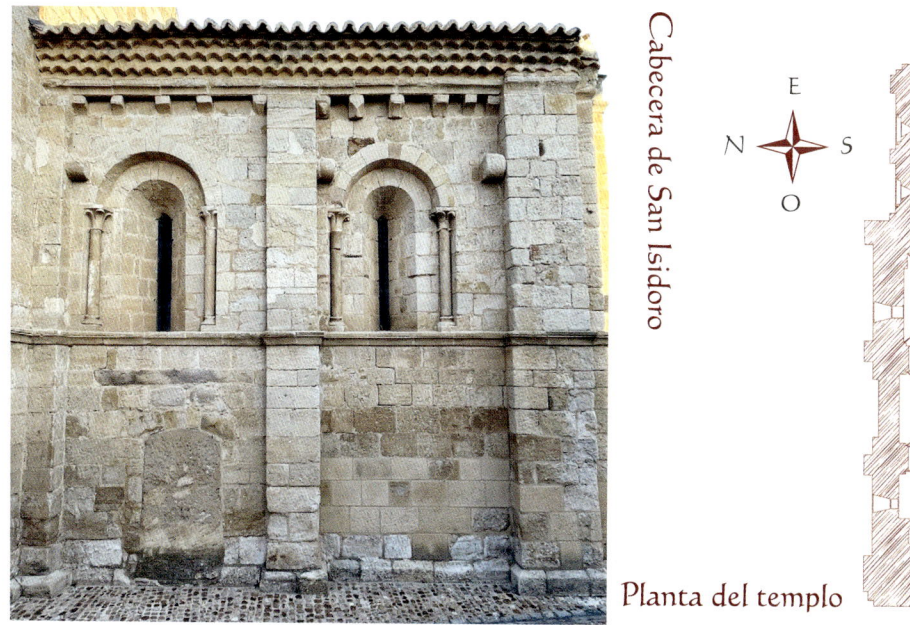

Cabecera de San Isidoro

Planta del templo

# Puertas y postigos

Junto a la iglesia de San Isidoro se abre uno de los más célebres postigos de la muralla, el **portillo de la Traición** o **de la Lealtad**. Por él entró **Vellido Dolfos** tras asesinar al rey don Sancho el año 1072. Siguiendo sus pasos, llegó el **Cid Campeador** quien, al no calzar sus espuelas, no pudo alcanzar al asesino que encontró refugio tras el postigo. Este hecho ha popularizado el dicho de *«Zamora le dio al Cid... / con la puerta en la nariz»*.

Portillo de la Traición

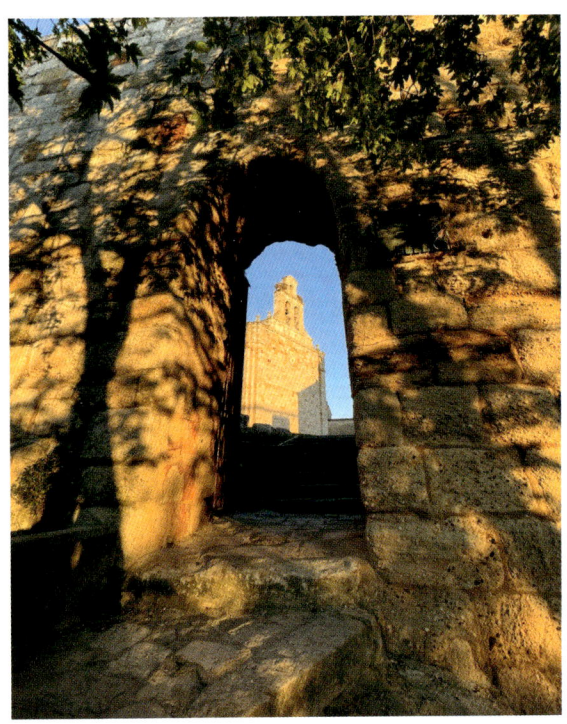

La **puerta del Mercadillo**, de la que solo queda uno de sus torreones, recuerda el postigo por el que fueron llevados **los hijos de Arias Gonzalo** tras batirse con **Diego Ordóñez de Lara** para defender el honor de la ciudad.

Además, junto a esta puerta, los monaguillos cantaban el *Gloria laus* en la mañana del Domingo de Ramos siguiendo las rúbricas de la **liturgia medieval**. Tras el canto con el que se revivía la entrada de **Jesús en Jerusalén** la comitiva entraba en la ciudad **en dirección a la Catedral** para celebrar la eucaristía.

# Viejas rúas medievales

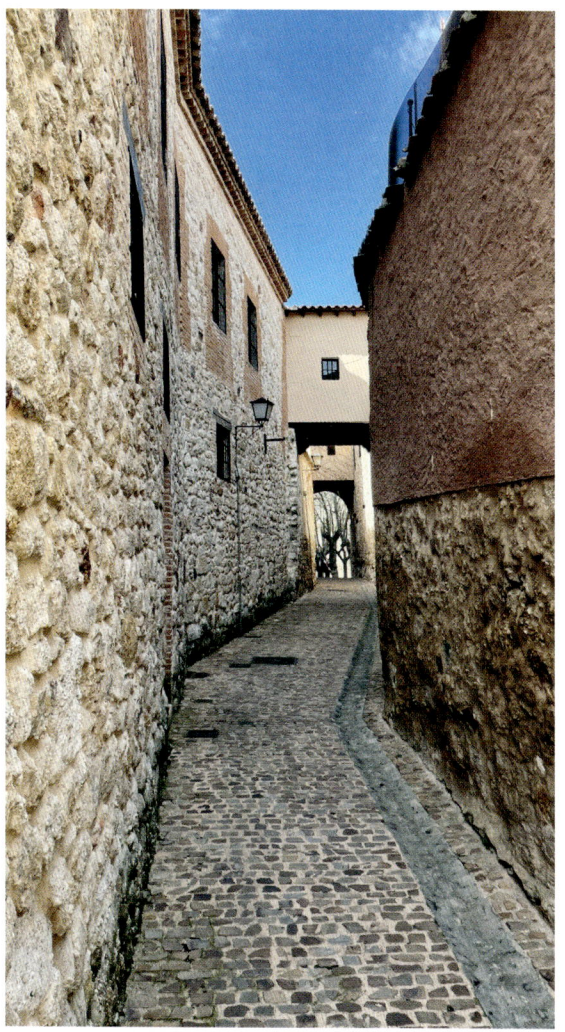

Desde la puerta del Mercadillo se llega hasta la Catedral por la **rúa de los Francos**, el antiguo carral Mayor que fungió de arteria principal de la ciudad.

## Calle del Troncoso

Al llegar a la Catedral, dos tortuosas calles nos sumergen en el pasado medieval: **el Troncoso** y **Corral de Campanas**. La primera rúa pasa por debajo de un arco que se cubre con hermosas plantas trepadoras y la segunda hereda su nombre de una **antigua fundición de campanas** que existía en este lugar. De este último oficio se guarda memoria en diversos rincones de la ciudad en los que se fundían campanas, unos **instrumentos idiófonos** que servían para marcar el paso de las horas y para convocar al templo a los fieles cristianos.

# La Casa del Cid

Aunque no tenemos noticia de que esta fuera la residencia del famoso héroe medieval, la Casa del Cid o el **Palacio de Arias Gonzalo** es un edificio medieval muy mutilado que se conserva en un emplazamiento privilegiado. Construida junto a las casas episcopales y encaramado sobre las peñas de Santa Marta, su posición estratégica le permite dominar el valle fluvial desde las vetustas **ventanas ajimezadas** que delatan su pasado medieval

# La Puerta Óptima

La puerta Óptima, una de las más originales y antiguas de la muralla. Data de **finales del siglo X** y conecta la ciudad con el barrio de Olivares. A pesar de su antigüedad, el postigo fue **reconstruido en 1230**, el mismo año en que se colocó una placa conmemorativa que recuerda la participación zamorana en la **batalla de Mérida**, la muerte del rey **Alfonso IX** y la ampliación de la puerta

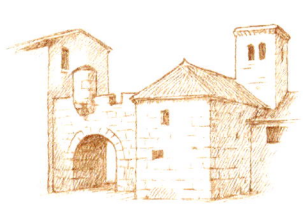

Casa del Cid y
puerta Óptima

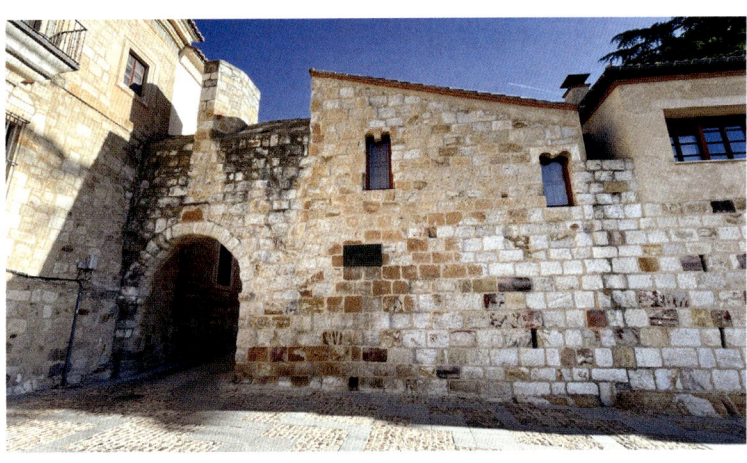

# Las murallas

Construida sobre un **escarpe natural** y **protegida por las murallas**, Zamora se convirtió en una plaza casi inexpugnable que iba ampliando su recinto amurallado al ritmo de la expansión de la ciudad. El primer núcleo urbano, el más originario, data del **siglo X**, pero apenas existe memoria de él. Partía del **alcázar** y llegaba hasta la **iglesia de San Pedro**.

Esta primera muralla fue rehecha en el **siglo XI** por **Fernando I** quien extendió la ciudad fortificada hasta la actual plaza Mayor.

Una nueva ampliación acometida en el **siglo XIII** amplió este recinto amurallado para acoger en su interior las casas ubicadas en **el Burgo** y en el **siglo XIV** las nuevas murallas sirvieron para proteger los barrios bajos o la conocida **Puebla del Valle**. De todo este recinto se conservan algunos muros que conforman un perímetro de **cuatro kilómetros** que te invitamos a recorrer.

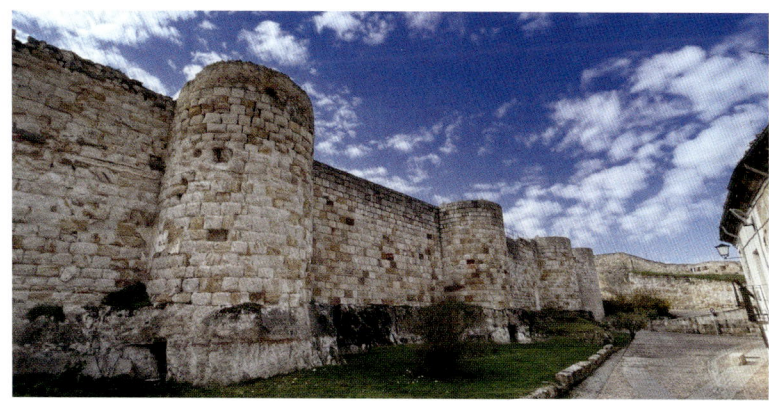

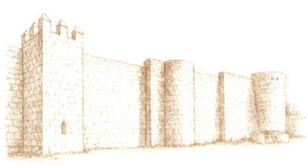

Vista de las murallas

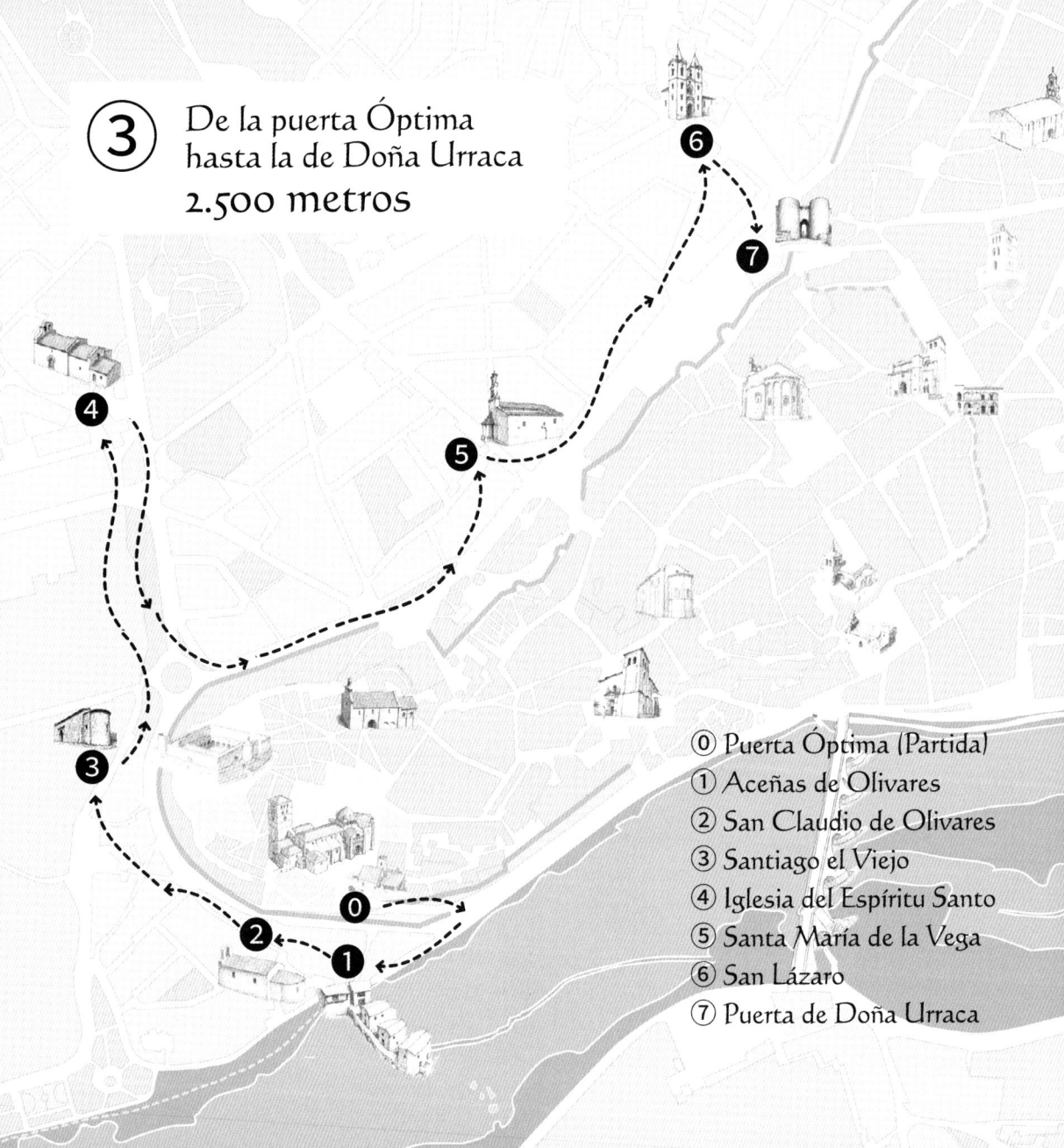

# ③ De la puerta Óptima hasta la de Doña Urraca
## 2.500 metros

⓪ Puerta Óptima (Partida)
① Aceñas de Olivares
② San Claudio de Olivares
③ Santiago el Viejo
④ Iglesia del Espíritu Santo
⑤ Santa María de la Vega
⑥ San Lázaro
⑦ Puerta de Doña Urraca

# Los Arrabales

Más allá de las murallas, la vida urbana se prolongaba en los arrabales, **suburbios** o **barrios** ubicados fuera del recinto fortificado. A lo largo de esta ruta vamos a recorrer las pequeñas pueblas ubicadas en la **margen derecha del río**: los actuales barrios de **Olivares**, del **Espíritu Santo**, de **la Vega**, **San Martín de Abajo** o **San Lázaro**, por citar tan solo aquellos que conservan entre sus viviendas algunos templos románicos.

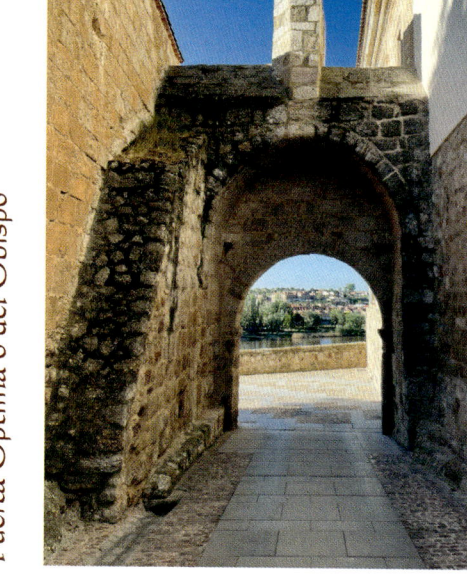

*Puerta Óptima o del Obispo*

Comenzamos el recorrido saliendo de la ciudad por la **puerta Óptima**, la más antigua e importante de la Zamora medieval, que nos conduce directamente al río a través del **barrio de Olivares**. Allí podrás visitar las **aceñas** o molinos de agua que dependían del **Cabildo Catedral** y aprovechaban la fuerza motriz del agua para la molienda.

Desde aquí bordearemos la ciudad por su **vértice más occidental**, sin dejar de contemplar en todo momento las murallas que se levantan sobre la **Peña Tajada**. Un recorrido que nos lleva desde la puerta Óptima hasta la **puerta de Zambranos** o de la Reina levantada esta última en el punto en el que arranca el nuevo ensanche urbano y comienza el conocido burgo medieval que visitaremos en la siguiente ruta.

# Aceñas y azudas

Para aprovechar la fuerza motriz del agua, sabemos de la existencia de algunos molinos que ya estaban en funcionamiento en **el siglo XI a ambos lados** del Duero y que servían para la molienda y otros usos.

Con la **Revolución Industrial** perdieron su finalidad y hoy, junto con las **azudas**, son viejos molinos que otorgan una curiosa imagen al río Duero a su paso por Zamora. Estas pertenecían al **Cabildo Catedral,** lo que facultaba a los canónigos el disponer de una importante **fuente de ingresos** destinada al primer templo de la diócesis.

## Aceñas de Olivares

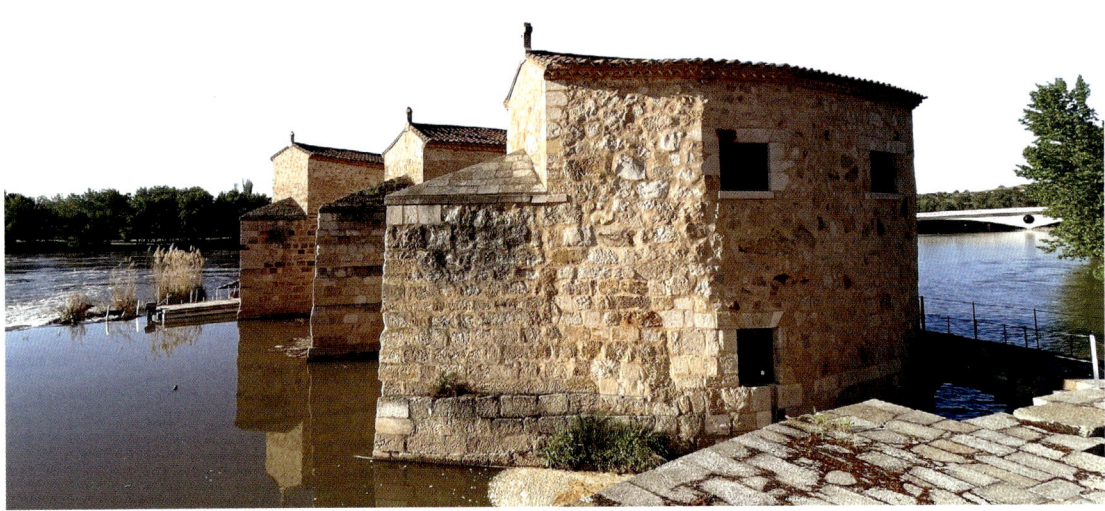

# San Claudio de Olivares

En esta puebla de Olivares sabemos que existía un **palacio en el siglo X**, que estaba rodeado de casas y olivos y suponemos que también una pequeña ermita.

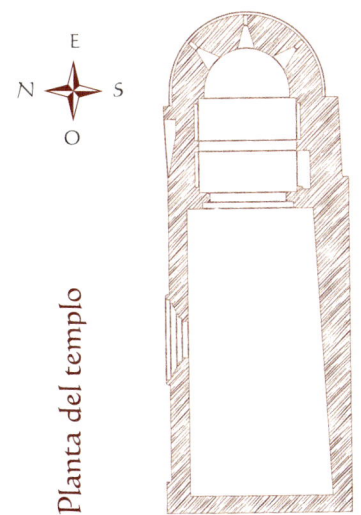

Planta del templo

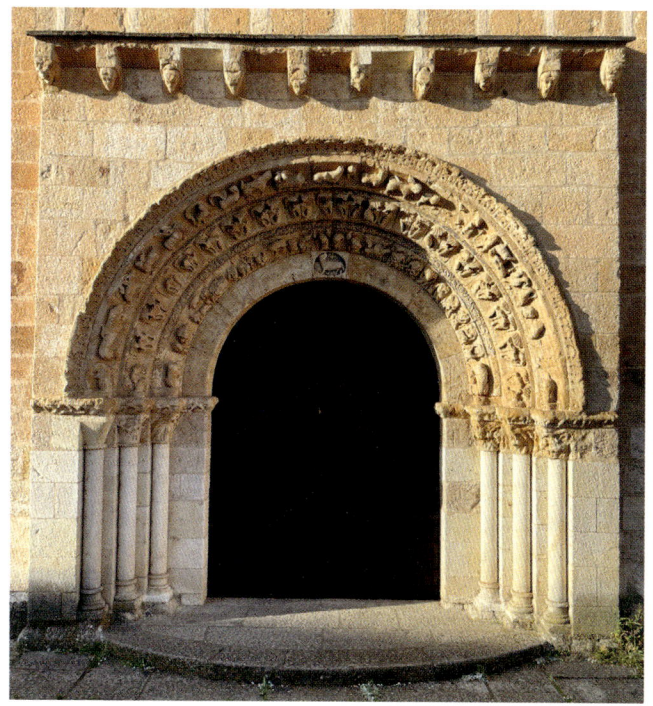

Portada de San Claudio de Olivares

La que hoy se puede contemplar ha sido muy modificada a comienzos del siglo XX, pero aún conserva una **portada románica** muy arcaica y desgastada y unos de los **capiteles** más hermosos de la ciudad. En la portada se relatan las actividades más populares de cada mes y en los capiteles se representan diversos **seres mitológicos** e incluso a **Sansón subido a horcajadas sobre un león** al que desgarra sus fauces.

# Santiago el Viejo o de los Caballeros

Ubicado en medio de las antiguas eras, este pequeño templo, **arcaico** y **muy pequeño**, pudo ser construido en la primera mitad del siglo XII y de su interior destacan los **capiteles** y el **arco triunfal**. Cuenta el romancero zamorano que en esta iglesia fue armado caballero el Cid campeador, según las palabras pronunciadas por **doña Urraca**, señora de Zamora, que mostraba con ellas su indignación ante el asedio que los **caballeros castellanos** habían puesto a la ciudad:

«¡Afuera, afuera, Rodrigo,
el soberbio castellano!
Acordársete debría
de aquel buen tiempo pasado
que te armaron caballero
en el altar de Santiago,
cuando el rey fue tu padrino,
tú, Rodrigo, el ahijado;
mi padre te dio las armas,
mi madre te dio el caballo,
yo te calcé espuela de oro
porque fueses más honrado».

Romancero

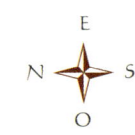

Planta del templo

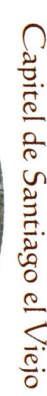

Capitel de Santiago el Viejo

# El Espíritu Santo

Un poco más distante de la ciudad, en el **arrabal del Espíritu Santo** se levantó este sencillo templo consagrado a comienzos del siglo XII según se relata en el acta conservada bajo el ara del altar y descubierto en los años sesenta del pasado siglo XX.

Es un sencillo templo de una sola nave con **cabecera plana** en la que conserva un precioso **rosetón de seis pétalos geométricos**. En su interior recibe culto una imagen del **crucificado** de honda expresividad y datada en el **siglo XIV**.

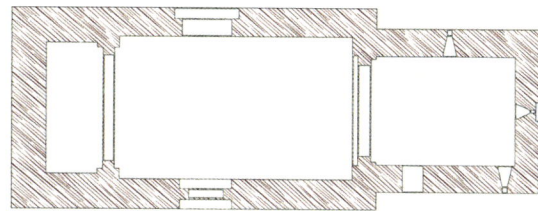

Planta del templo

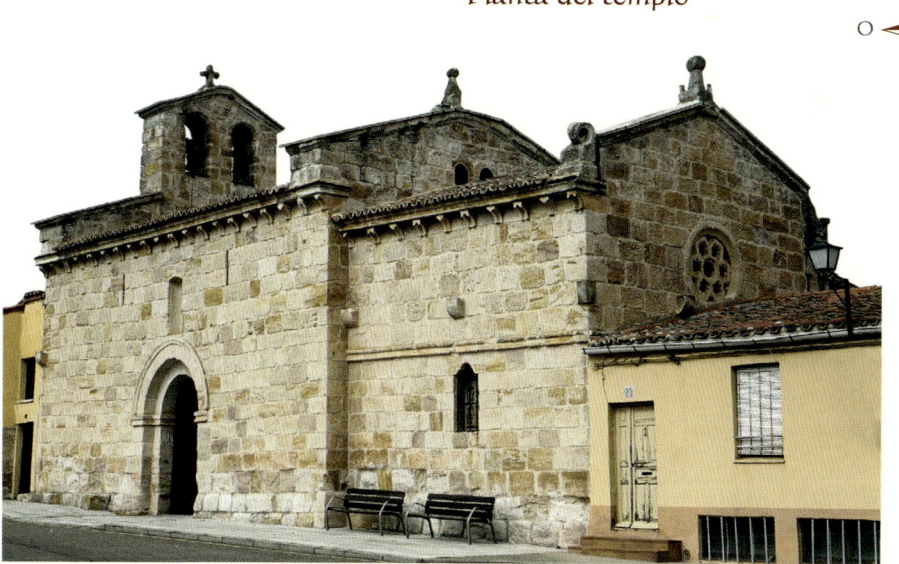

Iglesia del Espíritu Santo

# Santa María de la Vega

No parece ser cierta la información de que este edificio fuera una sinagoga y que tras la expulsión de los judíos pasara a ser una ermita cristiana. La documentación conservada nos habla de la existencia de una iglesita titulada Santa María de la Vega desde **mediados del siglo XII,** aunque en el **siglo XIII** experimentó una profunda **transformación**.

A finales del **siglo XVIII** se declaró como ruinosa por lo que perdió su carácter sagrado. La compra del inmueble por parte de unos particulares ha permitido **conservar estos restos** integrados en un moderno edificio de viviendas.

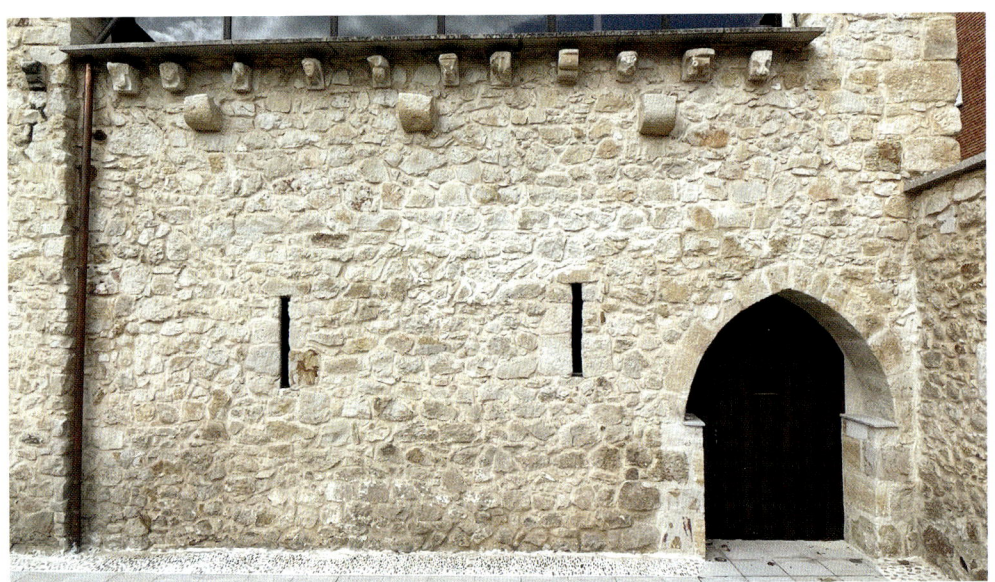

Iglesia de Santa María de la Vega

# Los Remedios

Construida a **principios del siglo XIII** en la conocida puebla de la Vega, este templo conserva los muros románicos y la disposición interior en tres naves. Sin embargo, su fisonomía original ha sido profundamente **modificada a lo largo del siglo XVIII** por una reforma que trajo consigo también el revestimiento barroco de su interior.

Además de los muros labrados en **arenisca local**, podemos observar diversos restos románicos en **las cornisas** y **los canecillos** que configuran el alero del templo.

La tradición identifica este templo con uno anterior titulado de **Nuestra Señora de los Olleros** vinculada a este gremio. A ella acudía semanalmente **santo Domingo de Guzmán** pidiendo los fondos necesarios para edificar un convento cercano. Como respuesta a sus ruegos, una **bolsa de dinero** aparecía cada semana para cubrir los gastos ordinarios por lo que la iglesia mudó su nombre por el de **Los Remedios**.

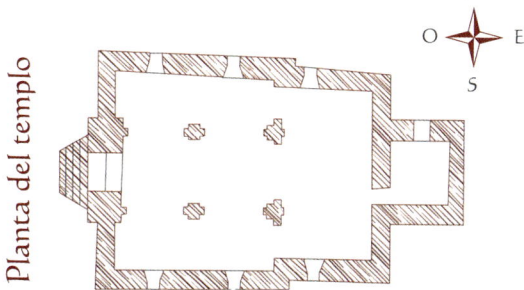

Planta del templo

*Portada de los Remedios*

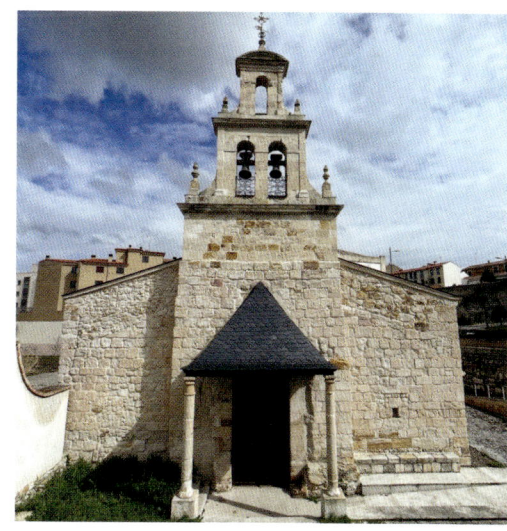

# Peña Tajada

La ciudad se asienta sobre un **escarpe natural** cuyas formas abruptas le han ganado el sobrenombre de **Peña Tajada**. Así figura en el romancero cuando **Fernando I** entrega a su hija doña Urraca la ciudad de Zamora y le indica que al otro lado del río está **protegido por estas peñas**.

> «Allá en tierra leonesa
> un rincón se me olvidaba,
> Zamora tiene por nombre,
> Zamora la bien cercada,
> de un lado la cerca el Duero,
> del otro peña tajada».
>
> Romancero

Murallas sobre la Peña Tajada

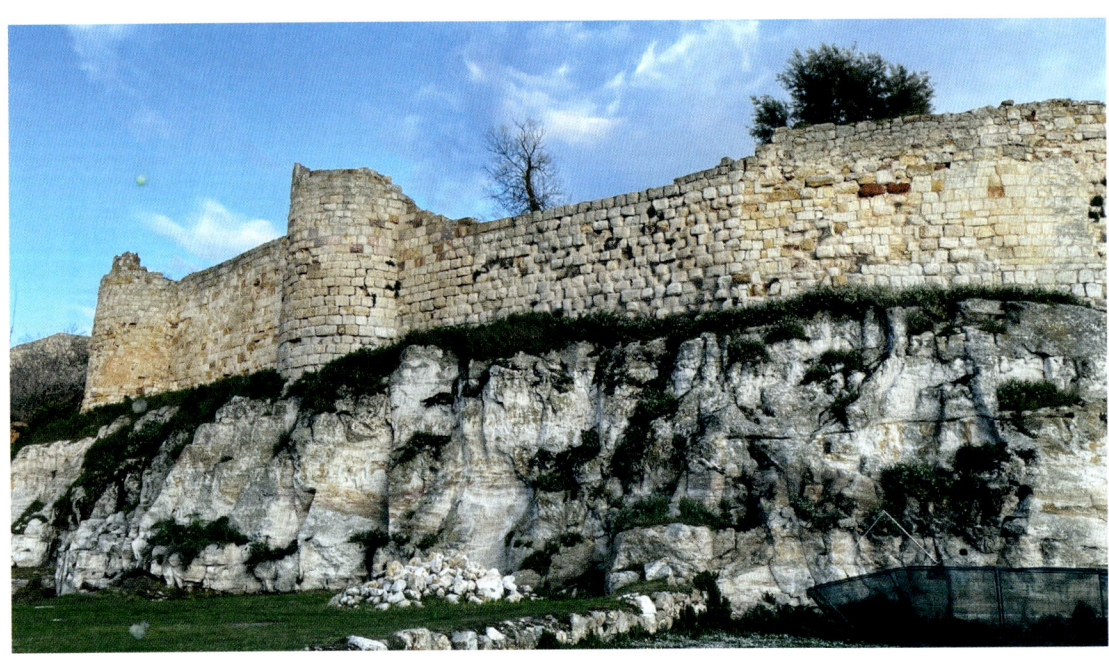

# Puebla de la Feria

En esta zona de trasiego ciudadano hubo una **puebla extramuros** titulada de la Feria por los **mercados** que se celebraban en ella periódicamente.

Además, esta zona conocida hoy como la puerta de la Feria es un enclave estratégico para comprender la muralla. Hasta aquí llegaba el **primer recinto amurallado** y, desde aquí, partía el que se construyó para dar cobijo y protección al burgo de la ciudad.

# San Lázaro

Más allá de la puebla de la Feria se extendía el arrabal de San Lázaro en el que hubo un templo románico dedicado al santo **obispo de Marsella**. Su primera referencia documental data de **comienzos del siglo XIII**, pero nada queda actualmente de aquel pequeño templo que fue reemplazado por el actual en **1930**.

Junto a la primitiva iglesia hubo un **lazareto** que dio nombre a este barrio y que recibía frecuentes donaciones.

*Actual iglesia de San Lázaro*

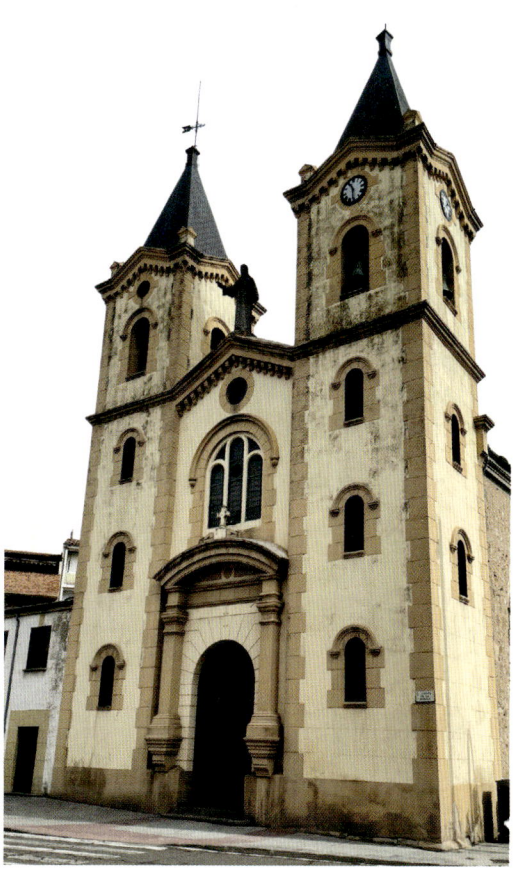

# Puerta de Doña Urraca

Se trata de una de las puertas más conocidas de la ciudad que se articula en **dos potentes torreones semicirculares** unidos por dos arcos de medio punto, uno detrás del otro, entre los que media una **bóveda de cañón**. En uno de ellos hubo un rastrillo y junto a la puerta hubo un palacio medieval del que quedan algunos restos.

El nombre con el que se conoce hoy esta puerta de la muralla es relativamente reciente. Primero se la llamó **de Zambranos** o **de San Bartolomé** por la iglesia que existía frente a ella y que ha desaparecido, aunque sus restos se esconden en las casas edificadas allí mismo. Desde el siglo XIV es conocida también como **de la Reina** y, desde el siglo XVII, como **puerta de Doña Urraca**.

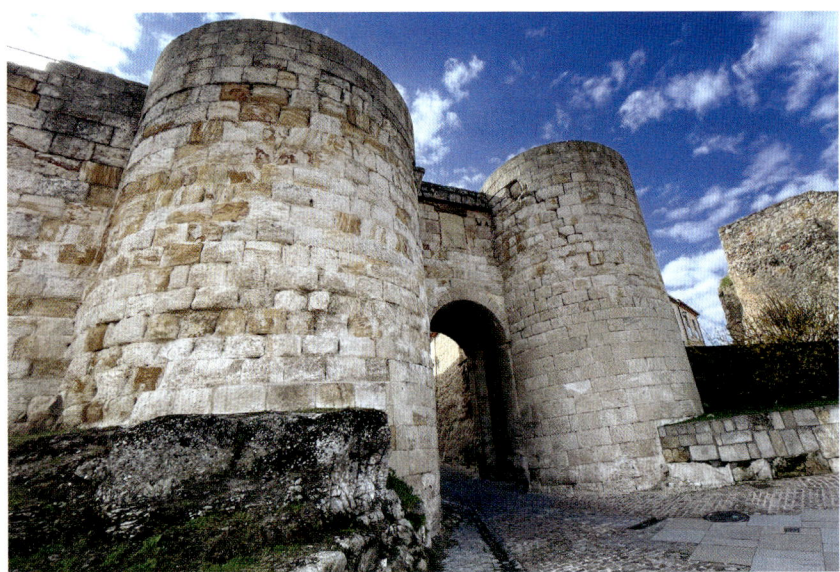

Puerta de
Doña Urraca

Era muy famoso el **pequeño relieve** que campea entre ambos torreones en el que se representa a la reina doña **Urraca increpando al Cid** por participar en el cerco de Zamora. Sin embargo, las inclemencias del tiempo apenas nos permiten intuir hoy esa escena, cuyas palabras hemos reproducido con la **iglesia de Santiago el Viejo**.

Existe una bella representación pictórica de esta puerta confeccionada en torno **al año 1700** y, aunque sea un tanto ficticia, nos recuerda que las puertas de la muralla **no eran tan toscas** como las vemos actualmente.

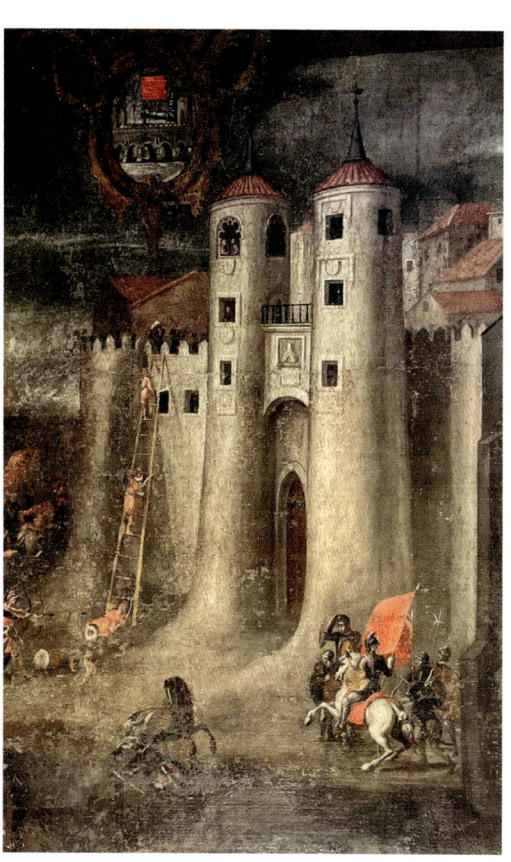

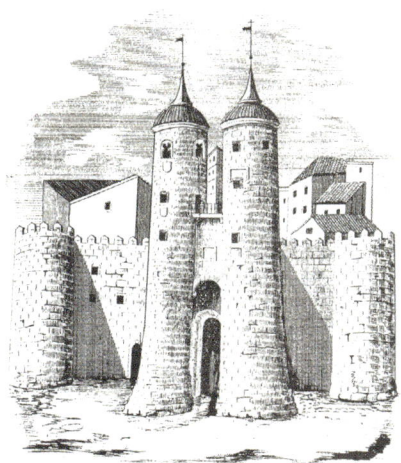

La puerta según aparece en una pintura barroca y en un grabado de la revista «Zamora Ilustrada»

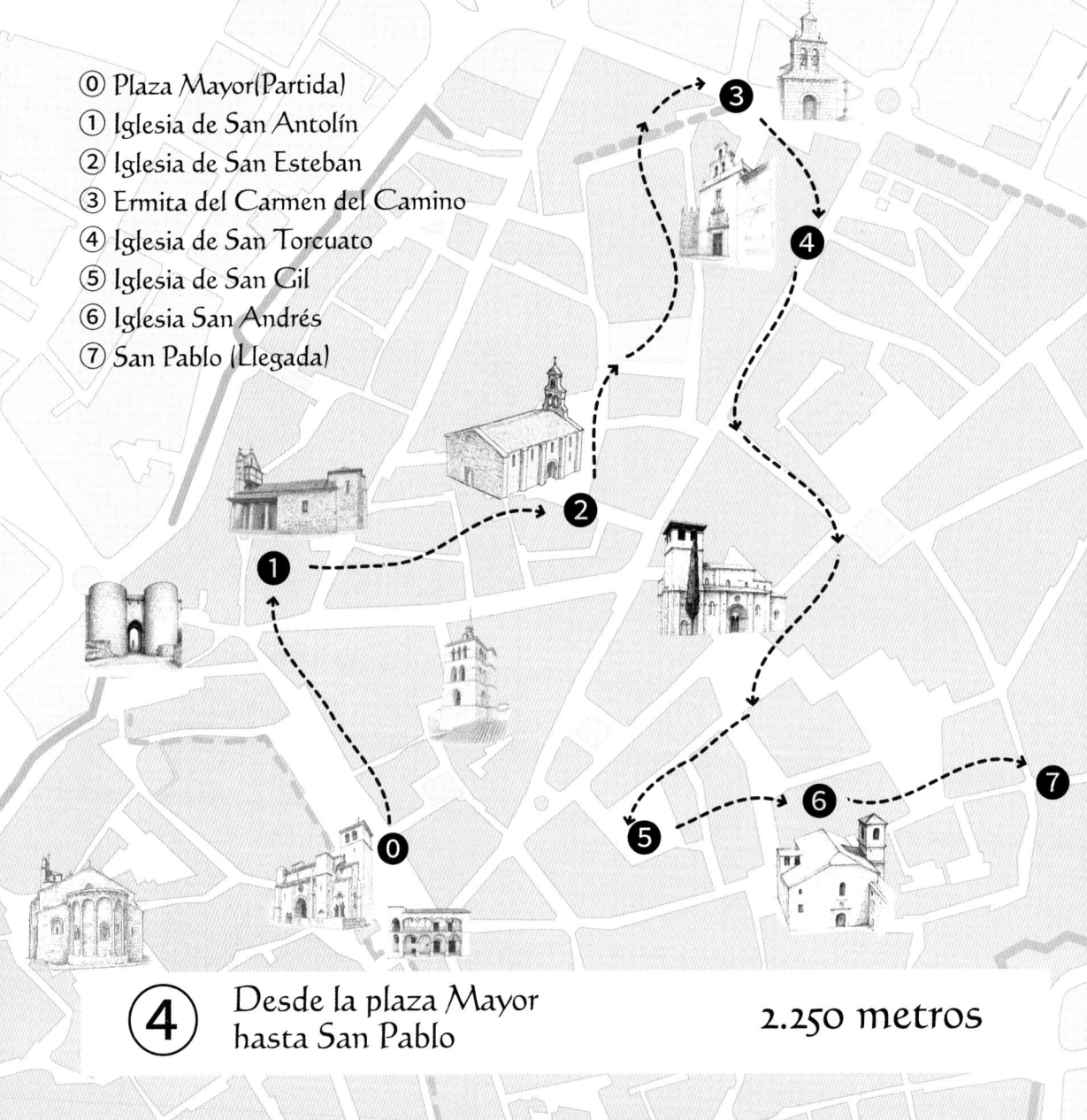

0 Plaza Mayor(Partida)
1 Iglesia de San Antolín
2 Iglesia de San Esteban
3 Ermita del Carmen del Camino
4 Iglesia de San Torcuato
5 Iglesia de San Gil
6 Iglesia San Andrés
7 San Pablo (Llegada)

4 Desde la plaza Mayor
hasta San Pablo

2.250 metros

# La ciudad comercial

Este recorrido te conduce por la **zona más vital** y **activa de la ciudad**. Desde el arrabal de la puerta de la Feria, se accede al recinto amurallado por la puerta de Doña Urraca con la que concluye el circuito anterior. Una vez traspasado el arco, se franquea el palacio de la Reina para llegar a la **Costanilla** y subir a la **plaza Mayor**, centro neurálgico de la ciudad.

Desde la plaza conviene asomarse a la **calle Balborraz**, una de las más emblemáticas de Zamora, antes de regresar a la Costanilla y recorrer algunos templos que aún no has visitado como los de **San Antolín**, **San Esteban** o **San Andrés** o conocer los lugares en que se ubicaron algunas de las parroquias desparecidas como **Santa Olaya**, **San Gil** o **San Salvador de la Vid**.

Un recorrido por la ciudad comercial de hoy que, en su día, se convirtió en el **burgo de la ciudad medieval**. Una zona de expansión allende los muros ciudadanos que reclamó la atención del monarca quien promovió el **primer ensanche** de la muralla para dar **protección** y **cobijo** a sus moradores y sus negocios.

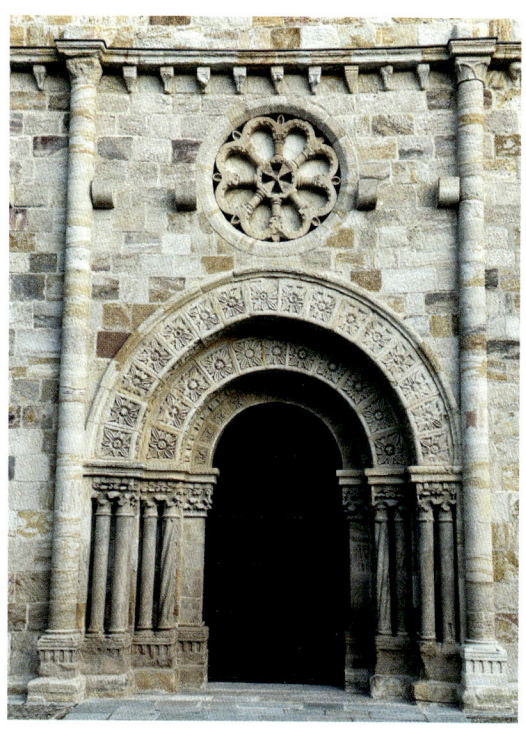

Portada de San Juan

# Plaza Mayor

Centro vital de la ciudad, a esta plaza se asoman la **iglesia de San Juan de Puerta Nueva**, el **Ayuntamiento** y diversas viviendas que acogieron en su momento **hoteles y hospederías**. No dejes de observar en el suelo, las **marcas de la muralla** que pasaba por delante de la iglesia de San Juan y que fue demolida en el siglo XVI. Un largo lienzo de piedra sobre el que asomaba la **torre de San Juan** y la planta de un torreón de base circular que reforzaba este muro.

El **Ayuntamiento** fue edificado durante la monarquía de los **Reyes Católicos**, cuando el centro neurálgico de la ciudad se trasladó desde San Martín a este lugar. Hoy ha perdido esta función que desempeña el edificio de enfrente edificado a **mediados del siglo XX**. No obstante, **los chapiteles** que un día remataron sus torrecillas sirvieron de modelo para los de las torres de **San Vicente** y **San Ildefonso**.

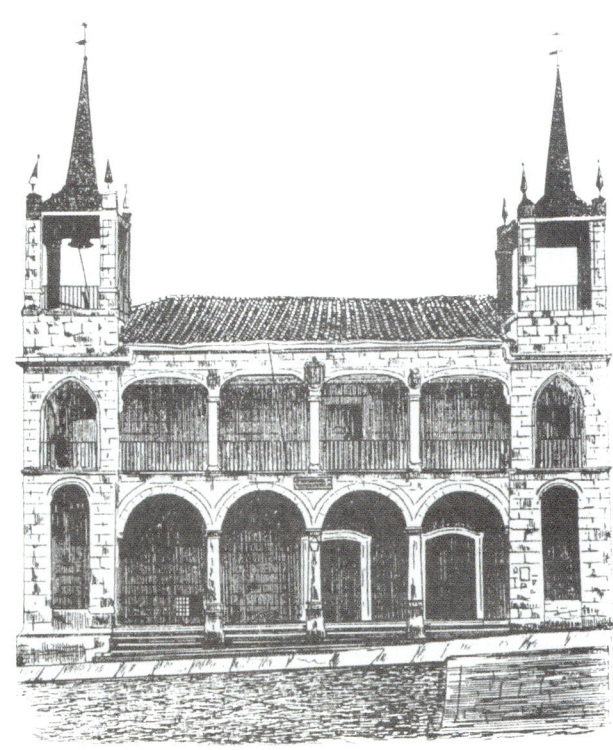

*Ayuntamiento según un grabado aparecido en «Zamora Ilustrada»*

174

# Calle de Balborraz

Existente ya en el siglo X, esta espaciosa cuesta une la **plaza Mayor** con la **Puebla del Valle** y conduce directamente desde la ciudad al río Duero. Se trata de una de las calles más típicas de Zamora cuyo nombre procede del árabe **«bab al ras»** que significa **«puerta de la Cabeza»**. Un curioso nombre que recuerda la cabeza del caudillo musulmán **Ahmed-ben-Moavia**, esculpida en la puerta para conmemorar la batalla del **Día de Zamora (901)** en que los zamoranos triunfaron sobre las huestes invasoras.

Nada queda hoy de aquel viejo acceso a la ciudad que fue demolido en el siglo XVI con motivo de la reforma y mejora de la plaza Mayor. Sus casas estuvieron siempre ocupadas por **artesanos** que vendían sus productos y hoy es un **reclamo turístico** al que no debes dejar de asomarte.

Calle de Balborraz

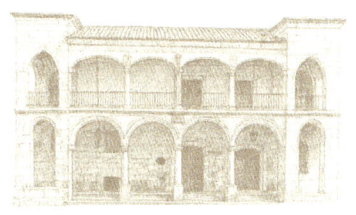

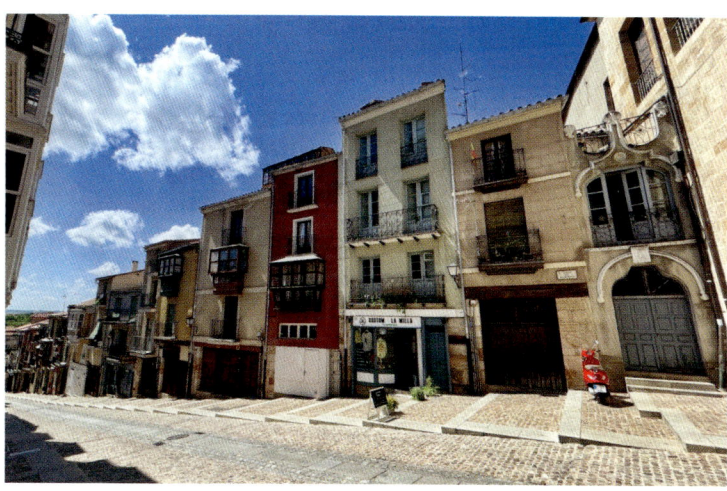

# Barrio de la Lana

Cuenta la tradición que en esta zona de la ciudad se asentaron **colonos venidos desde Palencia** durante el impulso repoblador del rey **Fernando I** y tuvo como parroquia principal la de **San Antolín**, advocación que establece notables vínculos con la ciudad de Palencia. En sus calles se establecieron numerosos artesanos del ramo **textil** que otorgaron su nombre al barrio de la Lana.

A **comienzos del siglo XV**, cuando el románico ya formaba parte del pasado, en esta zona se asentaron **los judíos** para cumplir con su preceptiva separación de la comunidad cristiana.

Muchos judíos **abandonaron la vieja judería** de la puebla del Valle y se mudaron al barrio de la Lana donde abrieron una sinagoga nueva.

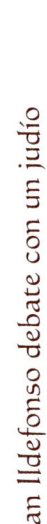

San Ildefonso debate con un judío

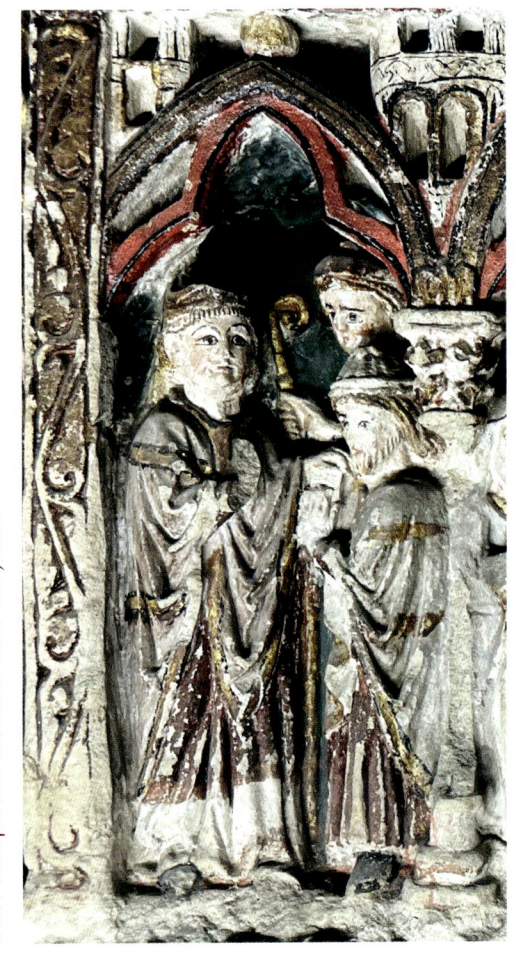

Tras la expulsión por parte de los Reyes Católicos en 1492, los monarcas **entregaron la sinagoga** a la ciudad con el fin de abrir una iglesia dedicada a **San Sebastián** que dispuso de cofradía y hospital. La iglesia ha desaparecido, pero aún se conserva su **imagen titular del siglo XVI**.

# San Antolín

Ubicada en el corazón del **barrio de la Lana**, desde el siglo XI existe memoria documental de un templo románico ubicado en este lugar del que se conservan algunos **canecillos**.

Aquella primitiva parroquia fue profundamente **renovada en el siglo XVI** momento en el que se hizo la cabecera de **bóveda estrellada**, se rehízo la nave principal y el crucero y se confeccionó el **retablo mayor** que conserva interesantes **tablas renacentistas**.

Más adelante, al comenzar el **siglo XVIII** se construyó el **camarín** para albergar la imagen de **Nuestra Señora de San Antolín o de la Concha**, patrona de Zamora, lo que también obligó a modificar el retablo.

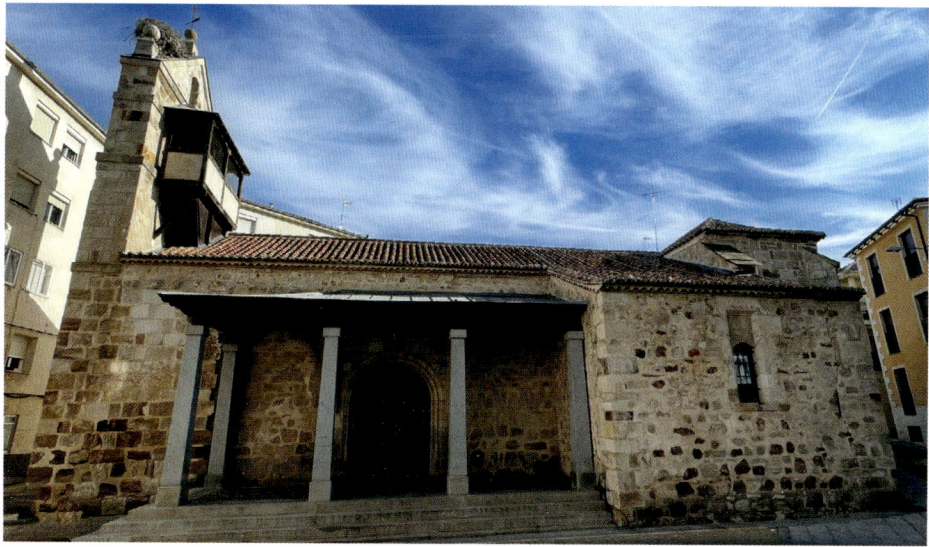

Fachada de la iglesia de San Antolín

177

# San Esteban

Construida en torno al año 1200, este templo albergó en su interior una **comunidad monástica documentada en 1186**, en tiempos del obispo **don Guillermo**, pero se integró en la diócesis unos años después pasando a convertirse en una parroquia más.

La iglesia consta de una única nave articulada en **cuatro tramos** por tres arcos fajones, ligeramente apuntados, que descansan en unos **contrafuertes** exteriores que dan al templo ese aspecto de **fortaleza medieval**.

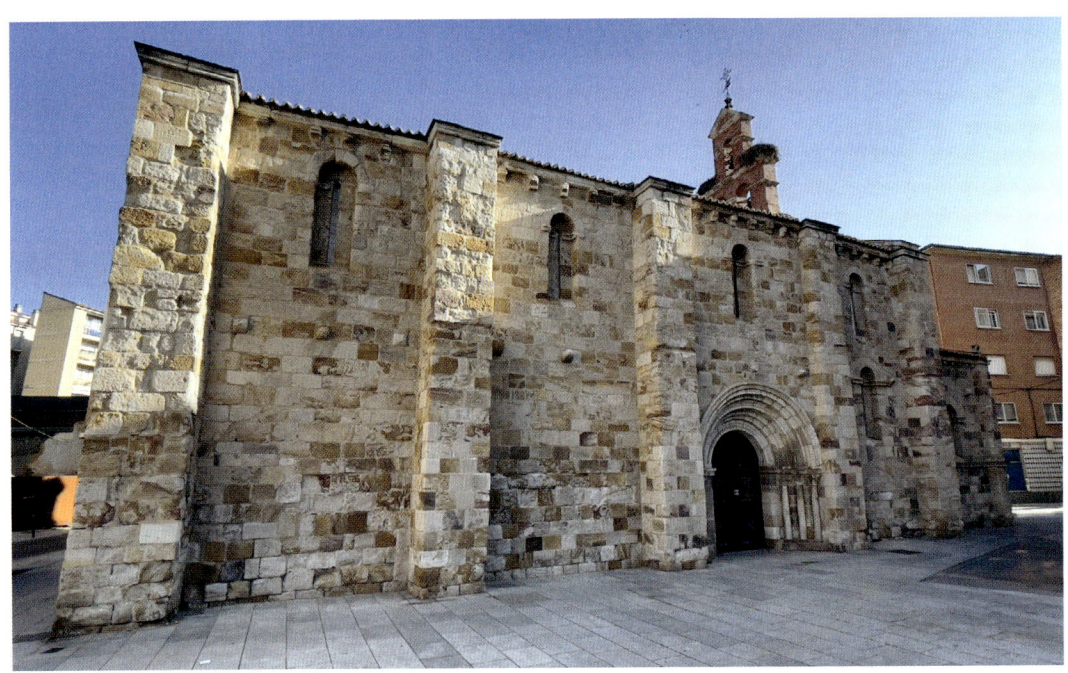

Fachada sur de San Esteban

Las curiosas **ventanas superpuestas** del primer tramo indican que la iglesia comenzó a construirse con tres naves, pero al cambiar los planes, tan solo se edificó **un espacio único** rematado por las tres cabeceras planas del proyecto original.

El acceso al templo se realiza por **tres portadas**, de las cuales solo se conservan **dos originales**. La occidental fue **rehecha en el siglo XVIII** con motivo de una serie de reformas que afectaron también al interior del edificio.

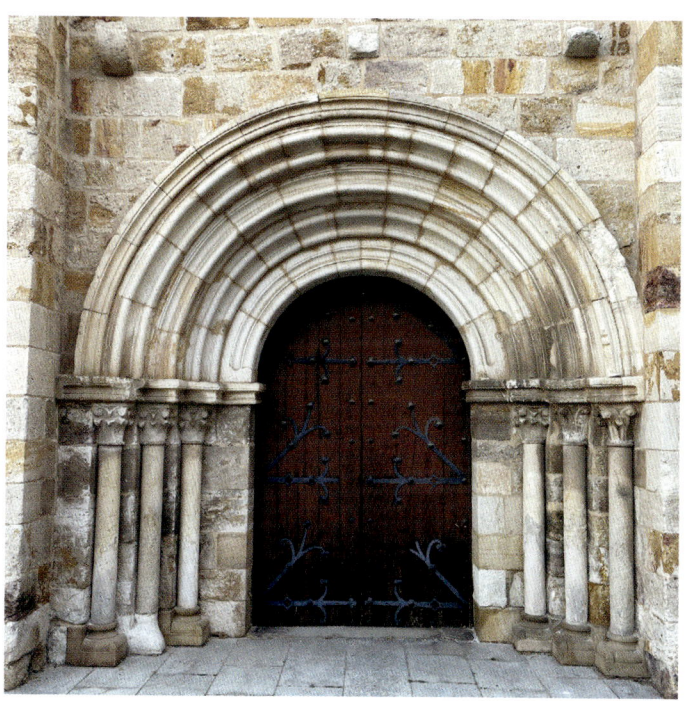

Portada sur

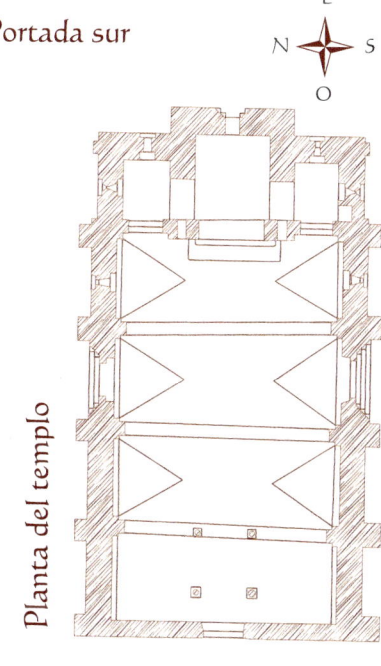

Planta del templo

# El Carmen del Camino

Encajonada entre dos edificios y construida extramuros de la ciudad en torno al **año 1200**, esta iglesia fue **reubicada** en este lugar en 1967, momento en que se aprovecharon diversos elementos originales románicos como algunos **canecillos** de la fachada y el **lucillo funerario** que ahora sirve de ventana.

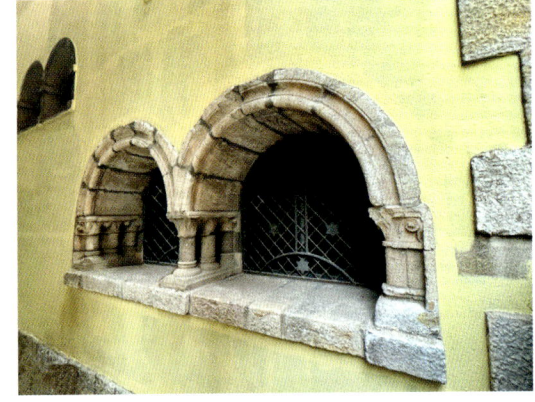

*Lucillos en la ermita del Carmen*

# San Torcuato

Hubo una iglesia románica en la actual **plaza del maestro** que estuvo dedicada a este varón apostólico de la que existe noticia documental desde **mediados del siglo XII**. El viejo templo fue derribado en 1837, momento en que la actividad parroquial se trasladó a la vecina capilla del **convento de Trinitarios** que se había inaugurado en 1681 y quedó libre tras la desamortización.

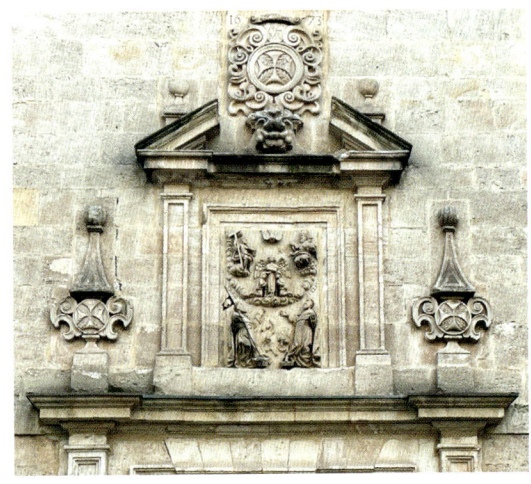

*Relieve sobre la puerta de San Torcuato*

180

# San Gil

Erigida en la Edad Media, de esta parroquia románica tenemos noticia documental de su existencia **desde el siglo XIII** hasta mediados el año 1540 en que perdemos su rastro. Al comenzar el siglo XX, las obras de **pavimentación** y **saneamiento** de la plaza dejaron al descubierto sus restos y permitieron recuperar, entre otros enseres, la **pila bautismal**, hoy conservada en el Museo de Zamora. Para dejar memoria de su existencia, la **silueta del templo** quedó marcada en el pavimento de la plaza que puedes contemplar aún hoy.

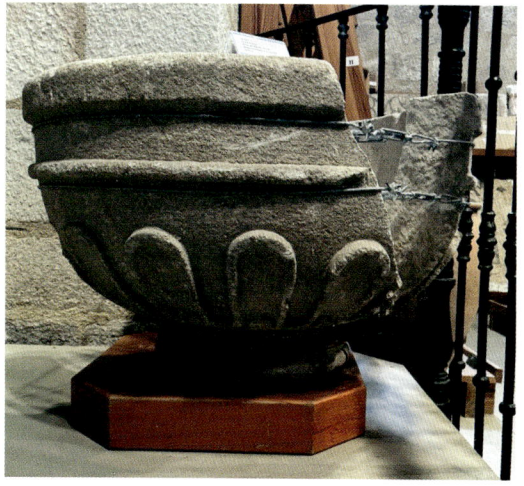

Pila bautismal de San Gil encontrada durante las obras de pavimentación de la plaza

# Santa Eulalia

Dedicada a **Santa Olaya**, esta antigua parroquia documentada desde principios del siglo XIII dejó de funcionar a finales del XVIII en que se agregó a la **San Andrés**.

Tras la **expulsión de los jesuitas (1767)**, el obispo decretó que su mobiliario pasara a esta última donde se conserva su retablo principal. El templo fue derribado y, en su lugar, se ubicó durante siglos el **mercado de granos**. Hoy es una plaza recoleta de la que solo queda memoria de aquella parroquia en el nombre otorgado a este espacio urbano.

# San Andrés

Construida entre los **siglos XII** y **XIII** al mismo tiempo que se desarrollaba esta zona extramuros, la parroquia de San Andrés fue **reedificada en el siglo XVI** a expensas del caballero Antonio de Sotelo y Cisneros cuyo interior es de una gran belleza.

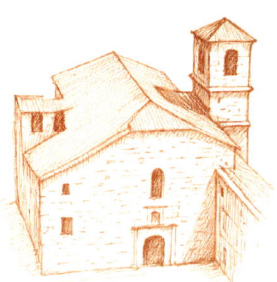

De la primitiva fábrica, que no debe confundirse con otro templo dedicado al mismo apóstol en las inmediaciones de San Cipriano, aún se conservan restos de su **torre románica**.

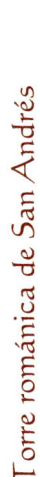

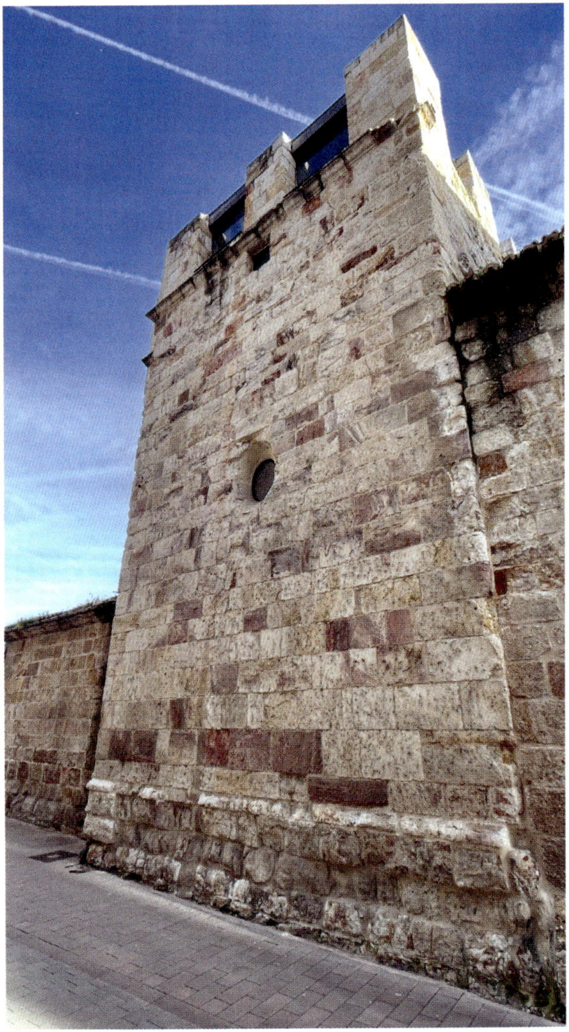

Torre románica de San Andrés

# San Salvador de la Vid

En esta plaza existía una parroquia dedicada al Salvador, cuya documentación nos remonta a la **primera mitad del siglo XIII**. Era *«un templo de piedra fuerte y maciza»* cuya torre *«solemnizaba y hasta ennoblecía»* el vecindario. Sin embargo, su **estado ruinoso** hizo que esta última fuera demolida a mediados del siglo XIX y que el templo en su totalidad fuera **permutado con el Ayuntamiento** por la torre de San Juan. Como fruto de esta permuta, la iglesia fue derribada a finales del siglo XIX y, en su solar se construyó **el Mercado de Abastos**, cuyas puertas abrieron en **1902**.

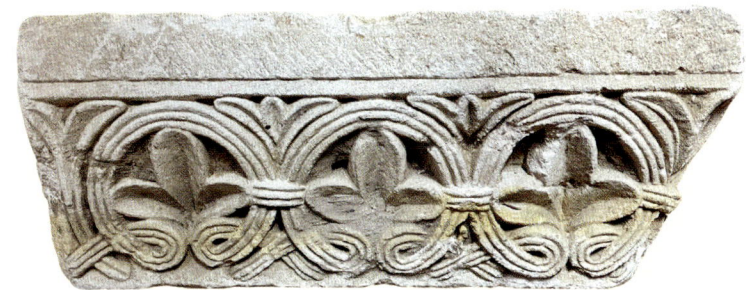

# San Pablo

En el tramo final de la calle San Pablo se conservan restos de una iglesia dedicada al apóstol de los gentiles. Se trata de una parroquia que aparece datada desde **mediados del siglo XII,** a la que el **canónigo Juan Didaci** cedió parte de su herencia en torno al año 1200.

De la primitiva fábrica, que no debe confundirse con otro templo dedicado al mismo apóstol en las inmediaciones de San Cipriano, aún se conservan restos de su **torre románica**.

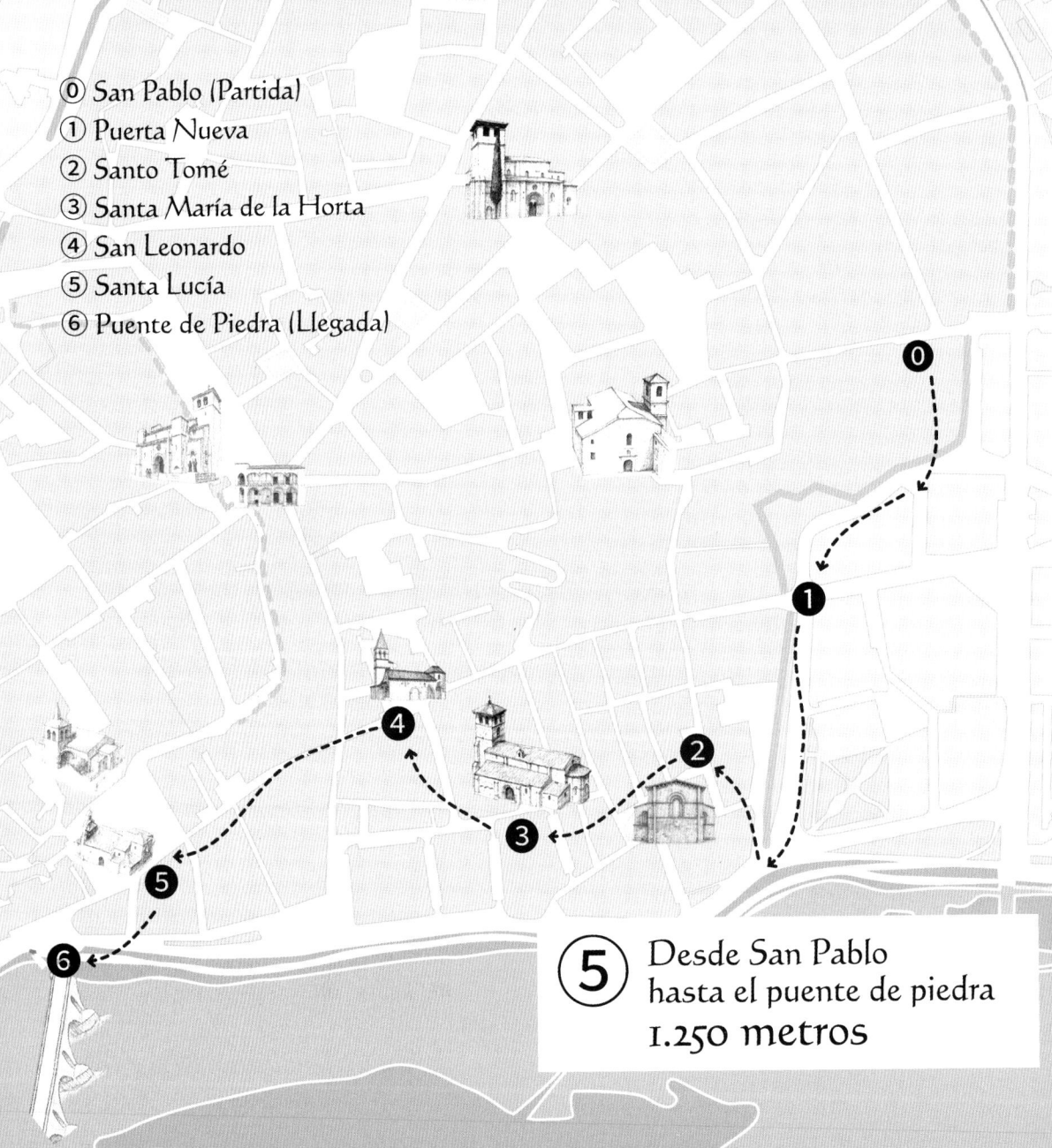

0 San Pablo (Partida)
1 Puerta Nueva
2 Santo Tomé
3 Santa María de la Horta
4 San Leonardo
5 Santa Lucía
6 Puente de Piedra (Llegada)

⑤ Desde San Pablo
hasta el puente de piedra
1.250 metros

# La Puebla del Valle

Entre las peñas originarias que albergaron a los primeros habitantes de Zamora y el río Duero existía una **amplia vaguada** que muy pronto fue ocupada por **mercaderes** y **artesanos** que buscaban la cercanía de las aguas y de la ciudad. Esta zona conocida como **la Puebla del Valle** fue integrada en la ciudad con el **tercer recinto amurallado** y se ha convertido en un sector muy dinámico en el devenir urbano.

Hoy ha perdido su pasado comercial y artesanal, pero **los nombres de muchas de las calles** que configuran este barrio delatan su pasado: **Zapatería**, **Caldereros**, **Alfamareros**, **La Plata**, **Tenerías**, **Zumacal**...

Comenzamos el recorrido bajando por la **cuesta de San Pablo** para bordear la muralla por la **ronda del Degolladero** y **Puerta Nueva**. Casi medio kilómetro de muralla que aún se mantiene en pie y nos conduce hasta el río. Después entraremos al recinto urbano para visitar algunas iglesias románicas muy hermosas como **Santo Tomé** o **la Horta** y los vestigios que aún se conservan en **Santa Lucía** y **San Leonardo**. Un recorrido que concluye en el **puente de piedra** y nos invita a continuar por la última ruta que recorre, en este caso, la margen izquierda del Duero.

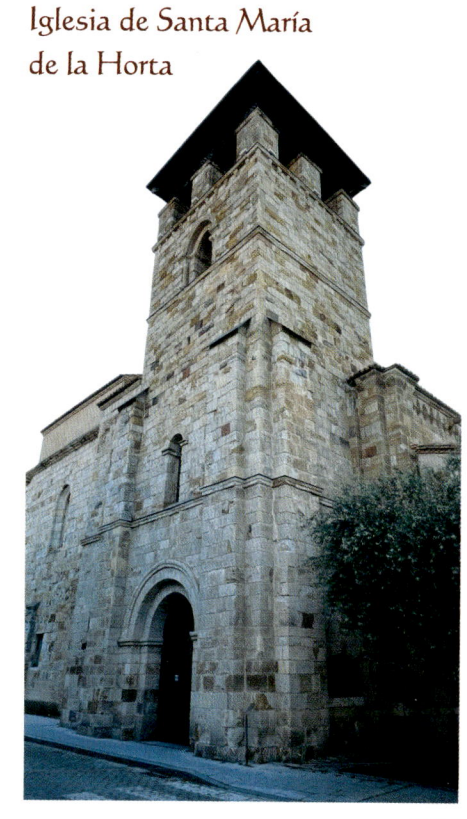

Iglesia de Santa María de la Horta

# Puerta Nueva

Desde la calle San Pablo existe un lienzo de la muralla de casi **medio kilómetro** que parte del segundo recinto amurallado y baja hasta el río para albergar en su interior **la puebla del Valle**, zona de comerciantes y mercaderes, de judíos y cristianos. En este nuevo lienzo de la muralla se abrió un postigo que por su novedad pasó a denominarse **Puerta Nueva**, un acceso que no debe confundirse con la primera puerta nueva que dio nombre a la iglesia de San Juan. Aquella era nueva en el siglo XII, esta lo fue en los **siglos XIV** y **XV** en que se construyó.

Buena parte de este muro aún se conserva en pie, aunque en algunas zonas, el uso de **armas de fuego** ha hecho que las almenas perdieran importancia y se construyeran algunas fusileras para que sus defensores pudieran **disparar con acierto y seguridad**. Recorrer esta muralla nos conduce directamente al río y nos permite bordear el tercer recinto amurallado hasta ingresar en la ciudad.

Murallas en Puerta Nueva

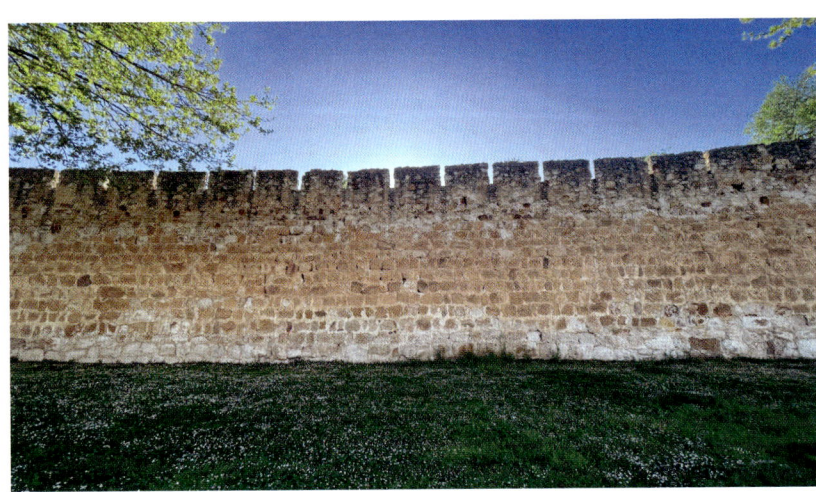

# Santo Tomé

Construida a **comienzos del siglo XII** para albergar a una comunidad monástica, este es uno de los templos más antiguos de la ciudad que han llegado hasta nosotros.

Consta de una **única nave** y **tres cabeceras**. No sabemos si originalmente fue de tres naves o tuvo planta cruciforme como la de **Santa Marta de Tera** con la que guarda notables vínculos. Una y otra presentan esas **cornisas ajedrezadas** que recorren sus muros y ponen el románico zamorano en contacto con las manifestaciones artísticas del Pirineo aragonés a través del **Camino de Santiago**.

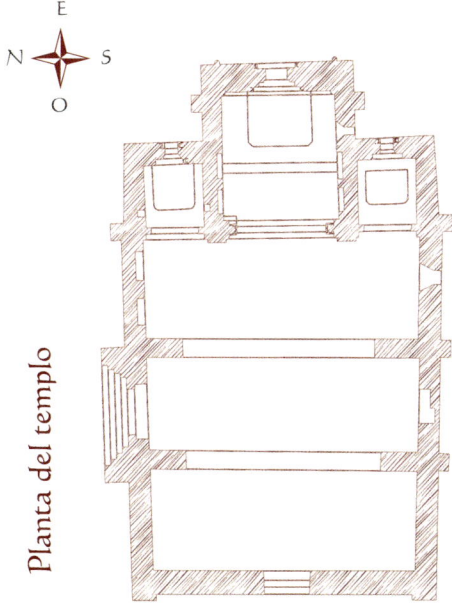

Planta del templo

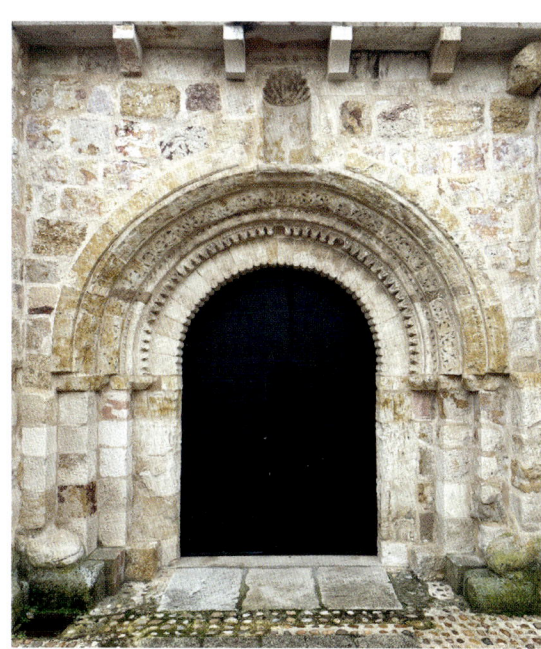

Portada norte de Santo Tomé

# Santa María de la Horta

Esta iglesia ya estaba construida a **comienzos del siglo XIII** como propiedad de la **Orden de San Juan de Jerusalén**. Constaba de una única nave de tres tramos rematada por un **ábside semicircular** cuya decoración de los aleros sigue los modelos de la Catedral con la que este templo mantiene notables vínculos.

Ya en el siglo XIII se le añadió **una torre** a los pies y **una nave** al costado sur en cuyo tramo inicial se edificó una **capilla funeraria** a finales del siglo XV.

Tras la sencilla portada de acceso al templo, se accede a la cámara baja de la torre que hace la función de zaguán y que conserva en su interior la **portada original** del templo y el acceso a la torre.

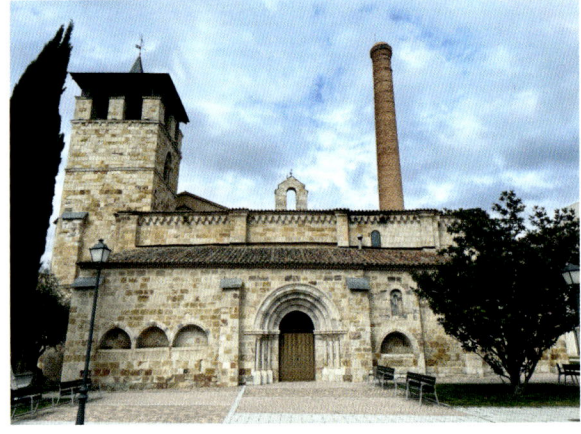

Vista general del templo

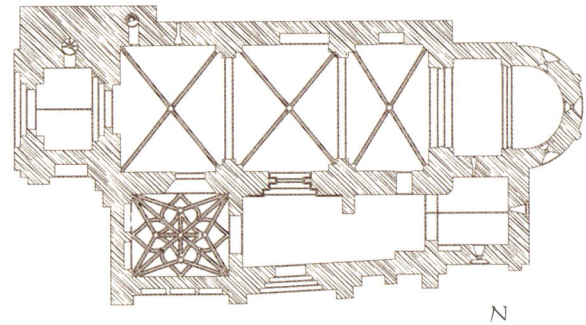

Planta del templo

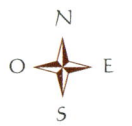

En la primera planta de la torre se abre una preciosa estancia que sirvió como **archivo** para la **Orden en Castilla y León**.

Según Gómez Moreno, en esta iglesia de la Horta los **nuevos aires del gótico foráneo** triunfan sobre la herencia dejada por el **románico local**. La adscripción de este templo a la Orden de San Juan contribuiría a este cambio y a la importación de los nuevos modelos constructivos de finales del siglo XII.

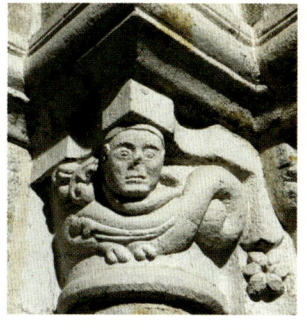

Detalle de la portada

Las **bóvedas ojivales** que cubre sus naves apuntan al gótico más temprano y la interesante **decoración escultórica** o el **ábside semicircular** muestran los cambios y los influjos foráneos que conectan este templo con otra obra sanjuanista: **San Juan del Mercado** en **Benavente**. Sin embargo, **la torre** y **la nave sur** añadidas posteriormente retroceden y se pliegan a los usos locales.

En su interior se conserva un interesante **altar románico** conformado por una serie de **arquillos ciegos** ligeramente apuntados y sostenidos por **columnillas pareadas** con **capiteles finamente decorados**.

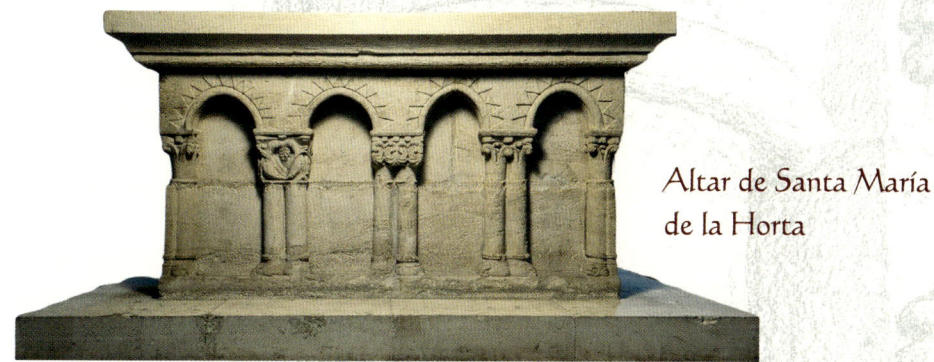

Altar de Santa María de la Horta

# San Leonardo

Construida a comienzos del siglo XIII, este templo está en manos privadas y en un estado lamentable. Aún puedes ver los **canecillos románicos** que recorren sus muros y su portada almohadillada que se oculta tras el porche.

De su interior procede un magnífico **león románico** que ha cruzado el Atlántico. Al **perder su condición de parroquia** en 1896, esta iglesia fue enajenada y su comprador la convirtió en **carbonería**. Al mismo tiempo, aprovechó el paso de los compradores de arte para deshacerse de un precioso relieve en piedra que se conserva hoy en el **Museo de los Claustros de Nueva York**. Representa a Jesús, el l**eón de Judá**, que pisa con su pata la **serpiente**, como símbolo del **demonio**.

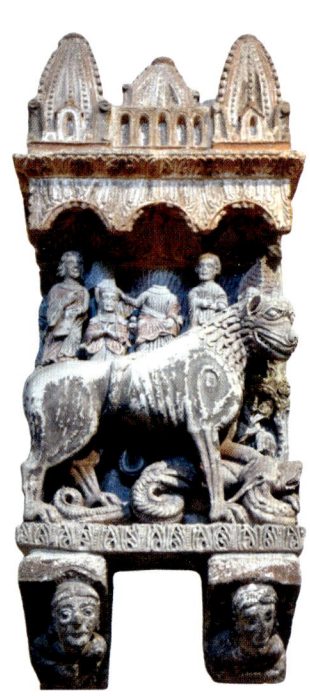

León románico
Museo de los Claustros
de Nueva York

Detalle del muro sur

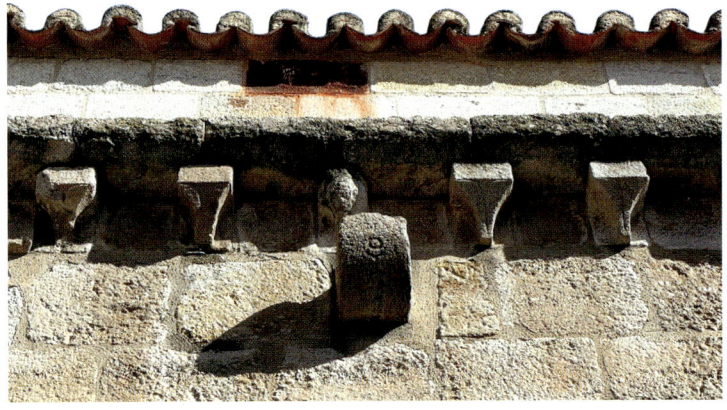

# Santa Lucía

Este templo aparece documentado a **finales del siglo XII**, pero su interior fue reformado en **el XIV** y sufrió notables cambios entre los **siglos XVI** y **XVII**. Estas reformas y añadidos apenas dejan ver sus elementos románicos originales que se hacen visibles, sobre todo, en el **muro norte**.

En las inmediaciones de este templo se ubicó la primera **judería de Zamora** documentada desde finales del siglo XI, cuyos integrantes fueron principalmente **artesanos y comerciantes**. Aunque no disponemos de documentación suficiente, parece que construyeron una sinagoga en este entorno.

Asimismo, cerca de esta parroquia existían otros templos como el de **San Julián del mercado** o de los bueyes, donde se vendían estos rumiantes, y **San Simón**.

*Canecillos en muro norte*

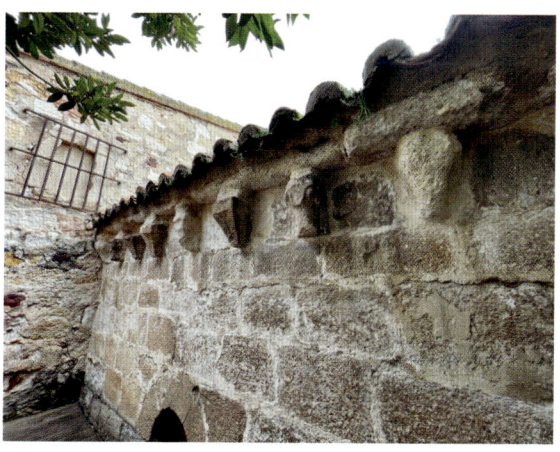

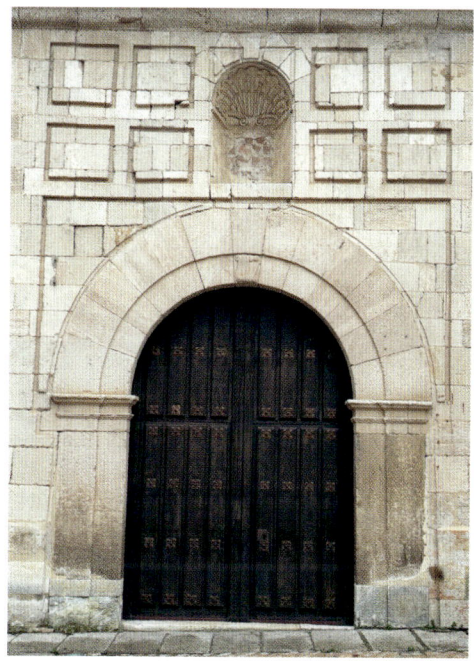

Portada de Santa Lucía

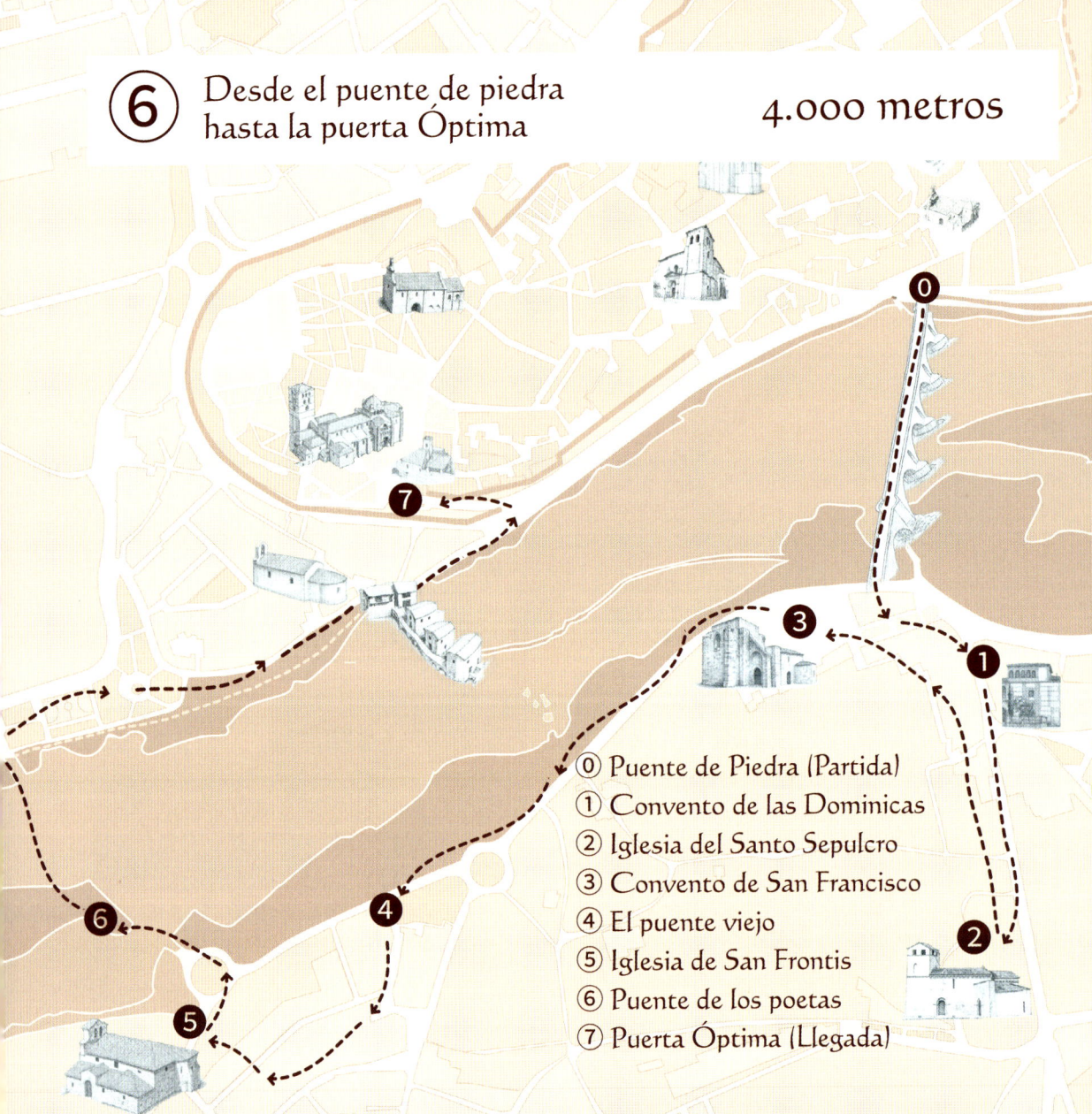

# ⑥ Desde el puente de piedra hasta la puerta Óptima

**4.000 metros**

⓪ Puente de Piedra (Partida)
① Convento de las Dominicas
② Iglesia del Santo Sepulcro
③ Convento de San Francisco
④ El puente viejo
⑤ Iglesia de San Frontis
⑥ Puente de los poetas
⑦ Puerta Óptima (Llegada)

# Al otro lado del Duero

El Duero divide la ciudad, pero la cercanía del agua facilita el asentamiento de población a ambas orillas. Este recorrido nos conduce por **la margen izquierda del Duero** donde se conservan vestigios medievales de notable importancia. De la actividad económica ejercida al otro lado del río dan cuenta las aceñas de Pinilla y de Cabañales asentadas sobre el cauce del río para aprovechar su fuerza.

De la **vida cristiana** de sus habitantes han llegado hasta nosotros las iglesias románicas del **Santo Sepulcro** y **San Frontis**, pero también el convento de las **Dominicas Dueñas** erigido cuando los aires del gótico se habían apoderado ya de la Península. Junto a estas religiosas, en la margen izquierda se asentaron también los franciscanos de cuyo convento quedan algunos restos ocupados hoy por la Fundación Afonso Henríquez y el convento de San Jerónimo del que no se conservan más que algunos vestigios dispersos.

Comenzamos este recorrido cruzando el puente y caminando por la otra orilla, pero contemplando las mejores vistas de la ciudad en las que te quedarás fascinado por el más conocido **perfil urbano de Zamora** o skyline.

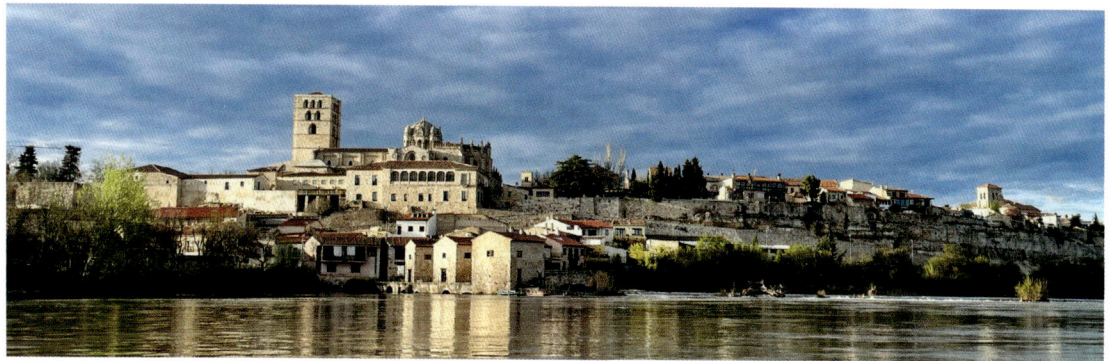

# Puente de Piedra

Edificado a **comienzos del siglo XIII**, este puente de piedra ha sufrido múltiples alteraciones, pero desde la Edad Media ha servido para unir ambas orillas. Inicialmente la ciudad no dispuso de puente, se levantó en este lugar por la **mayor facilidad que había para cruzar el río** y su **mejor defensa** desde la Peña Tajada. El paso por el río se acometía por el llamado vado de don García gracias a la escasa profundidad de esta zona ubicada en las inmediaciones de la ermita de Santo Domingo del Vado, hoy de la **Peña de Francia**.

La necesidad de disponer de un puente motivó la construcción del **primer puente**, frente a la puerta Óptima, que ya no se conserva. Al expandirse la ciudad, se levantó este nuevo puente, al mismo tiempo en que se construían o reedificaban muchos de los templos románicos de la ciudad. Desde entonces este puente **ha sufrido muchos cambios**. Llegó a disponer de **dos torres** que fueron derribadas a principios del siglo XX cuando unas obras alteraron notablemente su fisonomía original.

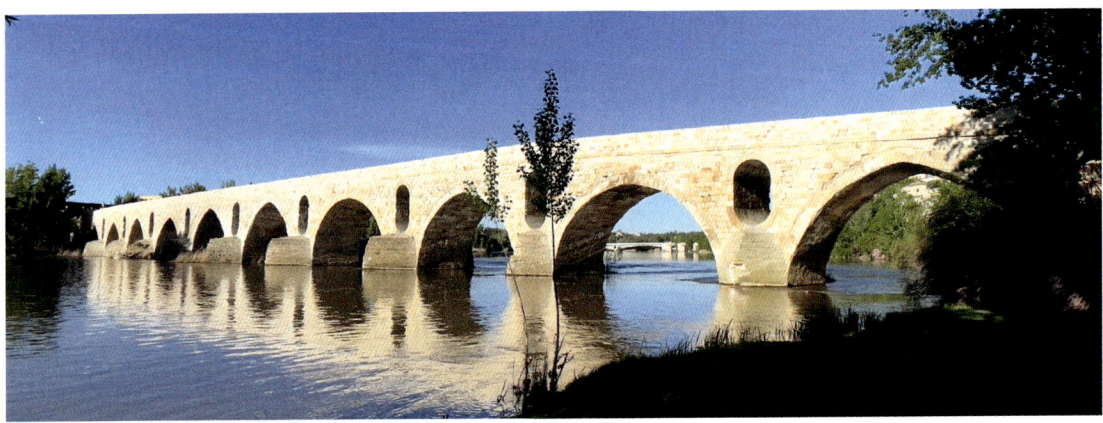

# La margen izquierda

Al otro lado del río existían una serie de arrabales independientes que albergaban sus propias parroquias. Aún se conservan las del **Sepulcro** y **San Frontis**, mientras que otras **se han perdido** como la de **San Lorenzo**, documentada a mediados del siglo XII, o la de **San Julián de Ponte Nova** construida gracias a la solicitud que un grupo de mercaderes hicieron al obispo para construir una iglesia en las inmediaciones del puente nuevo en **1167**.

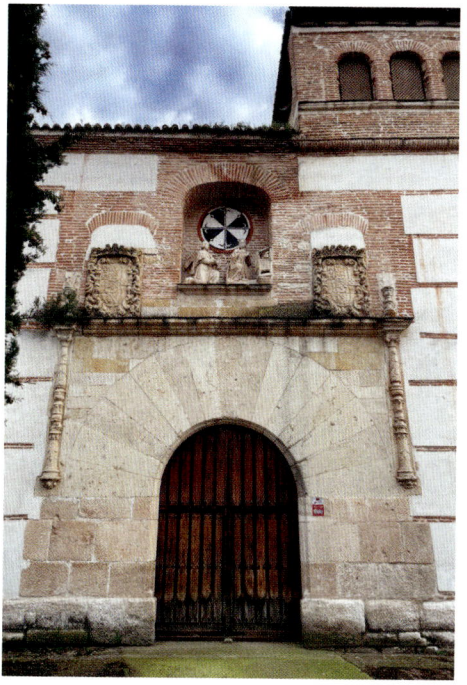

## Santa María la Real

Ubicadas inicialmente junto a la iglesia de **Santa María la Nueva**, aquella primitiva comunidad religiosa se mudó al barrio de San Frontis al abrazar la **Regla de Santo Domingo** en 1264.

Este primitivo convento sufrió las **crecidas del Duero** por lo que sus religiosas se vieron obligadas a trasladarse al **arrabal de Cabañales** cuyo convento actual data del **siglo XVI**.

*Fachada del convento de las Dominicas*

# El Santo Sepulcro

Construido a comienzos del siglo XII, este templo perteneció a la **Orden del Santo Sepulcro** y ocupaba el centro de un barrio de su mismo nombre.

Aquella primitiva iglesia fue **renovada en el siglo XIII** cuya sencilla fábrica es de una sola nave con cabecera cuadrada. A finales del siglo XV pasó a la Orden de San Juan y a finales del XIX a la diócesis de Zamora como aneja a San Frontis.

Bajo el pórtico de su fachada norte se conservan unas **pinturas góticas** de indudable interés.

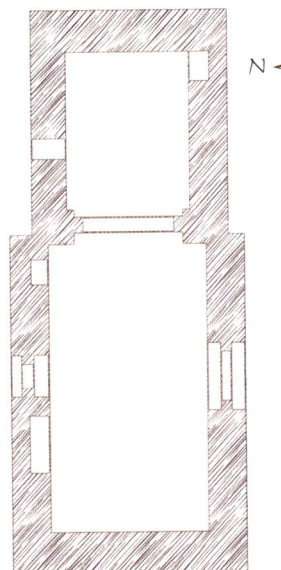

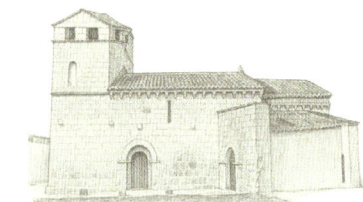

Iglesia del Santo Sepulcro

Planta del templo

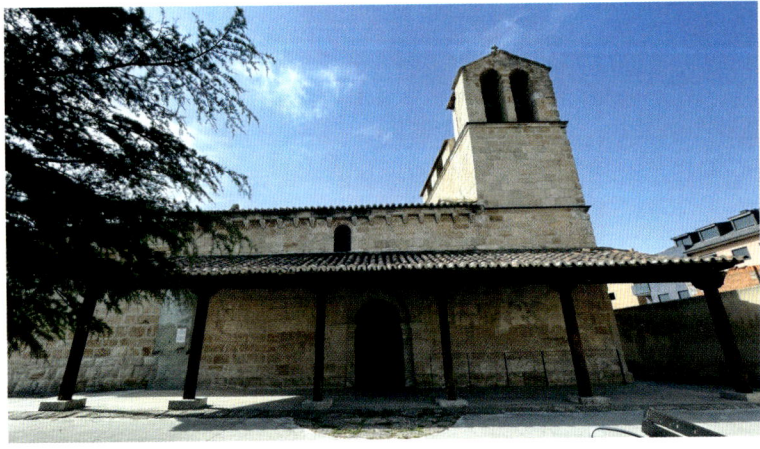

# Convento de San Francisco

Fundados por San Francisco en 1209, los primeros **Hermanos Menores** llegaron a Zamora en **1246** y se instalaron en una ermita extramuros titulada de Santa Catalina.

Unos años más tarde se mudaron **al otro lado del río** donde edificaron este convento y tuvieron vida comunitaria hasta principios del **siglo XIX** en que las tropas napoleónicas ocuparon la ciudad y dejaron maltrechos muchos de sus conventos.

Dos décadas más tarde, las leyes desamortizadoras trajeron consigo el cese definitivo de su actividad y la ruina de buena parte de la fábrica. Tras **una reciente rehabilitación**, este edificio alberga la sede de la Fundación Hispano-Portuguesa **Rey Afonso Henriques** en la que se conjuga la arquitectura contemporánea con los restos del convento datados en los siglos XV y XVI.

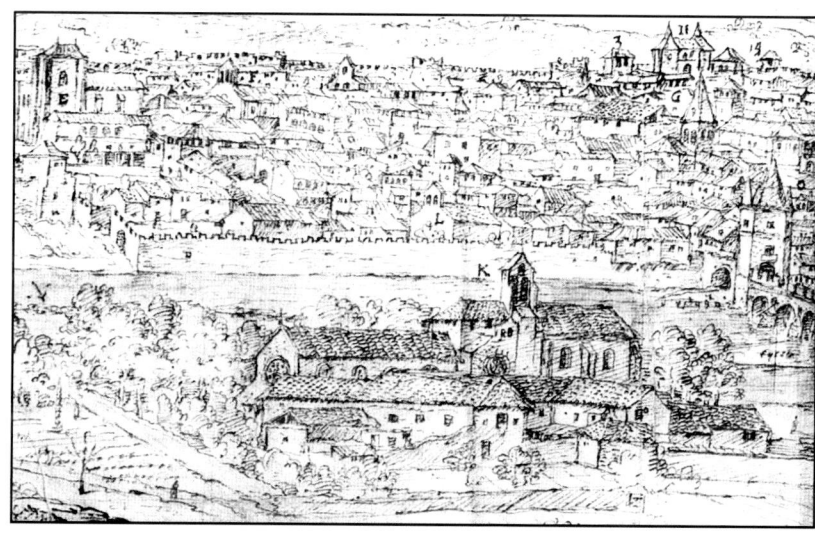

El convento según Antón van den Wyngaerde (1570)

# El puente viejo

En las inmediaciones del barrio de San Frontis se conservan unos peñones procedentes del **antiguo puente de Zamora** construido en el **siglo X** para unir los barrios de Olivares y san Frontis. Se trataba del puente que conectaba con el núcleo más originario de la ciudad a través de la **puerta Óptima** o del Obispo.

El crecimiento posterior del burgo hizo necesaria la construcción de **un puente nuevo aguas arriba** con el fin de conectar la más populosa y vital Puebla del Valle con el arrabal de Cabañales.

El nuevo puente dejó en desuso al anterior, que fue **arruinado voluntariamente** para una mejor defensa de la ciudad o que pereció víctima de la desidia y de las **inclemencias del tiempo**. Un grabado del siglo XVI y unos peñones conservados hasta hoy, aun muestran el emplazamiento original de esta **obra de ingeniería románica**.

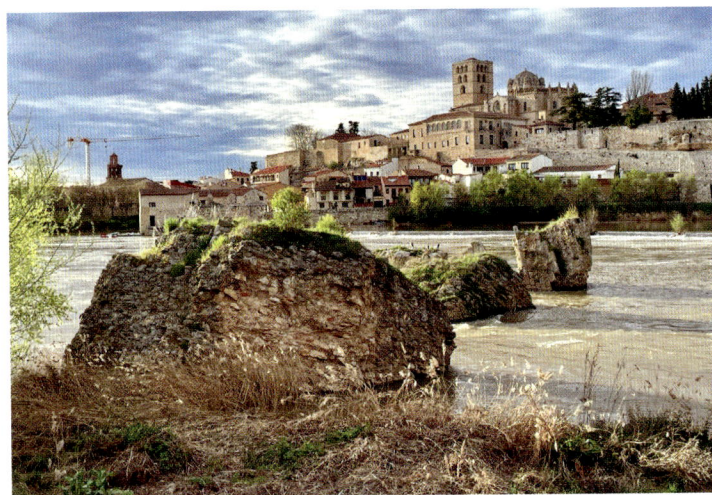

Restos del puente viejo

# San Frontis

Esta parroquia fue fundada por un sacerdote galo llamado **Aldovino de Perigord** en torno al año 1200. Asentado en Zamora durante las últimas décadas del siglo XII donde ejerció como **canónigo de la Catedral**, este eclesiástico venido del sudeste francés, quiso dedicar un templo al patrón de su patria chica, **San Frontis**, **obispo de Perigord**. Así lo consigna una lápida funeraria que recuerda las cualidades de este sacerdote junto a la fecha de su fallecimiento: año 1215.

Hasta que **el puente viejo** fue destruido, el nuevo templo se encontraba muy cerca de este paso sobre el río Duero que conectaba directamente el arrabal con la ciudad. La parroquia nació así vinculada a un barrio de labradores, y dispuso de **un albergue** que daría alojamiento a quienes se acercaban a la ciudad. Sus **dos naves** conservan algunos elementos románicos en un edificio profundamente modificado por el paso de los siglos.

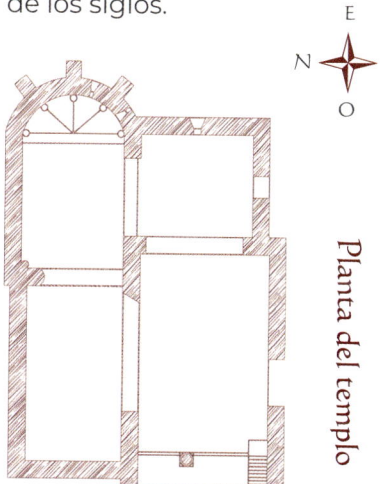

Planta del templo

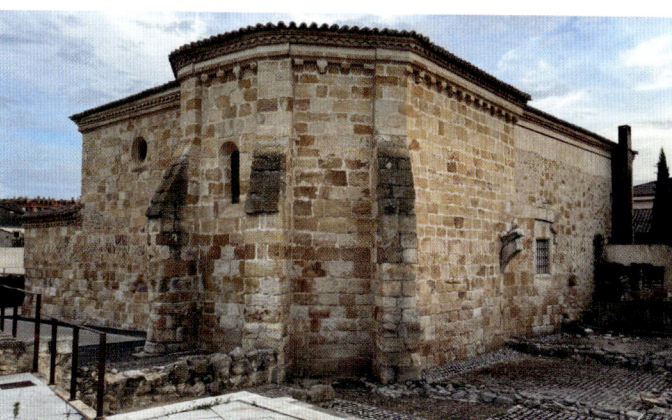

Iglesia de San Frontis

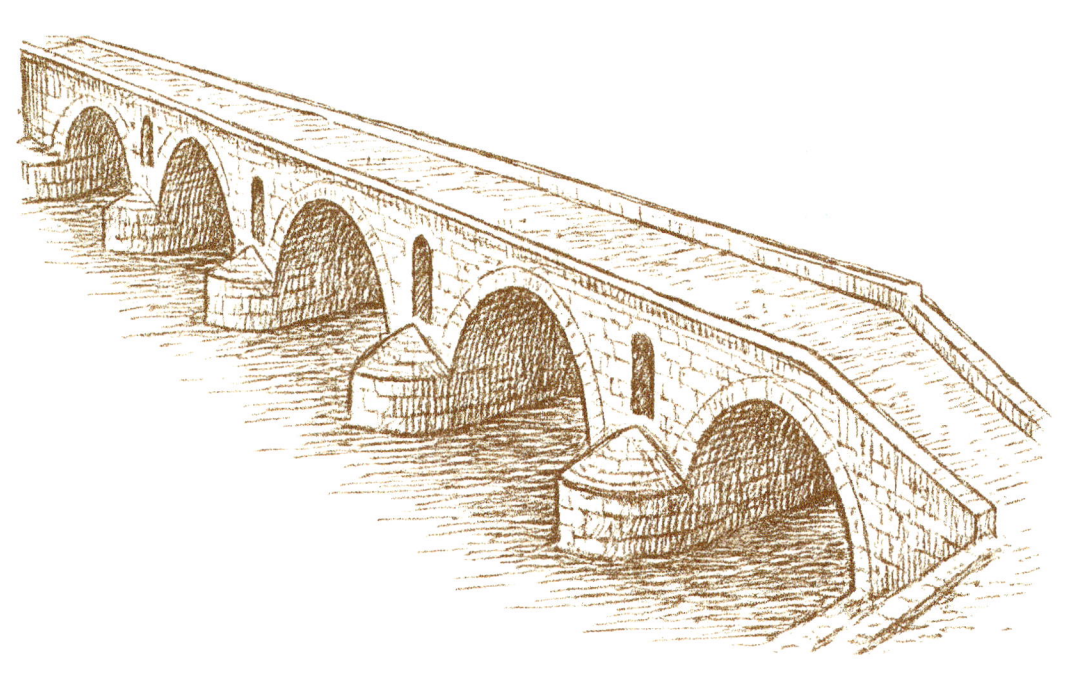

# Las rutas

**Ruta 1:** La Milla Románica
Desde Santiago del Burgo hasta la Catedral          1.600 m

**Ruta 2:** La fortaleza medieval
Desde la Catedral hasta la Puerta Óptima          1.400 m

**Ruta 3:** Los Arrabales
Desde la puerta Óptima hasta la de Doña Urraca          2.500 m

**Ruta 4:** La ciudad comercial
Desde la plaza Mayor hasta San Pablo          2.250 m

**Ruta 5:** La Puebla del Valle
Desde San Pablo hasta el puente de piedra          1.250 m

**Ruta 6:** Al otro lado del Duero
Desde el puente de piedra hasta la puerta Óptima          4.000 m

Total          13.000 m

# Bibliografía

- ÁVILA DE LA TORRE, Álvaro. «La Iglesia de San Juan de Puerta Nueva y su participación en la configuración de la Plaza Mayor zamorana», *Salamanca. Revista de Estudios*, 44 (2000), pp. 221-252.

- --- *Escultura románica en la ciudad de Zamora*. Zamora: Diputación de Zamora, 2000.

- BUENO DOMÍNGUEZ, María Luisa. «Contactos con la vida material de Zamora. Siglos XII-XV», *Espacio Tiempo y Forma, Serie III. Historia Medieval*, 18 (2005), pp. 39-58.

- --- *Historia de Zamora. Zamora de los siglos XI-XIII*. Zamora: Fundación Ramos de Castro, 1988.

- --- *Historia de Zamora. Zamora en el siglo X*. Zamora: Fundación Ramos de Castro, 1983.

- CALDERO FERNÁNDEZ, Jesús. *La Iglesia arciprestal de San Pedro y San Ildefonso de Zamora*. Zamora: Ediciones Montecasino, 1978.

- DE LAS HERAS HERNÁNDEZ, David. *Catálogo artístico-monumental y arqueológico de la diócesis de Zamora*, Zamora, 1973.

- ENRÍQUEZ DE SALAMANCA, Cayetano. R*utas del románico en la provincia de Zamora*. Salamanca: Librería Cervantes, 1989.

- FERNÁNDEZ DURO, Cesáreo. *Memorias históricas de la ciudad de Zamora*. Madrid: Establecimiento tipográfico de los sucesores de Rivadeneyra, 1882.

- FERRERO FERRERO, Florián. «La configuración urbana de Zamora durante la época románica», *Studia Zamorensia*, 8 (2008), pp. 9-44.

- GARCÍA GUINEA, Miguel Ángel, y PÉREZ GONZÁLEZ, José María (dirs.). *Enciclopedia del Románico de Castilla y León. Zamora*. Fundación Santa María la Real. Centro de Estudios del Románico, 2002.
- GARNACHO, Tomás María. *Breve noticia de algunas antigüedades de la ciudad y provincia de Zamora*. Zamora: Imprenta y Litografía de José Gutiérrez, 1878.
- GÓMEZ MORENO, Manuel. *Catálogo Monumental de la Provincia de Zamora*. Madrid: Ministerio de Instrucción Pública y Bellas Artes, 1927.
- HERNÁNDEZ MARTÍN, Joaquín. *Guía de Arquitectura de Zamora. Desde los orígenes al siglo XXI*. Zamora: Colegio Oficial de Arquitectos de León. Delegación de Zamora, 2005.
- LAMPÉREZ Y ROMEA, Vicente. *Historia de la arquitectura cristiana española en la Edad Media*. Madrid: Espasa Calpe, 1930.
- LARRÉN IZQUIERDO, Hortensia, «La evolución urbana de Zamora a través de los vestigios arqueológicos», *Codex aquilarensis. Cuadernos de investigación del Monasterio de Santa María la Real*, 15 (1999), pp. 91-118.
- NAVARRO TALEGÓN, José. *Catálogo Monumental de Toro y su Alfoz*. Zamora: Caja de Ahorros Provincial de Zamora, 1980.
- NIETO GONZÁLEZ, José Ramón. *Catálogo Monumental del Partido Judicial de Zamora*. Madrid: Ministerio de Cultura, 1982.
- QUADRADO, José María y PARCERISA, Francisco. *Recuerdos y bellezas de España*. Zamora (edición facsímil), 1861. Zamora: Ámbito Ediciones y Diputación de Zamora, 1990.

- RAMOS DE CASTRO, Guadalupe. *La Catedral de Zamora*. Zamora: Fundación Ramos de Castro para el estudio y promoción del Hombre, 1982.
- --- *Las Murallas de Zamora*. Zamora: Servicio de Publicaciones de la Delegación Provincial del Ministerio de Cultura, 1978.
- --- *El Arte Románico en la provincia de Zamora*. Zamora: Diputación Provincial de Zamora, 1977.
- REPRESA, Armando. «Génesis y evolución de la población urbana de Zamora», *Hispania*, 122 (1972), pp. 525-545.
- RIVERA DE LAS HERAS, José Ángel. *Arte Románico en Zamora*. 5 tomos, Oviedo, 2006.
- --- *La Catedral de Zamora*. Zamora: Durius Cultural, 2001.
- --- *Por la Catedral, iglesias y ermitas de la ciudad de Zamora*. León: Edilesa, 2001.
- RODRÍGUEZ MÉNDEZ, Francisco Javier. «Unificación espacial en el románico zamorano: los casos de San Ildefonso y San Juan de Puerta Nueva», *Anuario del IEZ «Florián de Ocampo»*, 2015, pp. 461-471.
- VARGAS MARTÍNEZ, Edgar Javier. *Configuración formal de los rosetones románicos de la ciudad de Zamora*. Tesis doctoral. Madrid: Universidad Politécnica de Madrid, 2015.
- ZATARAÍN FERNÁNDEZ, Melchor. *Apuntes y noticias curiosas para formalizar la Historia Eclesiástica de Zamora y su Diócesis*. Zamora: Establecimiento Tipográfico de San José, 1898.

# Imágenes

Todas las imágenes han sido tomadas por los autores excepto:

- **p. 102** Plaza Mayor de Zamora
- **p. 139** Traslado del Arca con los restos de san Atilano
- **p. 24** Sacrificio de Isaac. San Pedro de la Nave

  https://commons.wikimedia.org/wiki/File:El_Campillo_-_Iglesia_de_San_Pedro_de_la_Nave_(Capitel_1).jpg

- **p. 34** Santiago Santa Marta

  https://commons.wikimedia.org/wiki/File:Santa_Marta_de_Tera-Santiago02.jpg

- **p. 56** Alfonso IX

  https://commons.wikimedia.org/wiki/File:Adeffonsus_IX,_king_of_Galicia_and_Leon.jpg

- **p. 190** León románico. Museo de los Claustros

  https://commons.wikimedia.org/wiki/File:2011,_Nueva_York,_San_Leonardo.jpg

- **p. 15** Letra capital del Codex Calixtinus
- **p. 35** El apóstol Santiago. Codex Calixtinus
- **p. 52** Codex Calixtinus

  https://www.cultura.gob.es/cultura/archivos/difusion/registro-memoria-unesco/2017/codice-calixtino/liber-calixtinus.html

- **p. 45** San Clemente de Tahul

  https://commons.wikimedia.org/wiki/File:Esgl%C3%A9sia_de_Sant_Climent_de_Ta%C3%B
  Cll_(La_Vall_de_Bo%C3%AD)_-_1.jpg

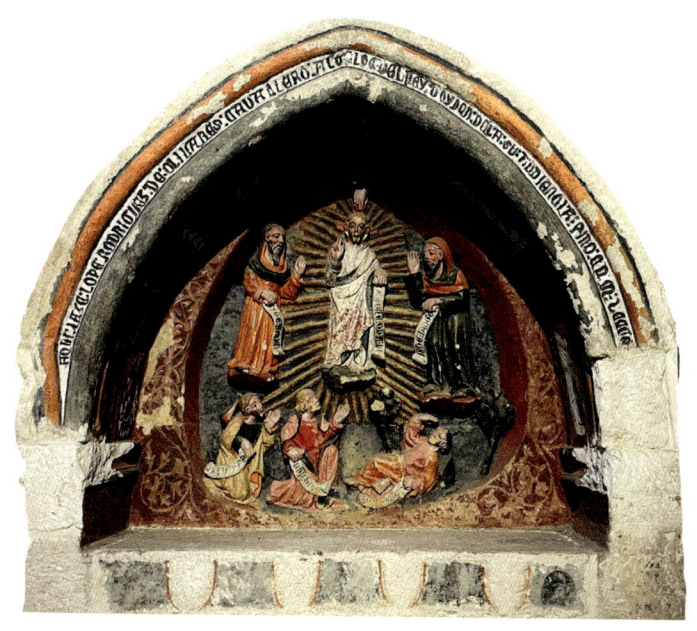

Se terminó de componer este recorrido por el románico el día 6 de agosto de 2025, fiesta de la Transfiguración del Señor, titular de la Catedral de Zamora, bajo el signo de la paciencia, la piedra y la luz.

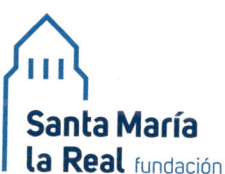

Santa María
la Real fundación

tW-2·7